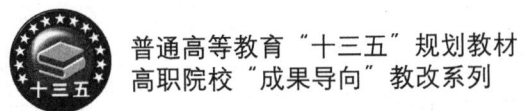

普通高等教育"十三五"规划教材
高职院校"成果导向"教改系列

会计信息化

——UFO 报表系统

杨继杰 / 编著

图书在版编目(CIP)数据

会计信息化：UFO报表系统/杨继杰编著. —上海：立信会计出版社,2019.6
ISBN 978-7-5429-6189-1

Ⅰ.①会… Ⅱ.①杨… Ⅲ.①会计信息—财务管理系统—教材 Ⅳ.①F232

中国版本图书馆CIP数据核字(2019)第152336号

策划编辑　赵志梅
责任编辑　赵志梅
封面设计　南房间

会计信息化——UFO报表系统

出版发行	立信会计出版社		
地　　址	上海市中山西路2230号	邮政编码	200235
电　　话	(021)64411389	传　　真	(021)64411325
网　　址	www.lixinaph.com	电子邮箱	lixinaph2019@126.com
网上书店	http://lixin.jd.com		http://lxkjcbs.tmall.com
经　　销	各地新华书店		
印　　刷	江阴市天源印刷有限公司		
开　　本	787毫米×1092毫米　1/16		
印　　张	13.5		
字　　数	336千字		
版　　次	2019年6月第1版		
印　　次	2019年6月第1次		
印　　数	1—2100		
书　　号	ISBN 978-7-5429-6189-1/F		
定　　价	38.00元		

如有印订差错,请与本社联系调换

preface 前言

  信息化是当今世界发展的必然趋势，是推动我国现代化建设和经济社会变革的技术手段和基础性工程。党中央、国务院高度重视信息化工作，自20世纪90年代以来，相继启动了以金关、金卡和金税为代表的重大信息化应用工程。1997年，我国召开了全国信息化工作会议，中共十五届五中全会把信息化提到了国家战略高度，中共十六大则进一步作出了以信息化带动工业化，以工业化促进信息化，走新型工业化道路的战略部署。2009年4月，财政部颁布《关于全面推进我国会计信息化工作的指导意见》，《2006—2020年国家信息化发展战略》明确指出推动会计信息化工作，对于全面提升我国会计工作水平具有十分重要的意义。

  高职高专的教育目标是培养技术技能人才，注重学生的实践动手能力、职业岗位能力、创新能力和解决实际问题能力的培养。本教材依据教学改革，结合高职教育人才培养目标和会计专业特点，邀请企业实践专家参与教材开发。学生通过完成一个个项目中的任务，展现会计信息系统(用友U8V10.1)中UFO报表模块的操作，明晰其特点和应用方法，提高在信息化环境下的处理数据的能力。本教材紧紧围绕"知识、技能、素养"三方面的教学目标，明确工作任务，引导学生进行有效学习。本教程以"成果导向"的教学理念为特色，结合高职高专学生的特点，合理安排各项目教学内容，注重学生实际应用能力，解决财务软件工作中常见问题。

  本教材共分为五个单元：以用友U8V10.1为平台，主要针对UFO报表模块的应用。

  单元一，设计报表格式。在UFO报表模块中熟练设计资产负债表、利润表和财务指标分析表格式。

  单元二，自定义资产负债表公式。熟悉财务函数的应用，熟练操作自定义资产负债表期初数和期末数公式。

单元三,自定义利润表公式。熟悉财务函数的应用,熟练操作自定义利润表本期金额和上期金额公式。

单元四,自定义财务指标分析表。熟悉本表取数和他表取数功能,熟练操作自定义财务分析指标公式。

单元五,自定义财务预算表。了解销售预算、生产预算、采购预算、人工预算、制造费用预算、产品成本预算、销售及管理费用预算、现金预算、预计利润表和预计资产负债表的报表格式,熟练操作自定义各项财务预算表的公式。

本教材由黑龙江职业学院杨继杰担任主编;张丽静、王梦担任副主编;张振和主审;杨尚鑫、王璐、王欢参与编写。具体分工如下:单元一由张丽静、王梦编写;单元三由张振和、王欢编写;单元二、单元四和单元五由杨继杰编写;附录由王璐编写。感谢黑龙江省新基石会计师事务所有限公司的技术支持。

由于编者水平有限以及财务软件的发展日新月异,本教材观点及内容难免存在不足之处,敬请广大读者批评指正。

编　者

单元一　设计会计报表格式	1

- 任务一　设计资产负债表格式 ······ 2
- 任务二　设计利润表格式 ······ 6
- 任务三　设计财务分析指标表 ······ 9
- 专项能力训练 ······ 13

单元二　自定义资产负债表公式	21

- 任务一　自定义资产负债表期末余额项目公式 ······ 22
- 任务二　自定义资产负债表年初余额项目公式 ······ 38
- 专项能力训练 ······ 53

单元三　自定义利润表公式	77

- 任务一　自定义利润表本期金额公式 ······ 78
- 任务二　自定义利润表上期金额公式 ······ 96
- 专项能力训练 ······ 102

单元四　自定义财务指标分析表	103

- 任务一　自定义偿债能力指标 ······ 104
- 任务二　自定义营运能力指标 ······ 113
- 任务三　自定义盈利能力指标 ······ 119
- 任务四　自定义发展能力指标 ······ 124
- 专项能力训练 ······ 130

单元五　自定义财务预算表 ... 135
任务一　自定义销售预算表 ... 136
任务二　自定义生产预算表 ... 139
任务三　自定义直接材料预算表 ... 141
任务四　自定义直接人工预算表 ... 146
任务五　自定义制造费用预算表 ... 148
任务六　自定义产品成本预算表 ... 152
任务七　自定义销售及管理费用预算表 ... 154
任务八　自定义现金预算表 ... 156
任务九　自定义预计利润表 ... 166
任务十　自定义预计资产负债表 ... 173
专项能力训练 ... 187

附录 ... 193
附录一　企业会计科目代码表 ... 193
附录二　资产负债表自定义公式 ... 194
附录三　常用财务指标公式 ... 197
附录四　会计专业培养目标及能力指标 ... 199
附录五　电子报表数据处理课程大纲 ... 200
附录六　单元设计评量表 ... 204

主要参考文献 ... 209

单元一

设计会计报表格式

🎯 教学目标

➡ 知识
1. 能熟练应用 UFO 报表系统进行资产负债表格式的设计；
2. 能熟练应用 UFO 报表系统进行利润表格式的设计；

➡ 技能
3. 能根据企业需求，设计合适的资产负债表和利润表格式；

➡ 素养
4. 树立团队合作意识(组员间互帮互助)；
5. 培养自主学习能力，提升职业素养。

任务一　设计资产负债表格式

一、成果达成

学生完成成果,如表1-1所示。

表1-1　　　　　　　　　　　　资产负债表　　　　　　　　　　　会企01表

编制单位：　　　　　　　　　　　　年　月　日　　　　　　　　　　　单位:元

资产	期末余额	年初余额	负债和所有者权益 （或股东权益）	期末余额	年初余额
流动资产：			**流动负债：**		
货币资金			短期借款		
以公允价值计量且其变动计入当期损益的金融资产			以公允价值计量且其变动计入当期损益的金融负债		
衍生金融资产			衍生金融负债		
应收票据			应付票据		
应收账款			应付账款		
预付款项			预收款项		
应收利息			应付职工薪酬		
应收股利			应交税费		
其他应收款			应付利息		
存货			应付股利		
一年内到期的非流动资产			其他应付款		
其他流动资产			一年内到期的非流动负债		
流动资产合计			其他流动负债		
非流动资产：			流动负债合计		
可供出售金融资产			**非流动负债：**		
持有至到期投资			长期借款		
长期应收款			应付债券		
长期股权投资			长期应付款		
投资性房地产			专项应付款		
固定资产			预计负债		
在建工程			递延所得税负债		

(续表)

资产	期末余额	年初余额	负债和所有者权益 (或股东权益)	期末余额	年初余额
工程物资			其他非流动负债		
固定资产清理			非流动负债合计		
生产性生物资产			负债合计		
油气资产			所有者权益(或股东权益)		
无形资产			实收资本(或股本)		
开发支出			资本公积		
商誉			减:库存股		
长期待摊费用			其他综合收益		
递延所得税资产			专项储备		
其他非流动资产			盈余公积		
非流动资产合计			未分配利润		
			所有者权益 (或股东权益)合计		
资产总计			负债和所有者权益 (或股东权益)合计		

二、任务描述

利用UFO报表模块设计本月资产负债表格式。

三、任务操作

1. 创建新表。

(1) 20×6年4月30日,操作员【A01】在【企业应用平台】中执行【财务会计】→【UFO报表】命令,打开【UFO报表】。

(2) 单击【新建】按钮,生成一张空白表页。

2. 设置表尺寸。

(1) 执行【格式】→【表尺寸】命令,打开【表尺寸】对话框。

(2) 输入报表的行数为【37】,列数为【8】,如图1-1所示。单击【确认】按钮,系统自动将报表显示区域的空白表根据所设置的行数、列数显示,而不再显示整张空白表页,如图1-2所示。

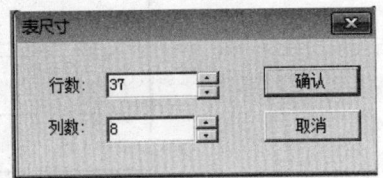

图1-1 【表尺寸】对话框

图1-2 空白报表显示图

（3）按照所给资料设计资产负债表表头、主表，完成操作后，执行【格式】→【单元属性】命令，打开【边框】对话框，将外边框选为粗线，内框线选为细线，单击【确定】按钮，如图1-3和图1-4所示。

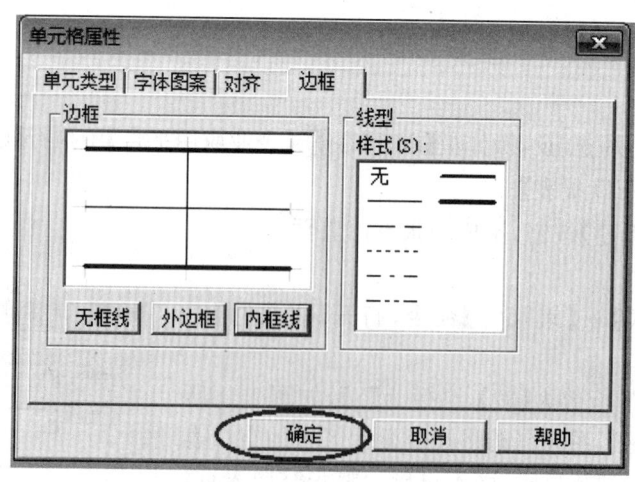

图1-3 边框选择图

资产负债表　　　　　　　　　　　会企 01 表

编制单位：　　　　　　　　　　　　年　　月　　日　　　　　　　　　　　单位:元

资产	期末余额	上年年末余额	负债和所有者权益(或股东权益)	期末余额	上年年末余额
流动资产：			流动负债：		
货币资金			短期借款		
以公允价值计量且其变动计入当期损益的金融资产			以公允价值计量且其变动计入当期损益的金融负债		
衍生金融资产			衍生金融负债		
应收票据			应付票据		
应收账款			应付账款		
预付款项			预收款项		
其他应收款			应付职工薪酬		
存货			应交税费		
持有待售资产			其他应付款		
一年内到期的非流动资产			持有待售负债		
其他流动资产			一年内到期的非流动负债		
流动资产合计			其他流动负债		
非流动资产：			流动负债合计		

图 1-4　资产负债表

3．保存报表。

（1）单击　【保存】按钮，弹出【另存为】对话框，【保存在】选择"桌面"，【文件名】为"姓名＋资产负债表.rep"，【文件类型】为"报表文件(*.rep)"，单击【另存为】按钮，如图 1-5 和图 1-6 所示。

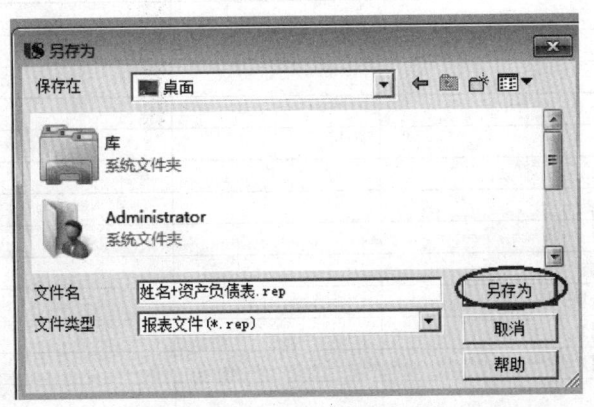

图 1-5　【另存为】对话框

图 1-6　桌面显示

4．导入报表。

（1）单击　【打开】按钮，弹出【打开】对话框，【查找范围】选择"桌面"，【文件名】为"姓名+资产负债表.rep",【文件类型】为"UFO报表文件(＊.rep)",单击【打开】按钮,如图1-7所示。

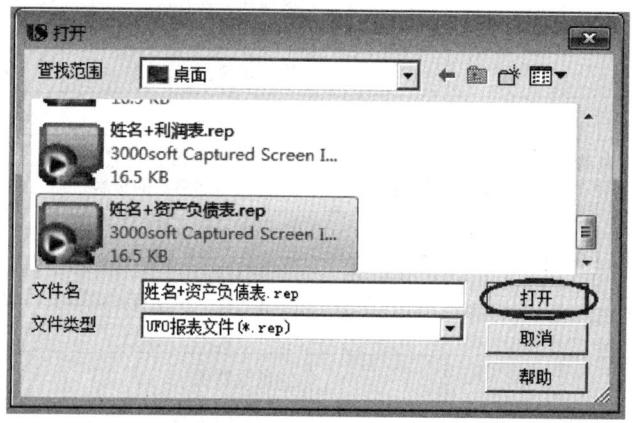

图1-7 导入资产负债表

任务二 设计利润表格式

一、成果达成

学生完成成果如表1-2所示。

表1-2 利 润 表

编制单位： 年 月 单位:元

项　　目	本期金额	上期金额
一、营业收入		
减：营业成本		
税金及附加		
销售费用		
管理费用		
研发费用		
财务费用		
加：其他收益		
投资收益(损失以"－"号填列)		
其中：对联营企业和合营企业的投资收益		
公允价值变动收益(损失以"－"号填列)		
资产减值损失(损失以"－"号填列)		
资产处置收益(损失以"－"号填列)		
二、营业利润(亏损以"－"号填列)		
加：营业外收入		
减：营业外支出		
三、利润总额(亏损总额以"－"号填列)		
减：所得税费用		

（续表）

项　目	本期金额	上期金额
四、净利润（净亏损以"－"号填列）		
五、其他综合收益的税后净额		
六、综合收益总额		
七、每股收益：		
（一）基本每股收益		
（二）稀释每股收益		

二、任务描述

利用 UFO 报表模块设计本月利润表格式。

三、任务操作

1. 创建新表。

（1）20×6 年 4 月 30 日，操作员【A01】在 【企业应用平台】中执行【财务会计】→【UFO 报表】命令，打开【UFO 报表】。

（2）单击 【新建】按钮，生成一张空白表页。

2. 设置表尺寸。

（1）执行【格式】→【表尺寸】命令，打开【表尺寸】对话框。

（2）输入报表的行数为【25】，列数为【3】，如图 1-8 所示。单击【确认】按钮，系统自动将报表显示区域的空白表根据所设置的行数、列数进行显示，而不再显示整张空白表页，如图 1-9 所示。

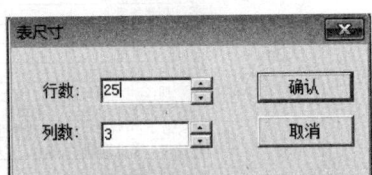

图 1-8　【表尺寸】对话框

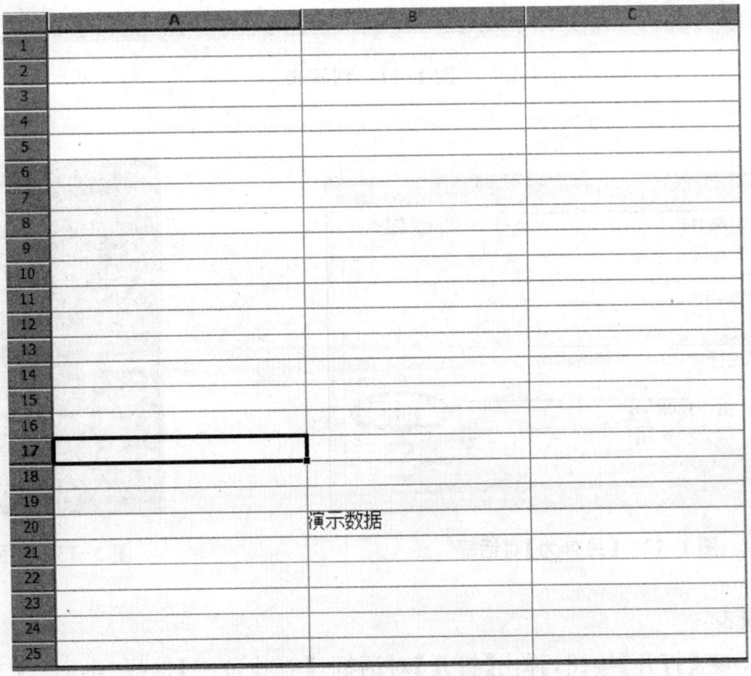

图 1-9　空白报表显示图

（3）按照所给资料设计利润表表头、主表,完成操作后,执行【格式】→【单元属性】命令,打开【边框】对话框,将外边框选为粗线,内框线选为细线,单击【确定】按钮,如图1-10和图1-11所示。

3. 保存报表。

（1）单击 【保存】按钮,弹出【另存为】对话框,【保存在】选择"桌面",【文件名】为"姓名＋利润表.rep",【文件类型】为"报表文件(*.rep)",单击【另存为】按钮,如图1-12和图1-13所示。

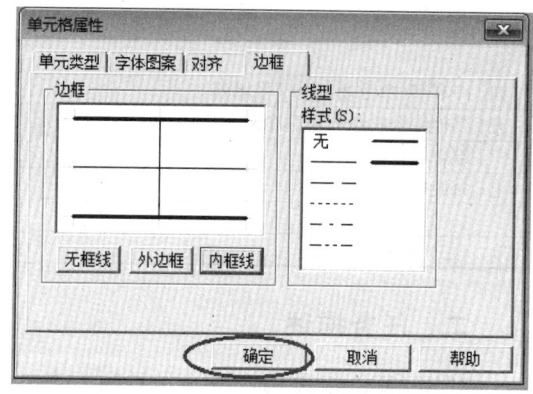

图1-10 边框选择图

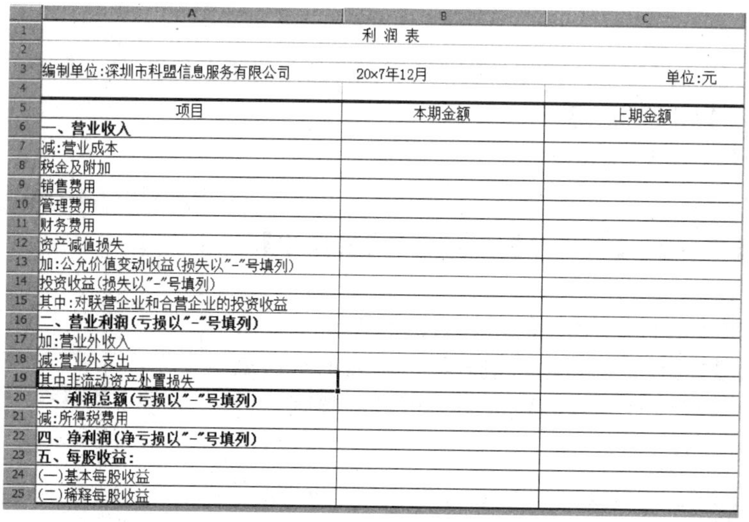

图1-11 利润表

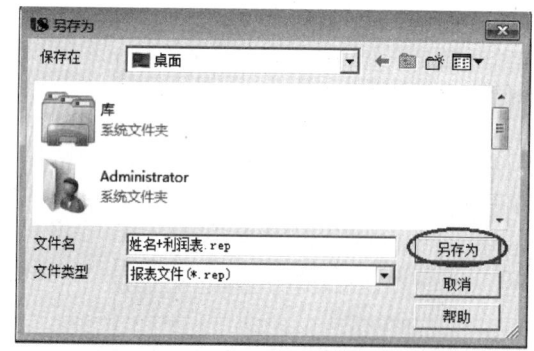

图1-12 【另存为】对话框

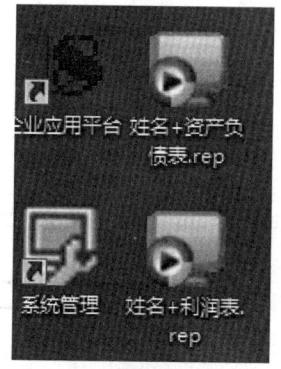

图1-13 桌面显示

4. 导入报表。

（1）单击, 【打开】按钮,弹出【打开】对话框,【查找范围】选择"桌面",【文件名】为"姓名+利润表.rep",【文件类型】为"UFO报表文件（*.rep）"，单击【打开】按钮，如图1-14所示。

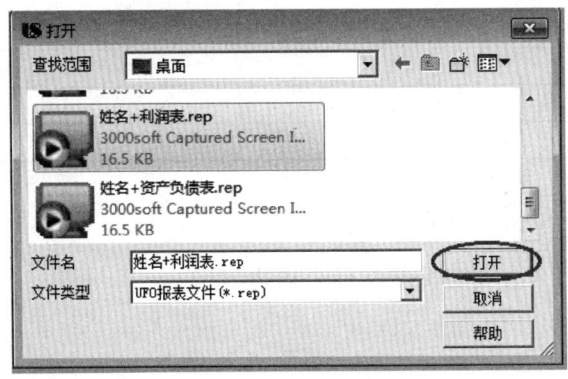

图1-14 导入利润表

任务三　设计财务分析指标表

一、成果达成

学生完成成果如表1-3所示。

表1-3　　　　　　　　　　　财务分析指标表

财务指标项目	金　　额
营运资金	
流动比率	
速动比率	
现金比率	
资产负债率	
产权比率	
权益乘数	
利息保障倍数	
应收账款周转次数	
存货周转次数	
流动资产周转次数	
固定资产周转次数	
总资产周转次数	
销售毛利率	
销售净利率	
总资产净利率	
净资产收益率	

(续表)

财务指标项目	金 额
销售收入增长率	
总资产增长率	
营业利润增长率	
资本积累率	
资本保值增值率	

二、任务描述

利用报表模板设计年度财务分析指标表格式。

三、任务操作

1. 创建新表。

(1) 20×6 年 4 月 30 日,操作员【A01】在 【企业应用平台】中执行【财务会计】→【UFO 报表】命令,打开【UFO 报表】。

(2) 单击 【新建】按钮,生成一张空白表页。

2. 设置表尺寸。

(1) 执行【格式】→【表尺寸】命令,打开【表尺寸】对话框。

(2) 输入报表的行数为【24】,列数为【2】,如图 1-15 所示。单击【确认】按钮,系统自动将报表显示区域的空白表根据所设置的行数、列数进行显示,而不再显示整张空白表页,如图 1-16 所示。

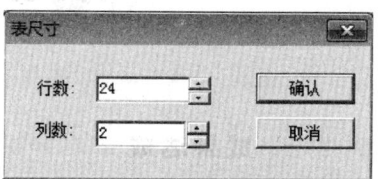

图 1-15 【表尺寸】对话框

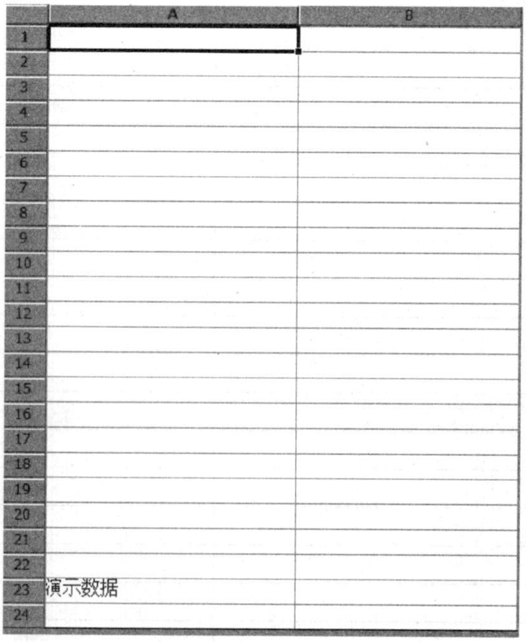

图 1-16 报表显示图

(3) 按照所给资料设计财务分析指标表头、主表,完成操作后,执行【格式】→【单元属性】命令,打开【边框】对话框,将外边框选为粗线,内框线选为细线,单击【确定】按钮,如图1-17、图1-18 和图 1-19 所示。

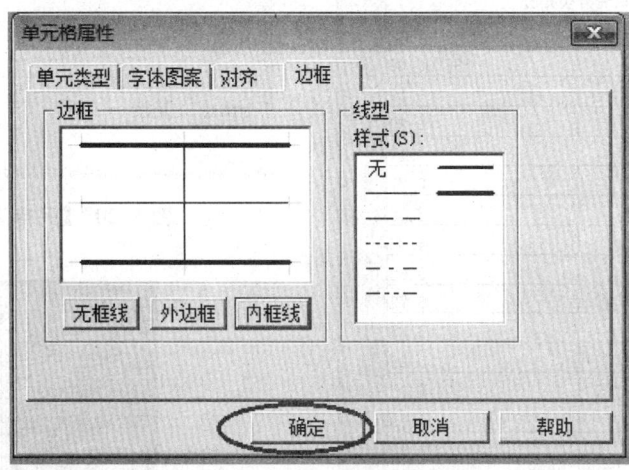

图 1-17　边框选择图

	A	B
1	财务分析指标	
2	财务指标项目	金额
3	营运资金	
4	流动比率	
5	速动比率	
6	现金比率	
7	资产负债率	
8	产权比率	
9	权益乘数	
10	利息保障倍数	
11	应收账款周转次数	
12	存货周转次数	
13	流动资产周转次数	
14	固定资产周转次数	
15	总资产周转次数	
16	销售毛利率	
17	销售净利率	
18	总资产净利率	
19	净资产收益率	
20	销售收入增长率	
21	总资产增长率	
22	营业利润增长率	
23	资本积累率	
24	资本保值增值率	

图 1-18　财务分析指标一

3. 保存报表。

(1) 单击 ■【保存】按钮,弹出【另存为】对话框,【保存在】选择"桌面",【文件名】为"姓名＋财务分析指标.rep",【文件类型】为"报表文件(﹡.rep)",单击【另存为】按钮,如图 1-20 和图 1-21 所示。

图 1-19　财务分析指标二

图 1-20　【另存为】对话框

图 1-21　桌面显示

4．打开报表。

（1）单击 【打开】按钮，弹出【打开】对话框，【查找范围】选择"桌面"，【文件名】为"姓名＋财务分析指标.rep"，【文件类型】为"UFO报表文件（＊.rep）"，单击【打开】按钮，如图 1-22 所示。

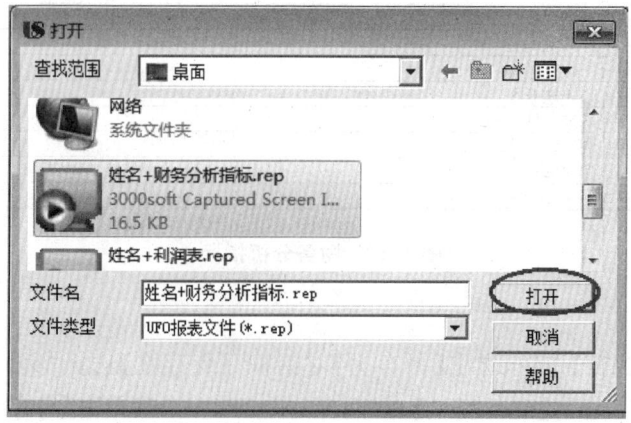

图 1-22　【打开】对话框

◀温馨提示▶

● 打开报表时,系统自动显示【数据】,如需改动报表内容,将【数据】变为【格式】即可,如图 1-23 和图 1-24 所示。

图 1-23　【数据】显示表　　　　　　　　图 1-24　【格式】显示表

专项能力训练

(一) 训练目的

根据所给资料在 UFO 报表系统中完成下列报表格式的设计工作。

(二) 训练资料

相关资料如表 1-4 至表 1-9 所示。

表 1-4　　　　　　　　　　　　　　资产负债表　　　　　　　　　　　　会企 01 表

编制单位:深圳市科盟信息服务公司　　　20×7年 12 月 31 日　　　　　　　单位:元

资产	期末余额	年初余额	负债和所有者权益 (或股东权益)	期末余额	年初余额
流动资产:			流动负债:		
货币资金	14 850 053 673.66	6 511 434 447.73	短期借款	5 674 728 861.48	5 314 346 771.07
交易性金融资产	2 658 746.00	3 646 902.82	交易性金融负债		
衍生金融资产			衍生金融负债		
应收票据	971 206 337.81	579 119 785.01	应付票据	2 095 911 882.63	1 879 757 341.38
应收账款	10 606 364 608.21	6 999 048 491.64	应付账款	10 563 558 378.10	7 005 820 467.78
预付款项	481 781 725.51	1 586 847 945.06	预收款项	371 259 855.64	329 514 984.72
应收利息	30 646 890.65	2 492 820.28	应付职工薪酬	331 375 573.00	358 427 442.14
应收股利	15 990 542.89	6 913 103.42	应交税费	393 121 382.16	335 907 938.33
其他应收款	595 158 005.45	1 040 304 499.96	应付利息	18 004 355.70	9 690 795.33
存货	8 297 482 726.00	5 233 321 673.56	应付股利	72 935 928.93	130 943 042.00

(续表)

资产	期末余额	年初余额	负债和所有者权益（或股东权益）	期末余额	年初余额
一年内到期的非流动资产		2 735 429.96	其他应付款	1 334 284 030.03	1 573 449 767.59
其他流动资产	144 481 926.13	71 927 069.80	一年内到期的非流动负债	730 000.00	27 730 000.00
流动资产合计	35 995 825 182.31	22 037 792 169.24	其他流动负债		
非流动资产：			流动负债合计	20 855 910 247.67	16 965 588 550.34
可供出售金融资产	18 470 202.06	116 368 024.72	非流动负债：		
持有至到期投资			长期借款	52 311 466.84	66 097 628.34
长期应收款		50 000 000.00	应付债券	160 382 718.27	76 987 163.43
长期股权投资	2 618 839 435.97	1 703 071 414.21	长期应付款	71 342 961.55	31 681 497.09
投资性房地产	384 547 928.00	399 163 649.93	专项应付款	266 287 608.24	43 553 673.66
固定资产	3 724 982 688.75	3 917 875 164.01	预计负债		
在建工程	311 674 395.13	327 420 526.84	递延所得税负债		
工程物资	2 930 915.32	3 003 077.75	其他非流动负债	280 122 157.89	151 334 633.04
固定资产清理		9 294 310.33	非流动负债合计	830 446 912.79	369 654 595.56
生产性生物资产	718 216.22	660 423.46	负债合计	21 686 357 160.46	17 335 243 145.90
油气资产			所有者权益（或股东权益）		
无形资产	1 276 234 104.08	896 574 718.84	实收资本（或股本）	2 688 910 538.00	1 992 643 338.00
开发支出			资本公积	14 490 121 084.23	3 846 390 026.66
商誉	2 988 894 594.17	422 781 218.07	减：库存股		
长期待摊费用	89 151 047.28	80 672 344.59	其他综合收益		
递延所得税资产	178 629 271.19	153 579 066.84	专项储备		
其他非流动资产	76 924 942.82	45 215 471.33	盈余公积	713 328 494.07	661 770 248.54
非流动资产合计	11 671 997 740.99	8 125 679 410.92	未分配利润	8 089 105 646.54	6 327 424 821.16
			所有者权益（或股东权益）合计	25 981 465 762.84	12 828 228 434.26
资产总计	47 667 822 923.30	30 163 471 580.16	负债和所有者权益（或股东权益）合计	47 667 822 923.30	30 163 471 580.16

表 1-5　　　　　　　　　　　　　　　利　润　表
编制单位：深圳市科盟信息服务有限公司　　　2007 年 12 月　　　　　　　　　　单位：元

项　目	本期金额	上期金额
一、营业收入	54 899 872 504.11	38 721 655 199.70
减：营业成本	46 882 191 570.13	31 600 325 052.29
税金及附加	161 210 725.56	105 951 285.99
销售费用	3 288 686 883.74	3 071 521 304.81
管理费用	2 134 386 491.43	1 914 992 346.01
研发费用	472 927 482.07	237 200 935.79
财务费用	19 667 480.30	41 118 485.60
加：其他收益	－988 138.82	380 095.27
投资收益（损失以"－"号填列）	933 914 629.23	430 753 288.82
其中：对联营企业和合营企业的投资收益		
公允价值变动收益（损失以"－"号填列）		
信用减值损失（损失以"－"号填列）		
资产减值损失（损失以"－"号填列）		
资产处置收益（损失以"－"号填列）		
二、营业利润（亏损以"－"号填列）	2 873 728 361.29	2 181 679 173.30
加：营业外收入	221 361 604.63	225 070 996.42
减：营业外支出	59 987 910.86	123 497 947.67
三、利润总额（亏损总额以"－"号填列）	3 035 102 055.06	2 283 252 222.05
减：所得税费用	589 072 373.53	415 887 042.40
四、净利润（净亏损以"－"号填列）	2 446 029 681.53	1 867 365 179.65
五、其他综合收益的税后净额		
六、综合收益总额	2 446 029 681.53	1 867 365 179.65
七、每股收益：		
（一）基本每股收益	0.84	0.73
（二）稀释每股收益		

表 1-6　　　　　　　　　　　　　　资产负债表

编制单位：　　　　　　　　　　　　年　月　日　　　　　　　　　　　　单位：元

资产	年初数	年末数	负债和所有者权益(或股东权益)	年初数	年末数
流动资产：			流动负债：		
货币资金			短期借款		
以公允价值计量且其变动计入当期损益的金融资产			以公允价值计量且其变动计入当期损益的金融负债		
衍生资产			衍生负债		
应收票据			应付票据		
应收账款			应付账款		
预付款项			预收款项		
应收利息			应付职工薪酬		
应收股利			应交税费		
其他应收款			应付利息		
存货			应付股利		
一年内到期的非流动资产			其他应付款		
其他流动资产			一年内到期的非流动负债		
流动资产合计			其他流动负债		
非流动资产：			流动负债合计		
可供出售金融资产			非流动负债：		
持有至到期投资			长期借款		
长期应收款			应付债券		
长期股权投资			长期应付款		
投资性房地产			专项应付款		
固定资产			预计负债		
在建工程			递延所得税负债		
工程物资			其他非流动负债		
固定资产清理			非流动负债合计		
生产性生物资产			负债合计		
油气资产			所有者权益(或股东权益)：		
无形资产			实收资本(或股本)		
开发支出			资本公积		
商誉			减：库存股		
			其他综合收益		
长期待摊费用			专项储备		
递延所得税资产			盈余公积		
其他非流动资产			未分配利润		
非流动资产合计			所有者权益(或股东权益)合计		
资产总计			负债和所有者权益总计		

表 1-7　　　　　　　　　　　　　　利　润　表

编制单位：　　　　　　　　　　　　20　年　月　　　　　　　　　　　　　　单位：元

项　目	本期金额	上期金额
一、营业收入		
减：营业成本		
税金及附加		
销售费用		
管理费用		
研发费用		
财务费用		
加：其他收益		
投资收益(损失以"－"号填列)		
其中：对联营企业和合营企业的投资收益		
公允价值变动收益(损失以"－"号填列)		
资产减值损失(损失以"－"号填列)		
资产处置收益(损失以"－"号填列)		
二、营业利润(亏损以"－"号填列)		
加：营业外收入		
减：营业外支出		
三、利润总额(亏损总额以"－"号填列)		
减：所得税费用		
四、净利润(净亏损以"－"号填列)		
五、其他综合收益的税后净额		
(一)以后不能重分类进损益的其他综合收益		
1.重新计量设定受益计划净负债或净资产的变动		
2.权益法下在被投资单位不能重分类进损益的其他综合收益中享有的份额		
……		
(二)以后将重分类进损益的其他综合收益		
……		
六、综合收益总额		
七、每股收益：		
(一)基本每股收益		
(二)稀释每股收益		

表 1-8　　　　　　　　　　　现金流量表

编制单位：　　　　　　　　　年度　　　　　　　　　　　单位：元

项　　目	本期金额
一、经营活动产生的现金流量：	
销售商品、提供劳务收到的现金	
收到的税费返还	
收到其他与经营活动有关的现金	
经营活动现金流入小计	
购买商品、接受劳务支付的现金	
支付给职工以及为职工支付的现金	
支付的各项税费	
支付其他与经营活动有关的现金	
经营活动现金流出小计	
经营活动产生的现金流量净额	
二、投资活动产生的现金流量：	
收回投资所收到的现金	
取得投资收益所收到的现金	
处置固定资产、无形资产和其他长期资产收回的现金净额	
处置子公司及其他营业单位收到的现金净额	
收到其他与投资活动有关的现金	
投资活动现金流入小计	
购建固定资产、无形资产和其他长期资产支付的现金	
投资所支付的现金	
取得子公司及其他营业单位支付的现金净额	
支付其他与投资活动有关的现金	
投资活动现金流出小计	
投资活动产生的现金流量净额	
三、筹资活动产生的现金流量：	
吸收投资收到的现金	
取得借款收到的现金	
收到其他与筹资活动有关的现金	
筹资活动现金流入小计	
偿还债务所支付的现金	
分配股利、利润或偿付利息支付的现金	
支付其他与筹资活动有关的现金	
筹资活动现金流出小计	
筹资活动产生的现金流量净额	
四、汇率变动对现金及现金等价物的影响	
五、现金及现金等价物净增加额	
加：期初现金及现金等价物余额	
六、期末现金及现金等价物余额	

表 1-9　　　　　　　　　　　　所有者权益(或股东权益)增减变动表

编制单位：　　　　　　　　　　　　　年度　　　　　　　　　　　　　　单位：元

项目	本年金额						上年金额					
	实收资本	资本公积	盈余公积	未分配利润	库存股(减项)	所有者权益合计	实收资本	资本公积	盈余公积	未分配利润	库存股(减项)	所有者权益合计
一、上年年末余额												
1. 会计政策变更												
2. 前期差错更正												
二、本年年初余额												
三、本年增减变动金额（减少以"－"号填列）												
(一)本年净利润												
(二)直接计入所有者权益的利得和损失												
1. 可供出售金融资产公允价值变动净额												
2. 权益法下被投资单位其他所有者权益变动的影响												
3. 与计入所有者权益项目相关的所得税影响												
4. 其他												
小计												
(三)所有者投入资本												
1. 所有者本期投入资本												
2. 本年购回库存股												
3. 股份支付计入所有者权益的金额												
(四)本年利润分配												
1. 对所有者(或股东)的分配												
2. 提取盈余公积												

(续表)

项目	本年金额						上年金额					
	实收资本	资本公积	盈余公积	未分配利润	库存股（减项）	所有者权益合计	实收资本	资本公积	盈余公积	未分配利润	库存股（减项）	所有者权益合计
（五）所有者权益内部结转												
1.资本公积转增资本												
2.盈余公积转增资本												
3.盈余公积弥补亏损												
四、本年年末余额												

单元二
自定义资产负债表公式

🎯 教学目标

➡ 知识
1. 能熟练编辑资产负债表期末金额;
2. 能熟练编辑资产负债表期初金额;

➡ 技能
3. 能根据企业需求,编辑资产负债表并进行运算;

➡ 素养
4. 树立团队合作意识(组员间互帮互助);
5. 培养自主学习能力,提升职业素养。

任务一 自定义资产负债表期末余额项目公式

一、成果达成

学生完成成果,如图 2-1 所示。

	资产负债表						
							会企01表
编制单位:		年	月	日			单位:元
资产	行次	期末余额	年初余额	负债和所有者权益 (或股东权益)	行次	期末余额	年初余额
流动资产:				流动负债:			
货币资金	1	7,613,660.36	5,932,881.46	短期借款	32		
以公允价值计量且其变动	2	790,000.00	1,160,000.00	以公允价值计量且其变动计入当期损	33		
应收票据	3	5,772,800.00	3,617,800.00	应付票据	34	282,115.00	282,115.00
应收账款	4	7,455,648.00	7,768,150.00	应付账款	35	4,536,309.06	179,559.06
预付款项	5	-35,800.00	1,207,315.00	预收款项	36		2,212,500.00
应收利息	6			应付职工薪酬	37	533,201.51	532,165.77
应收股利	7			应交税费	38	1,133,477.08	-7,833,331.01
其他应收款	8	2,898.24	8,365.00	应付利息	39		
存货	9	1,552,234.44	2,736,744.50	应付股利	40		
一年内到期的非流动资产	10			其他应付款	41		
其他流动资产	11			一年内到期的非流动负债	42		
流动资产合计	12	23,151,441.04	22,431,255.96	其他流动负债	43		
非流动资产:				流动负债合计	44	6,485,102.65	-4,626,991.18
可供出售金融资产	13			非流动负债:			
持有至到期投资	14			长期借款	45		
长期应收款	15	2,649,692.80	3,194,160.00	应付债券	46		
长期股权投资	16			长期应付款	47		
投资性房地产	17	8,000,000.00		专项应付款	48		
固定资产	18	10,519,112.80	10,390,748.00	预计负债	49		
在建工程	19			递延所得税负债	50	703,423.20	
工程物资	20			其他非流动负债	51		
固定资产清理	21			非流动负债合计	52	703423.20	

图 2-1 资产负债表完成成果

二、任务描述

引入山东昌澳鞋业商贸有限公司 20×6 年 4 月份账套,用 UFO 报表管理系统自定义资产负债表期末余额项目公式,按照操作日期 20×6 年 4 月 30 日登陆,操作员为账套主管(A01)。

三、任务操作

1. 定义【货币资金】。

步骤一:先选中 C7 单元,然后单击【fx】图标,在弹出的【定义公式】对话框中单击【函数向导】,系统会自动弹出【函数向导】的对话框,如图 2-2 所示。

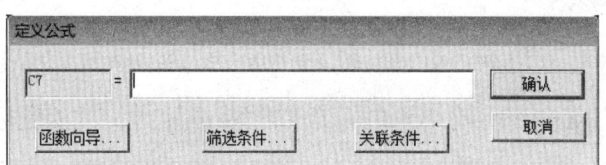

图 2-2 【定义公式】对话框

步骤二:在函数分类对话框中选择【用友账务函数】,函数名称选择【期末(QM)】,单击【下一步】按钮,如图 2-3 所示。

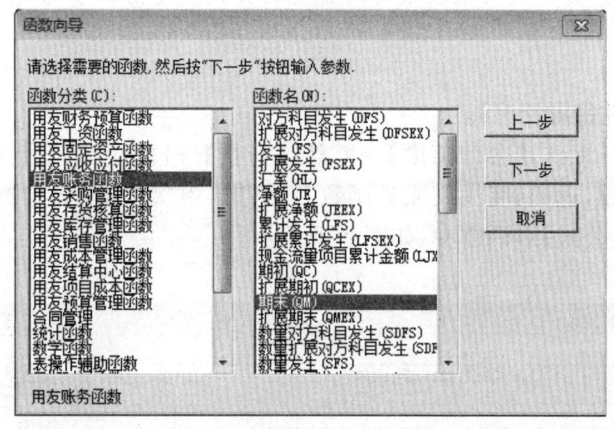

图 2-3 【函数向导】对话框

步骤三:在弹出的【用友账务函数】对话框中单击【参照】按钮,如图 2-4 所示。

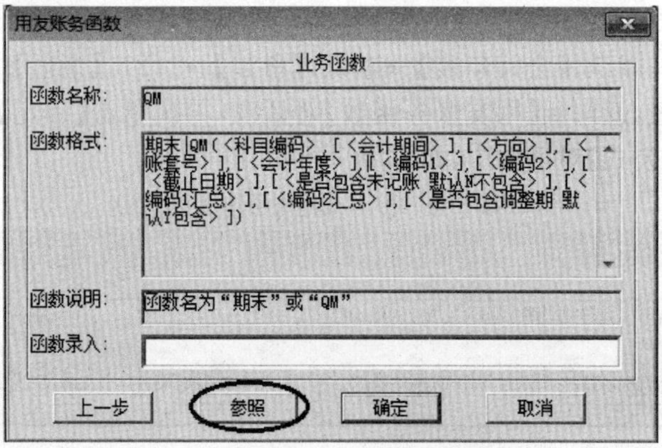

图 2-4 【用友账务函数】对话框

步骤四:选择【账套号】→默认,【会计年度】→默认,【科目】→1001,【期间】→月,【方向】→默认,然后单击【确定】按钮,返回到【用友账务函数】对话框,再次单击【确定】按钮,系统自动将定义公式显示在【定义公式】对话框中,然后通过手动更改公式,如图 2-5 所示。

图 2-5 定义【货币资金】对话框

◀温馨提示▶

● 【QM("1001",月,,,年,,)＋QM("1002",月,,,年,,)＋QM("1012",月,,,年,,)】

（以下各项资产负债表的报表项目的自定义公式重复前三步骤，不再累述，操作步骤四即可）。

2. 定义【交易性金融资产】。

选择【账套号】→默认，【会计年度】→默认，【科目】→1101，【期间】→月，【方向】→默认，然后单击【确定】按钮，返回到【用友账务函数】对话框，再次单击【确定】按钮，系统自动将定义公式显示在【定义公式】对话框中，如图2-6所示。

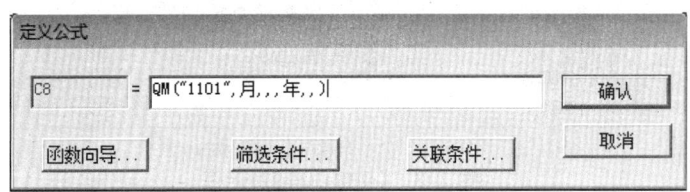

图 2-6 定义【交易性金融资产】对话框

3. 定义【应收票据】。

选择【账套号】→默认，【会计年度】→默认，【科目】→1121，【期间】→月，【方向】→默认，然后单击【确定】按钮，返回到【用友账务函数】对话框，再次单击【确定】按钮，系统自动将定义公式显示在【定义公式】对话框中，如图2-7所示。

图 2-7 定义【应收票据】对话框

4. 定义【应收账款】。

选择【账套号】→默认，【会计年度】→默认，【科目】→1122，【期间】→月，【方向】→借，然后单击【确定】按钮，返回到【用友账务函数】对话框，再次单击【确定】按钮，系统自动将定义公式显示在【定义公式】对话框中，然后通过手动更改公式，如图2-8所示。

图 2-8 定义【应收账款】对话框

▶温馨提示▶

●【QM("1122",月,"借",,,"",,,,,)＋QM("2203",月,"借",,,,,,,,)－QM("1231",月,,,,,,,,,)】。

5. 定义【预付账款】。

选择【账套号】→默认,【会计年度】→默认,【科目】→1123,【期间】→月,【方向】→借,然后单击【确定】按钮,返回到【用友账务函数】对话框,再次单击【确定】按钮,系统自动将定义公式显示在【定义公式】对话框中,然后通过手动更改公式,如图 2-9 所示。

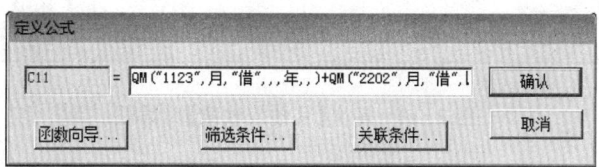

图 2-9 定义【预付账款】对话框

▶温馨提示▶

●【QM("1123",月,"借",,,年,,)＋QM("2202",月,"借",,,年,,)】。

6. 定义【应收利息】。

选择【账套号】→默认,【会计年度】→默认,【科目】→1132,【期间】→月,【方向】→默认,然后单击【确定】按钮,返回到【用友账务函数】对话框,再次单击【确定】按钮,系统自动将定义公式显示在【定义公式】对话框中,如图 2-10 所示。

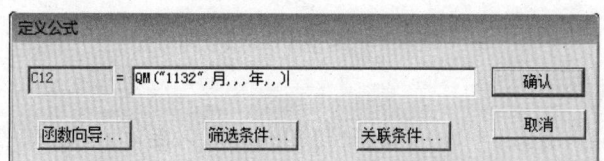

图 2-10 定义【应收利息】对话框

7. 定义【应收股利】。

选择【账套号】→默认,【会计年度】→默认,【科目】→1131,【期间】→月,【方向】→默认,然后单击【确定】按钮,返回到【用友账务函数】对话框,再次单击【确定】按钮,系统自动将定义公式显示在【定义公式】对话框中,如图 2-11 所示。

图 2-11　定义【应收股利】对话框

8. 定义【其他应收款】。

选择【账套号】→默认,【会计年度】→默认,【科目】→1221,【期间】→月,【方向】→默认,然后单击【确定】按钮,返回到【用友账务函数】对话框,再次单击【确定】按钮,系统自动将定义公式显示在【定义公式】对话框中,如图 2-12 所示。

图 2-12　定义【其他应收款】对话框

9. 定义【存货】。

选择【账套号】→默认,【会计年度】→默认,【科目】→1401,【期间】→月,【方向】→默认,然后单击【确定】按钮,返回到【用友账务函数】对话框,再次单击【确定】按钮,系统自动将定义公式显示在【定义公式】对话框中,然后通过手动更改公式,如图 2-13 所示。

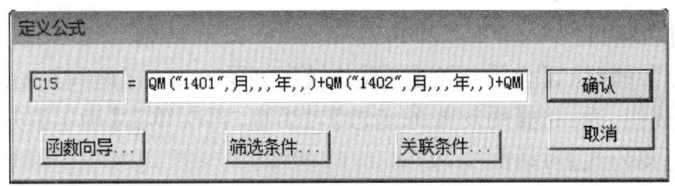

图 2-13　定义【存货】对话框

◀温馨提示▶

● 【QM("1401",月,,,年,,)+QM("1402",月,,,年,,)+QM("1403",月,,,年,,)+QM("1404",月,,,年,,)+QM("1405",月,,,年,,)+QM("1406",月,,,年,,)－QM("1407",月,,,年,,)+QM("1408",月,,,年,,)+QM("1411",月,,,年,,)+QM("1421",月,,,年,,)+QM("5001",月,,,年,,)+QM("5201",月,,,年,,)－QM("1471",月,,,年,,)】。

10. 定义【流动资产合计】。

步骤一:先选中 C18 单元,然后单击【fx】图标,在弹出的【定义公式】对话框中单击【函数向导】，系统会自动弹出【函数向导】的对话框，如图2-14所示。

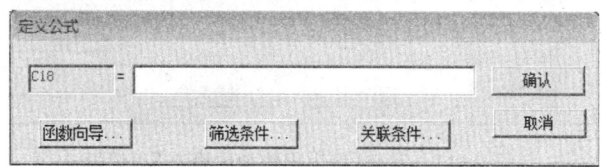

图2-14 定义【公式】对话框

步骤二：在函数分类对话框中选择【统计函数】，函数名称选择【PTOTAL】，单击【下一步】按钮，如图2-15所示。

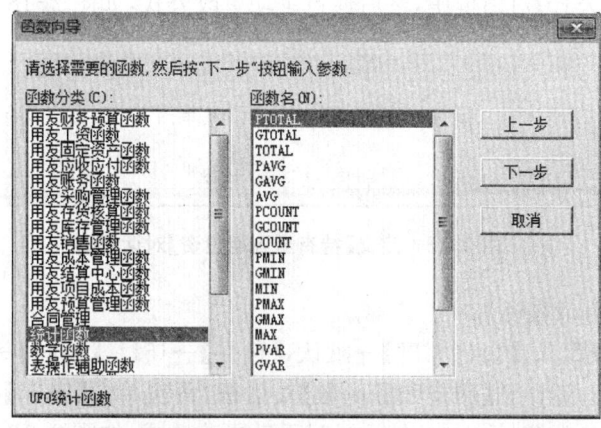

图2-15 【函数向导】对话框

步骤三：在弹出的【固定区统计函数】对话框中固定区区域输入【C7:C17】，单击确定按钮，系统自动将定义公式显示在【定义公式】对话框中，如图2-16所示。

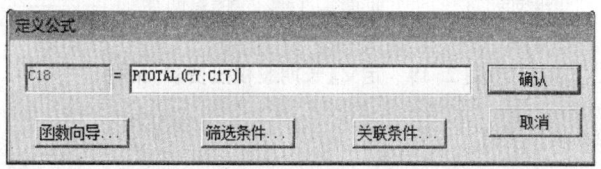

图2-16 定义【流动资产合计】对话框

◂温馨提示▸

● PTOTAL()函数用于固定区单元值连续合计较为方便，如果单元值不连续，需要采用逐项相加的办法。
● PTOTAL()函数图标为 Σ Σ↓ 先选中求和区域，再点击该图标即可。

11. 定义【可供出售金融资产】。

选择【账套号】→默认，【会计年度】→默认，【科目】→1503，【期间】→月，【方向】→默认，然后单击【确定】按钮，返回到【用友账务函数】对话框，再次单击【确定】按钮，系统自动将定义公式显示在【定义公式】对话框中，如图2-17所示。

图 2-17　定义【可供出售金融资产】对话框

12．定义【持有至到期投资】。

选择【账套号】→默认，【会计年度】→默认，【科目】→1501，【期间】→月，【方向】→默认，然后单击【确定】按钮，返回到【用友账务函数】对话框，再次单击【确定】按钮，系统自动将定义公式显示在【定义公式】对话框中，然后通过手动更改公式，如图 2-18 所示。

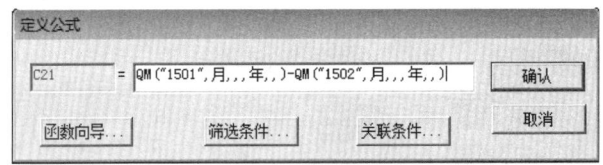

图 2-18　定义【持有至到期投资】对话框

13．定义【长期股权投资】。

选择【账套号】→默认，【会计年度】→默认，【科目】→1511，【期间】→月，【方向】→默认，然后单击【确定】按钮，返回到【用友账务函数】对话框，再次单击【确定】按钮，系统自动将定义公式显示在【定义公式】对话框中，然后通过手动更改公式，如图 2-19 所示。

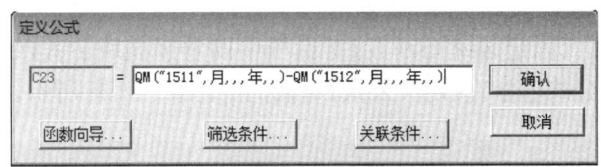

图 2-19　定义【长期股权投资】对话框

14．定义【投资性房地产】。

选择【账套号】→默认，【会计年度】→默认，【科目】→1521，【期间】→月，【方向】→默认，然后单击【确定】按钮，返回到【用友账务函数】对话框，再次单击【确定】按钮，系统自动将定义公式显示在【定义公式】对话框中，如图 2-20 所示。

图 2-20　定义【投资性房地产】对话框

15．定义【固定资产】。

选择【账套号】→默认，【会计年度】→默认，【科目】→1601，【期间】→月，【方向】→默认，然后单击【确定】按钮,返回到【用友账务函数】对话框,再次单击【确定】按钮,系统自动将定义公式显示在【定义公式】对话框中,然后通过手动更改公式,如图2-21所示。

图 2-21 定义【固定资产】对话框

▶温馨提示◀

● 【QM("1601",月,,,年,,)－QM("1602",月,,,年,,)－QM("1603",月,,,年,,)】。

16. 定义【在建工程】。

选择【账套号】→默认,【会计年度】→默认,【科目】→1604,【期间】→月,【方向】→默认,然后单击【确定】按钮,返回到【用友账务函数】对话框,再次单击【确定】按钮,系统自动将定义公式显示在【定义公式】对话框中,如图2-22所示。

图 2-22 定义【在建工程】对话框

17. 定义【工程物资】。

选择【账套号】→默认,【会计年度】→默认,【科目】→1605,【期间】→月,【方向】→默认,然后单击【确定】按钮,返回到【用友账务函数】对话框,再次单击【确定】按钮,系统自动将定义公式显示在【定义公式】对话框中,如图2-23所示。

图 2-23 定义【工程物资】对话框

18. 定义【固定资产清理】。

选择【账套号】→默认,【会计年度】→默认,【科目】→1606,【期间】→月,【方向】→默认,然后单击【确定】按钮,返回到【用友账务函数】对话框,再次单击【确定】按钮,系统自动将定义公式显示在【定义公式】对话框中,如图2-24所示。

19. 定义【无形资产】。

选择【账套号】→默认,【会计年度】→默认,【科目】→1701,【期间】→月,【方向】→默认,然后单击【确定】按钮,返回到【用友账务函数】对话框,再次单击【确定】按钮,系统自动将定

图 2-24 定义【固定资产清理】对话框

义公式显示在【定义公式】对话框中,然后通过手动更改公式,如图 2-25 所示。

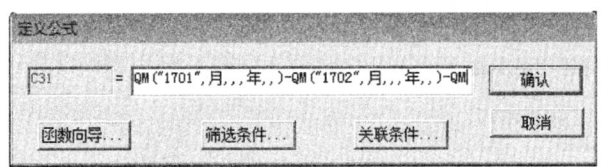

图 2-25 定义【无形资产】对话框

◀温馨提示▶
● 【QM("1701",月,,,年,,)－QM("1702",月,,,年,,)－QM("1703",月,,,年,,)】。

20. 定义【非流动资产合计】。
参照流动资产合计操作流程进行编辑公式,如图 2-26 所示。

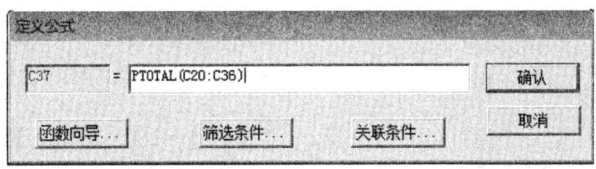

图 2-26 定义【非流动资产合计】对话框

21. 定义【资产总计】。
选中 C38 单元,单击【fx】图标,系统弹出【定义公式】窗口,在栏内输入"C18＋C37",单击【确认】按钮,如图 2-27 所示。

图 2-27 定义【资产总计】对话框

22. 定义【短期借款】。
选择【账套号】→默认,【会计年度】→默认,【科目】→2001,【期间】→月,【方向】→默认,然后单击【确定】按钮,返回到【用友账务函数】对话框,再次单击【确定】按钮,系统自动将定义公式显示在【定义公式】对话框中,如图 2-28 所示。

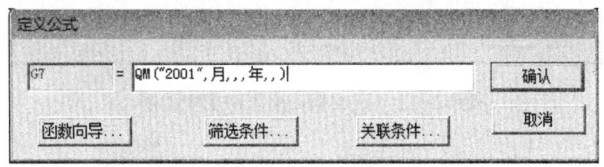

图 2-28　定义【短期借款】对话框

23. 定义【应付票据】。

选择【账套号】→默认,【会计年度】→默认,【科目】→2201,【期间】→月,【方向】→默认,然后单击【确定】按钮,返回到【用友账务函数】对话框,再次单击【确定】按钮,系统自动将定义公式显示在【定义公式】对话框中,如图 2-29 所示。

图 2-29　定义【应付票据】对话框

24. 定义【应付账款】。

选择【账套号】→默认,【会计年度】→默认,【科目】→2202,【期间】→月,【方向】→贷,然后单击【确定】按钮,返回到【用友账务函数】对话框,再次单击【确定】按钮,系统自动将定义公式显示在【定义公式】对话框中,然后通过手动更改公式,如图 2-30 所示。

图 2-30　定义【应付账款】对话框

◆温馨提示▶

● 【QM("2202",月,"贷",,,年,,)＋QM("1123",月,"贷",,,年,,)】。

25. 定义【预收账款】。

选择【账套号】→默认,【会计年度】→默认,【科目】→2203,【期间】→月,【方向】→贷,然后单击【确定】按钮,返回到【用友账务函数】对话框,再次单击【确定】按钮,系统自动将定义公式显示在【定义公式】对话框中,然后通过手动更改公式,如图 2-31 所示。

图 2-31　定义【预收账款】对话框

◀温馨提示▶
- 【QM("2203",月,"贷",,,年,,)＋QM("1122",月,"贷",,,年,,)】。

26．定义【应付职工薪酬】。

选择【账套号】→默认,【会计年度】→默认,【科目】→2211,【期间】→月,【方向】→默认,然后单击【确定】按钮,返回到【用友账务函数】对话框,再次单击【确定】按钮,系统自动将定义公式显示在【定义公式】对话框中,如图2-32所示。

图 2-32　定义【应付职工薪酬】对话框

27．定义【应交税费】。

选择【账套号】→默认,【会计年度】→默认,【科目】→2221,【期间】→月,【方向】→默认,然后单击【确定】按钮,返回到【用友账务函数】对话框,再次单击【确定】按钮,系统自动将定义公式显示在【定义公式】对话框中,如图2-33所示。

图 2-33　定义【应交税费】对话框

28．定义【应付利息】。

选择【账套号】→默认,【会计年度】→默认,【科目】→2231,【期间】→月,【方向】→默认,然后单击【确定】按钮,返回到【用友账务函数】对话框,再次单击【确定】按钮,系统自动将定义公式显示在【定义公式】对话框中,如图2-34所示。

图 2-34　定义【应付利息】对话框

29. 定义【应付股利】。

选择【账套号】→默认,【会计年度】→默认,【科目】→2232,【期间】→月,【方向】→默认,然后单击【确定】按钮,返回到【用友账务函数】对话框,再次单击【确定】按钮,系统自动将定义公式显示在【定义公式】对话框中,如图2-35所示。

图 2-35　定义【应付股利】对话框

30. 定义【其他应付款】。

选择【账套号】→默认,【会计年度】→默认,【科目】→2241,【期间】→月,【方向】→默认,然后单击【确定】按钮,返回到【用友账务函数】对话框,再次单击【确定】按钮,系统自动将定义公式显示在【定义公式】对话框中,如图2-36所示。

图 2-36　定义【其他应付款】对话框

31. 定义【流动负债合计】。

参照流动资产合计操作流程进行编辑公式,如图2-37所示。

图 2-37　定义【流动负债合计】对话框

32. 定义【长期借款】。

选择【账套号】→默认,【会计年度】→默认,【科目】→2501,【期间】→月,【方向】→默认,然后单击【确定】按钮,返回到【用友账务函数】对话框,再次单击【确定】按钮,系统自动将定义公式显示在【定义公式】对话框中,如图2-38所示。

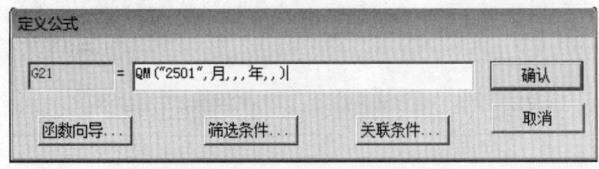

图 2-38　定义【长期借款】对话框

33. 定义【应付债券】。

选择【账套号】→默认,【会计年度】→默认,【科目】→2502,【期间】→月,【方向】→默认,然后单击【确定】按钮,返回到【用友账务函数】对话框,再次单击【确定】按钮,系统自动将定义公式显示在【定义公式】对话框中,如图2-39所示。

图2-39 定义【应付债券】对话框

34. 定义【长期应付款】。

选择【账套号】→默认,【会计年度】→默认,【科目】→2701,【期间】→月,【方向】→默认,然后单击【确定】按钮,返回到【用友账务函数】对话框,再次单击【确定】按钮,系统自动将定义公式显示在【定义公式】对话框中,然后通过手动更改公式,如图2-40所示。

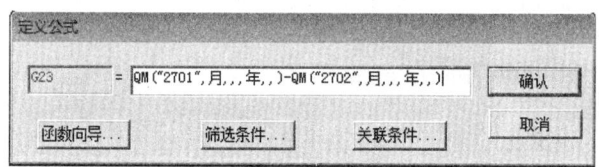

图2-40 定义【长期应付款】对话框

35. 定义【非流动负债合计】。

参照流动资产合计操作流程进行编辑公式,如图2-41所示。

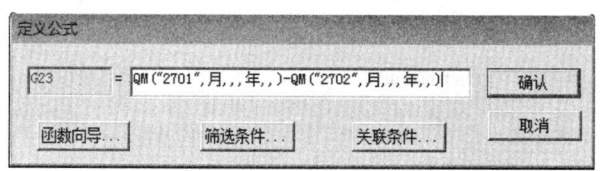

图2-41 定义【非流动负债合计】对话框

36. 定义【负债合计】。

选中G29单元,单击【fx】图标,系统弹出【定义公式】窗口,在栏内输入"G19+G28",单击【确认】按钮,如图2-42所示。

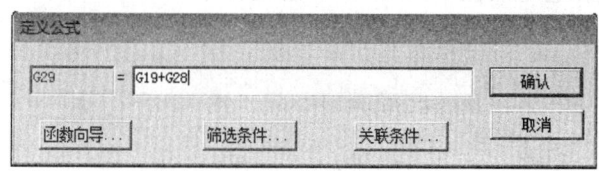

图2-42 定义【负债合计】对话框

37. 定义【实收资本】。

选择【账套号】→默认,【会计年度】→默认,【科目】→4001,【期间】→月,【方向】→默认,然后单击【确定】按钮,返回到【用友账务函数】对话框,再次单击【确定】按钮,系统自动将定义公式显示在【定义公式】对话框中,如图 2-43 所示。

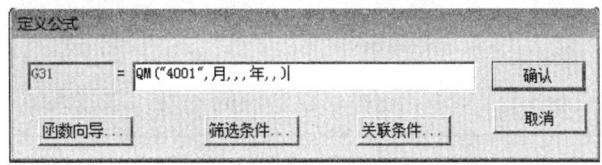

图 2-43 定义【实收资本】对话框

38. 定义【资本公积】。

选择【账套号】→默认,【会计年度】→默认,【科目】→4002,【期间】→月,【方向】→默认,然后单击【确定】按钮,返回到【用友账务函数】对话框,再次单击【确定】按钮,系统自动将定义公式显示在【定义公式】对话框中,如图 2-44 所示。

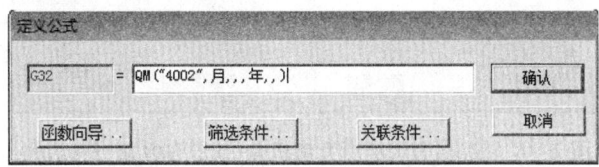

图 2-44 定义【资本公积】对话框

39. 定义【盈余公积】。

选择【账套号】→默认,【会计年度】→默认,【科目】→4101,【期间】→月,【方向】→默认,然后单击【确定】按钮,返回到【用友账务函数】对话框,再次单击【确定】按钮,系统自动将定义公式显示在【定义公式】对话框中,如图 2-45 所示。

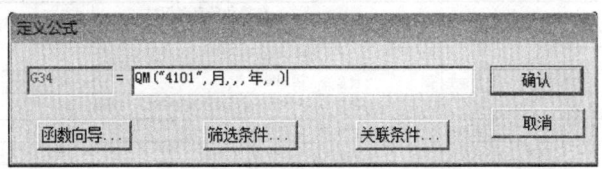

图 2-45 定义【盈余公积】对话框

40. 定义【未分配利润】。

选择【账套号】→默认,【会计年度】→默认,【科目】→4103,【期间】→月,【方向】→默认,然后单击【确定】按钮,返回到【用友账务函数】对话框,再次单击【确定】按钮,系统自动将定义公式显示在【定义公式】对话框中,然后通过手动更改公式,如图 2-46 所示。

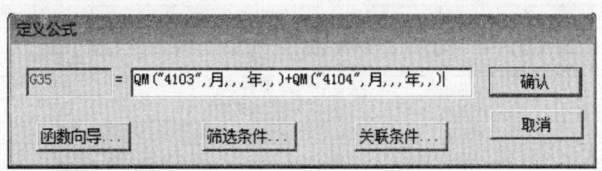

图 2-46 定义【未分配利润】对话框

41. 定义【所有者权益(或股东权益)】。

选中 G36 单元,单击【fx】图标,系统弹出【定义公式】窗口,在栏内输入"G31＋G32－G33＋G34＋G35",单击【确认】按钮,如图 2-47 所示。

图 2-47 定义【所有者权益(或股东权益)】对话框

42. 定义【负债和所有者权益(或股东权益)】。

选中 G38 单元,单击【fx】图标,系统弹出【定义公式】窗口,在栏内输入"G29＋G36",单击【确认】按钮,如图 2-48 所示。

图 2-48 定义【负债和所有者权益(或股东权益)】对话框

◀温馨提示▶

● 自定义资产负债表各报表项目的公式后,切换【格式】到【数据】,系统自动弹出【是否确定全表重算】,单击【是】按钮,如图 2-49 至图 2-51 所示。

	A	B	C	D	E	F	G	H
1					资产负债表			
2								会企01表
3	编制单位:		xxxx 年	xx 月	xx 日			单位:元
4	资产	行次	期末余额	年初余额	负债和所有者权益	行次	期末余额	年初余额
5					(或股东权益)			
6	流动资产:				流动负债:			
7	货币资金	1	公式单元	公式单元	短期借款	32	公式单元	公式单元
8	以公允价值计量且其变动	2	公式单元	公式单元	以公允价值计量且其变动计入当期损	33	公式单元	公式单元
9	应收票据	3	公式单元	公式单元	应付票据	34	公式单元	公式单元
10	应收账款	4	公式单元	公式单元	应付账款	35	公式单元	公式单元
11	预付款项	5	公式单元	公式单元	预收款项	36	公式单元	公式单元
12	应收利息	6	公式单元	公式单元	应付职工薪酬	37	公式单元	公式单元
13	应收股利	7	公式单元	公式单元	应交税费	38	公式单元	公式单元
14	其他应收款	8	公式单元	公式单元	应付利息	39	公式单元	公式单元
15	存货	9	公式单元	公式单元	应付股利	40	公式单元	公式单元
16	一年内到期的非流动资产	10			其他应付款	41	公式单元	公式单元
17	其他流动资产	11			一年内到期的非流动负债	42		
18	流动资产合计	12	公式单元	公式单元	其他流动负债	43		
19	非流动资产:				流动负债合计	44	公式单元	公式单元
20	可供出售金融资产	13	公式单元	公式单元	非流动负债:			
21	持有至到期投资	14	公式单元	公式单元	长期借款	45	公式单元	公式单元
22	长期应收款	15	公式单元	公式单元	应付债券	46	公式单元	公式单元
23	长期股权投资	16	公式单元	公式单元	长期应付款	47	公式单元	公式单元
24	投资性房地产	17	公式单元	公式单元	专项应付款	48	公式单元	公式单元
25	固定资产	18	公式单元	公式单元	预计负债	49	公式单元	公式单元
26	在建工程	19	公式单元	公式单元	递延所得税负债	50	公式单元	公式单元
27	工程物资	20	公式单元	公式单元	其他非流动负债	51	公式单元	公式单元
28	固定资产清理	21	公式单元	公式单元	非流动负债合计	52	公式单元	公式单元

图 2-49 资产负债表原始表

单元二　自定义资产负债表公式

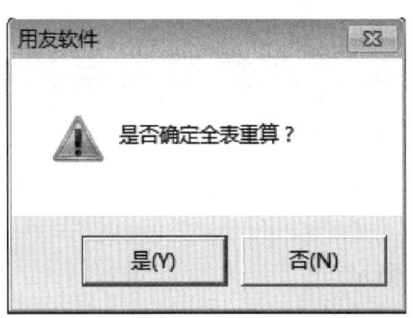

图 2-50　【是否确定全表重算】对话框

资产负债表

会企01表
编制单位：　　　　　　　年　　月　　日　　　　　　　　　　　　　　　　　单位:元

资　产	行次	期末余额	年初余额	负债和所有者权益（或股东权益）	行次	期末余额	年初余额
流动资产：				流动负债：			
货币资金	1	7,613,660.36	5,932,881.46	短期借款	32		
以公允价值计量且其变动	2	790,000.00	1,160,000.00	以公允价值计量且其变动计入当期损	33		
应收票据	3	5,772,800.00	3,617,800.00	应付票据	34	282,115.00	282,115.00
应收账款	4	7,455,648.00	7,768,150.00	应付账款	35	4,536,309.06	179,559.06
预付款项	5	-35,800.00	1,207,315.00	预收款项	36		2,212,500.00
应收利息	6			应付职工薪酬	37	533,201.51	532,165.77
应收股利	7			应交税费	38	1,133,477.08	-7,833,331.01
其他应收款	8	2,898.24	8,365.00	应付利息	39		
存货	9	1,552,234.44	2,736,744.50	应付股利	40		
一年内到期的非流动资产	10			其他应付款	41		
其他流动资产	11			一年内到期的非流动负债	42		
流动资产合计	12	23,151,441.04	22,431,255.96	其他流动负债	43		
非流动资产：				流动负债合计	44	6,485,102.65	-4,626,991.18
可供出售金融资产	13			非流动负债：			
持有至到期投资	14			长期借款	45		
长期应收款	15	2,649,692.80	3,194,160.00	应付债券	46		
长期股权投资	16			长期应付款	47		
投资性房地产	17	8,000,000.00		专项应付款	48		
固定资产	18	10,519,112.80	10,390,748.00	预计负债	49		
在建工程	19			递延所得税负债	50	703,423.20	
工程物资	20			其他非流动负债	51		
固定资产清理	21			非流动负债合计	52	703423.20	
固定资产清理	21			非流动负债合计	52	703423.20	
生产性生物资产	22			负债合计	53	7188525.85	-4626991.18
油气资产	23			所有者权益（或股东权益）：			
无形资产	24	3,507,670.00	3,468,250.00	实收资本（或股本）	54	5,000,000.00	5,000,000.00
开发支出	25			资本公积	55		
商誉	26			减：库存股	56		
长期待摊费用	27			盈余公积	57	3,580,512.88	670,000.00
递延所得税资产	28	278,238.00	68,737.50	未分配利润	58	32,224,615.91	38,510,142.64
其他非流动资产	29			其他综合收益	59	112,500.00	
非流动资产合计	30	24954713.40	17121895.50	所有者权益（或股东权益）合计	60	40917628.79	44180142.64
资产总计	31	48106154.64	39553151.46	负债和所有者权益（或股东权益）总计	61	48,106,154.64	39,553,151.46

图 2-51　资产负债表重算表

37

任务二 自定义资产负债表年初余额项目公式

一、成果达成

学生完成成果如图 2-52 所示。

	A	B	C	D	E	F	G	H
1				资产负债表				
2								会企01表
3	编制单位：			××××年	××月 ××日			单位：元
4	资产	行次	期末余额	年初余额	负债和所有者权益（或股东权益）	行次	期末余额	年初余额
5	流动资产：				流动负债：			
6	货币资金	1	公式单元	公式单元	短期借款	32	公式单元	公式单元
7	以公允价值计量且其变动	2	公式单元	公式单元	以公允价值计量且其变动计入当期损	33	公式单元	公式单元
8	应收票据	3	公式单元	公式单元	应付票据	34	公式单元	公式单元
9	应收账款	4	公式单元	公式单元	应付账款	35	公式单元	公式单元
10	预付款项	5	公式单元	公式单元	预收款项	36	公式单元	公式单元
11	应收利息	6	公式单元	公式单元	应付职工薪酬	37	公式单元	公式单元
12	应收股利	7	公式单元	公式单元	应交税费	38	公式单元	公式单元
13	其他应收款	8	公式单元	公式单元	应付利息	39	公式单元	公式单元
14	存货	9	公式单元	公式单元	应付股利	40	公式单元	公式单元
15	一年内到期的非流动资产	10			其他应付款	41	公式单元	公式单元
16	其他流动资产	11			一年内到期的非流动负债	42		
17	流动资产合计	12	公式单元	公式单元	其他流动负债	43		
18	非流动资产：				流动负债合计	44	公式单元	公式单元
19	可供出售金融资产	13	公式单元	公式单元	非流动负债：			
20	持有至到期投资	14	公式单元	公式单元	长期借款	45	公式单元	公式单元
21	长期应收款	15	公式单元	公式单元	应付债券	46	公式单元	公式单元
22	长期股权投资	16	公式单元	公式单元	长期应付款	47	公式单元	公式单元
23	投资性房地产	17	公式单元	公式单元	专项应付款	48	公式单元	公式单元
24	固定资产	18	公式单元	公式单元	预计负债	49	公式单元	公式单元
25	在建工程	19	公式单元	公式单元	递延所得税负债	50	公式单元	公式单元
26	工程物资	20	公式单元	公式单元	其他非流动负债	51		
27	固定资产清理	21	公式单元	公式单元	非流动负债合计	52	公式单元	公式单元

图 2-52 资产负债表完成成果

二、任务描述

引入山东昌澳鞋业商贸有限公司 20×6 年 4 月份账套，用 UFO 报表管理系统自定义资产负债表期初余额项目公式，按照操作日期 20×6 年 4 月 30 日登陆，操作员为账套主管（A01）。

三、任务操作

1. 定义【货币资金】。

步骤一：先选中 D7 单元，然后单击【fx】图标，在弹出的【定义公式】对话框中单击【函数向导】，系统会自动弹出【函数向导】的对话框，如图 2-53 所示。

步骤二：在函数分类对话框中选择【用友账务函数】，函数名称选择【期初（QC）】，单击【下一步】按钮，如图 2-54 所示。

图 2-53 【定义公式】对话框

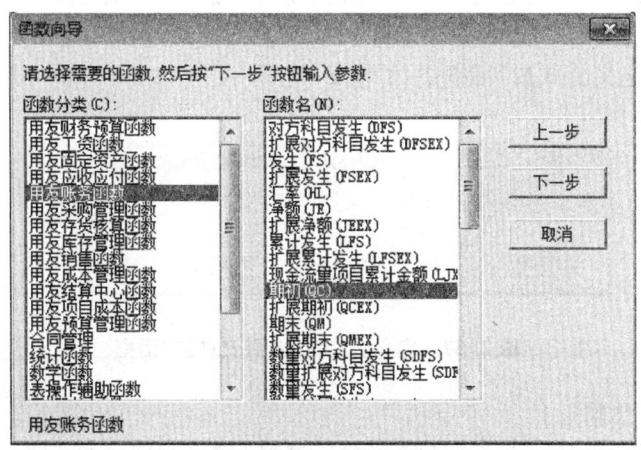

图 2-54 【函数向导】对话框

步骤三：在弹出的【用友账务函数】对话框中单击【参照】按钮，如图 2-55 所示。

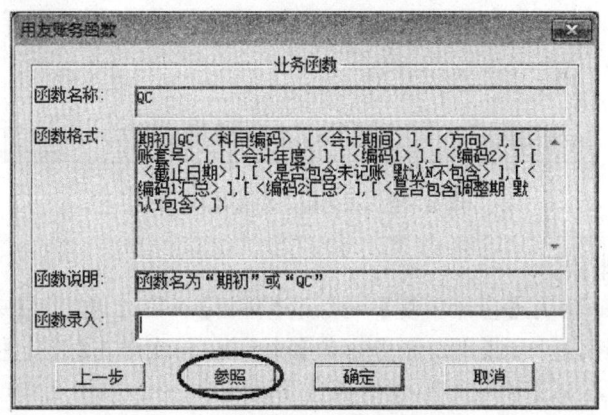

图 2-55 【用友账务函数】对话框

步骤四：选择【账套号】→默认，【会计年度】→默认，【科目】→1001，【期间】→全年，【方向】→默认，然后单击【确定】按钮，返回到【用友账务函数】对话框，再次单击【确定】按钮，系统自动将定义公式显示在【定义公式】对话框中，然后通过手动更改公式，如图 2-56 所示。

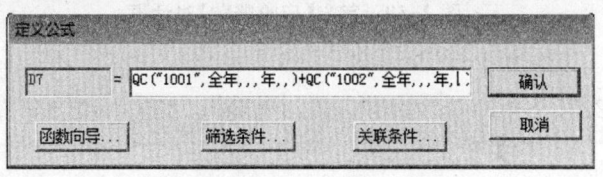

图 2-56 定义【货币资金】对话框

◀温馨提示▶
● 【QC("1001",全年,,,年,,)＋QC("1002",全年,,,年,,)＋QC("1012",全年,,,年,,)】(以下各项资产负债表的报表项目的自定义公式重复前三步骤,不再累述,操作步骤四即可)。

2. 定义【交易性金融资产】。

选择【账套号】→默认,【会计年度】→默认,【科目】→1101,【期间】→全年,【方向】→默认,然后单击【确定】按钮,返回到【用友账务函数】对话框,再次单击【确定】按钮,系统自动将定义公式显示在【定义公式】对话框中,如图2-57所示。

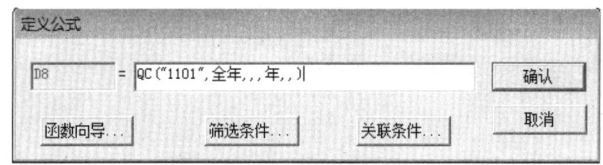

图2-57　定义【交易性金融资产】对话框

3. 定义【应收票据】。

选择【账套号】→默认,【会计年度】→默认,【科目】→1121,【期间】→全年,【方向】→默认,然后单击【确定】按钮,返回到【用友账务函数】对话框,再次单击【确定】按钮,系统自动将定义公式显示在【定义公式】对话框中,如图2-58所示。

图2-58　定义【应收票据】对话框

4. 定义【应收账款】。

选择【账套号】→默认,【会计年度】→默认,【科目】→1122,【期间】→全年,【方向】→借,然后单击【确定】按钮,返回到【用友账务函数】对话框,再次单击【确定】按钮,系统自动将定义公式显示在【定义公式】对话框中,然后通过手动更改公式,如图2-59所示。

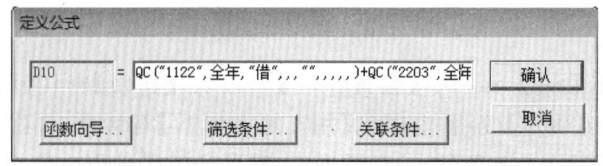

图2-59　定义【应收账款】对话框

◀温馨提示▶
● 【QC("1122",全年,"借",,,"",,,,,)＋QC("2203",全年,"借",,,,,,,,)－QC("1231",全年,,,,,,,,)】。

5. 定义【预付账款】。

选择【账套号】→默认,【会计年度】→默认,【科目】→1123,【期间】→全年,【方向】→借,然后单击【确定】按钮,返回到【用友账务函数】对话框,再次单击【确定】按钮,系统自动将定义公式显示在【定义公式】对话框中,然后通过手动更改公式,如图2-60所示。

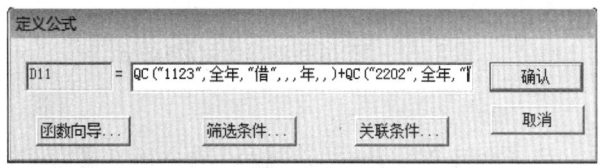

图2-60 定义【预付账款】对话框

◀温馨提示▶
- 【QC("1123",全年,"借",,,年,,)+QC("2202",全年,"借",,,年,,)】。

6. 定义【应收利息】。

选择【账套号】→默认,【会计年度】→默认,【科目】→1132,【期间】→全年,【方向】→默认,然后单击【确定】按钮,返回到【用友账务函数】对话框,再次单击【确定】按钮,系统自动将定义公式显示在【定义公式】对话框中,如图2-61所示。

图2-61 定义【应收利息】对话框

7. 定义【应收股利】。

选择【账套号】→默认,【会计年度】→默认,【科目】→1131,【期间】→全年,【方向】→默认,然后单击【确定】按钮,返回到【用友账务函数】对话框,再次单击【确定】按钮,系统自动将定义公式显示在【定义公式】对话框中,如图2-62所示。

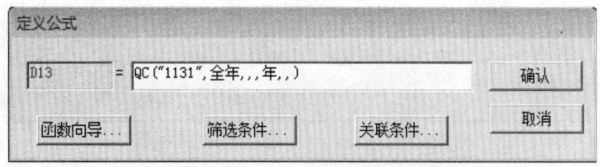

图2-62 定义【应收股利】对话框

8. 定义【其他应收款】。

选择【账套号】→默认,【会计年度】→默认,【科目】→1221,【期间】→全年,【方向】→默认,然后单击【确定】按钮,返回到【用友账务函数】对话框,再次单击【确定】按钮,系统自动将定义公式显示在【定义公式】对话框中,如图2-63所示。

图 2-63 定义【其他应收款】对话框

9. 定义【存货】。

选择【账套号】→默认,【会计年度】→默认,【科目】→1401,【期间】→全年,【方向】→默认,然后单击【确定】按钮,返回到【用友账务函数】对话框,再次单击【确定】按钮,系统自动将定义公式显示在【定义公式】对话框中,然后通过手动更改公式,如图 2-64 所示。

图 2-64 定义【存货】对话框

◀温馨提示▶

● 【QC("1401",全年,,,年,,)+QC("1402",全年,,,年,,)+QC("1403",全年,,,年,,)+QC("1404",全年,,,年,,)+QC("1405",全年,,,年,,)+QC("1406",全年,,,年,,)−QC("1407",全年,,,年,,)+QC("1408",全年,,,年,,)+QC("1411",全年,,,年,,)+QC("1421",全年,,,年,,)+QC("5001",全年,,,年,,)+QC("5201",全年,,,年,,)−QC("1471",全年,,,年,,)】。

10. 定义【流动资产合计】。

步骤一:先选中 D18 单元,然后单击【fx】图标,在弹出的【定义公式】对话框中单击【函数向导】,系统会自动弹出【函数向导】的对话框,如图 2-65 所示。

图 2-65 定义【公式】对话框

步骤二:在函数分类对话框中选择【统计函数】,函数名称选择【PTOTAL】,单击【下一步】按钮,如图 2-66 所示。

步骤三:在弹出的【固定区统计函数】对话框中固定区区域输入【D7:D17】,单击确定按钮,系统自动将定义公式显示在【定义公式】对话框中,如图 2-67 所示。

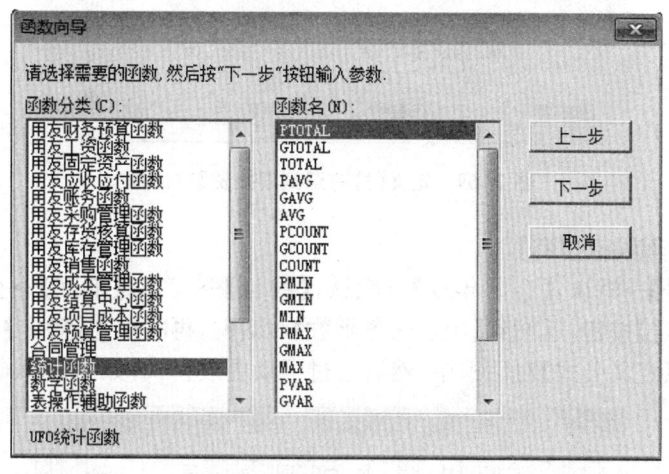

图 2-66 【函数向导】对话框

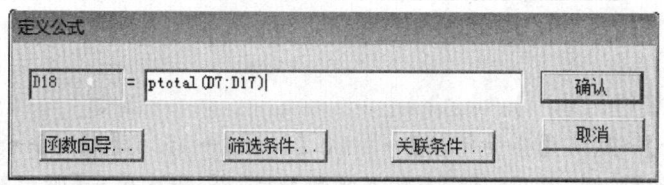

图 2-67 定义【流动资产合计】对话框

▶温馨提示▶

● PTOTAL()函数用于固定区单元值连续合计较为方便,如果单元值不连续,需要采用逐项相加的办法。

● PTOTAL()函数图标为 Σ Σ↓ 先选中求和区域,再点击该图标即可。

11. 定义【可供出售金融资产】。

选择【账套号】→默认,【会计年度】→默认,【科目】→1503,【期间】→全年,【方向】→默认,然后单击【确定】按钮,返回到【用友账务函数】对话框,再次单击【确定】按钮,系统自动将定义公式显示在【定义公式】对话框中,如图 2-68 所示。

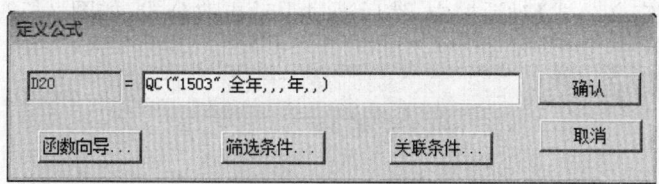

图 2-68 定义【可供出售金融资产】对话框

12. 定义【持有至到期投资】。

选择【账套号】→默认,【会计年度】→默认,【科目】→1501,【期间】→全年,【方向】→默认,然后单击【确定】按钮,返回到【用友账务函数】对话框,再次单击【确定】按钮,系统自动将定义公式显示在【定义公式】对话框中,然后通过手动更改公式,如图 2-69 所示。

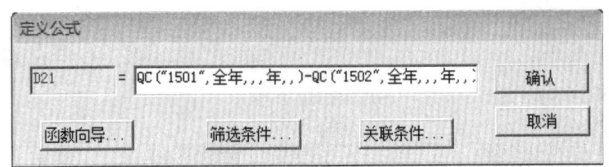

图 2-69　定义【持有至到期投资】对话框

13. 定义【长期股权投资】。

选择【账套号】→默认,【会计年度】→默认,【科目】→1511,【期间】→全年,【方向】→默认,然后单击【确定】按钮,返回到【用友账务函数】对话框,再次单击【确定】按钮,系统自动将定义公式显示在【定义公式】对话框中,然后通过手动更改公式,如图 2-70 所示。

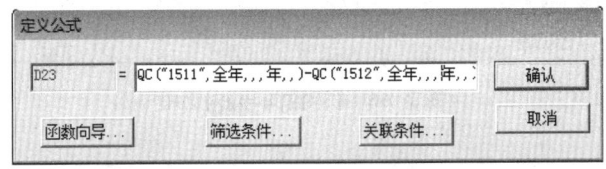

图 2-70　定义【长期股权投资】对话框

14. 定义【投资性房地产】。

选择【账套号】→默认,【会计年度】→默认,【科目】→1521,【期间】→全年,【方向】→默认,然后单击【确定】按钮,返回到【用友账务函数】对话框,再次单击【确定】按钮,系统自动将定义公式显示在【定义公式】对话框中,如图 2-71 所示。

图 2-71　定义【投资性房地产】对话框

15. 定义【固定资产】。

选择【账套号】→默认,【会计年度】→默认,【科目】→1601,【期间】→全年,【方向】→默认,然后单击【确定】按钮,返回到【用友账务函数】对话框,再次单击【确定】按钮,系统自动将定义公式显示在【定义公式】对话框中,然后通过手动更改公式,如图 2-72 所示。

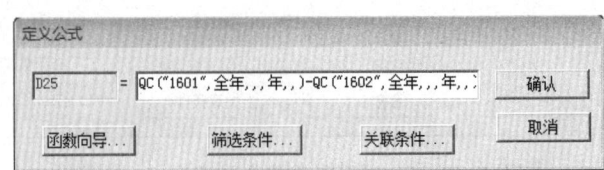

图 2-72　定义【固定资产】对话框

> ◆温馨提示▶
> ●【QC("1601",全年,,,年,,)−QC("1602",全年,,,年,,)−QC("1603",全年,,,年,,)】。

16. 定义【在建工程】。

选择【账套号】→默认,【会计年度】→默认,【科目】→1604,【期间】→全年,【方向】→默认,然后单击【确定】按钮,返回到【用友账务函数】对话框,再次单击【确定】按钮,系统自动将定义公式显示在【定义公式】对话框中,如图2-73所示。

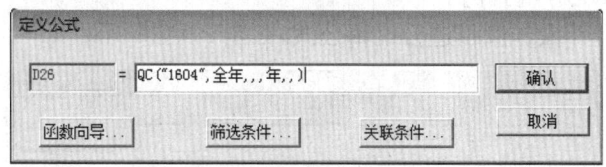

图2-73 定义【在建工程】对话框

17. 定义【工程物资】。

选择【账套号】→默认,【会计年度】→默认,【科目】→1605,【期间】→全年,【方向】→默认,然后单击【确定】按钮,返回到【用友账务函数】对话框,再次单击【确定】按钮,系统自动将定义公式显示在【定义公式】对话框中,如图2-74所示。

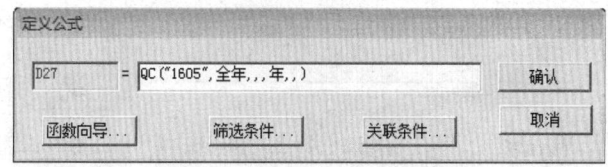

图2-74 定义【工程物资】对话框

18. 定义【固定资产清理】。

选择【账套号】→默认,【会计年度】→默认,【科目】→1606,【期间】→全年,【方向】→默认,然后单击【确定】按钮,返回到【用友账务函数】对话框,再次单击【确定】按钮,系统自动将定义公式显示在【定义公式】对话框中,如图2-75所示。

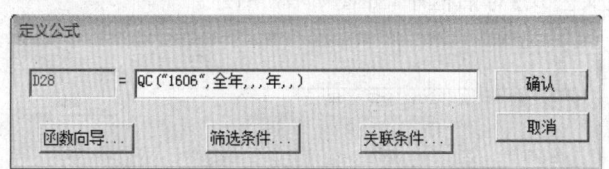

图2-75 定义【固定资产清理】对话框

19. 定义【无形资产】。

选择【账套号】→默认,【会计年度】→默认,【科目】→1701,【期间】→全年,【方向】→默认,然后单击【确定】按钮,返回到【用友账务函数】对话框,再次单击【确定】按钮,系统自动将定义公式显示在【定义公式】对话框中,然后通过手动更改公式,如图2-76所示。

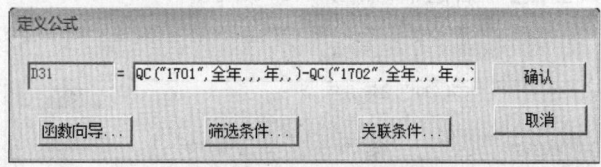

图2-76 定义【无形资产】对话框

◀温馨提示▶

● 【QC("1701",全年,,,年,,)-QC("1702",全年,,,年,,)-QC("1703",全年,,,年,,)】。

20. 定义【非流动资产合计】。

参照流动资产合计操作流程进行编辑公式,如图2-77所示。

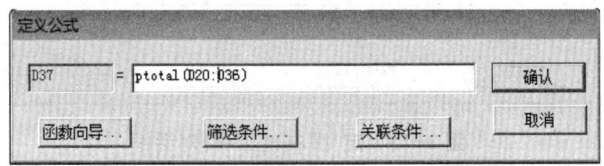

图2-77 定义【非流动资产合计】对话框

21. 定义【资产总计】。

选中D38单元,单击【fx】图标,系统弹出【定义公式】窗口,在栏内输入"D18+D37",单击【确认】按钮,如图2-78所示。

图2-78 定义【资产总计】对话框

22. 定义【短期借款】。

选择【账套号】→默认,【会计年度】→默认,【科目】→2001,【期间】→全年,【方向】→默认,然后单击【确定】按钮,返回到【用友账务函数】对话框,再次单击【确定】按钮,系统自动将定义公式显示在【定义公式】对话框中,如图2-79所示。

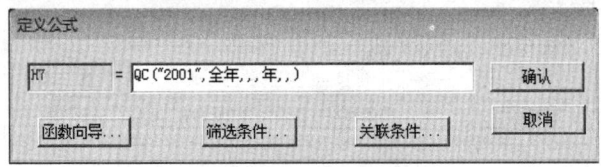

图2-79 定义【短期借款】对话框

23. 定义【应付票据】。

选择【账套号】→默认,【会计年度】→默认,【科目】→2201,【期间】→全年,【方向】→默认,然后单击【确定】按钮,返回到【用友账务函数】对话框,再次单击【确定】按钮,系统自动将定义公式显示在【定义公式】对话框中,如图2-80所示。

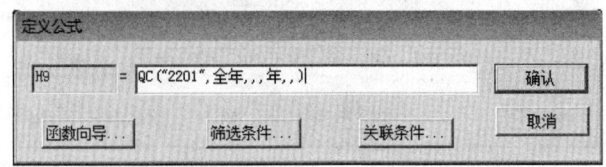

图2-80 定义【应付票据】对话框

24. 定义【应付账款】。

选择【账套号】→默认,【会计年度】→默认,【科目】→2202,【期间】→全年,【方向】→贷,然后单击【确定】按钮,返回到【用友账务函数】对话框,再次单击【确定】按钮,系统自动将定义公式显示在【定义公式】对话框中,然后通过手动更改公式,如图2-81所示。

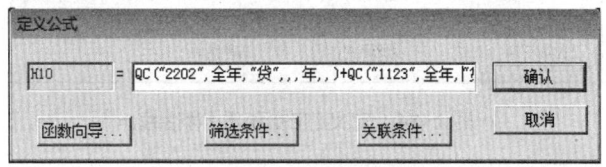

图2-81 定义【应付账款】对话框

◀温馨提示▶
- 【QC("2202",全年,"贷",,,年,,)＋QC("1123",全年,"贷",,,年,,)】。

25. 定义【预收账款】。

选择【账套号】→默认,【会计年度】→默认,【科目】→2203,【期间】→全年,【方向】→贷,然后单击【确定】按钮,返回到【用友账务函数】对话框,再次单击【确定】按钮,系统自动将定义公式显示在【定义公式】对话框中,然后通过手动更改公式,如图2-82所示。

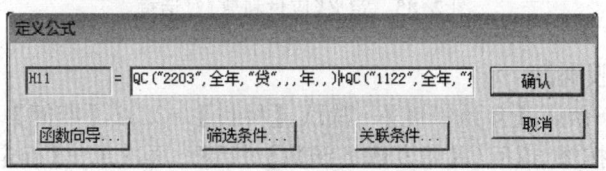

图2-82 定义【预收账款】对话框

◀温馨提示▶
- 【QC("2203",全年,"贷",,,年,,)＋QC("1122",全年,"贷",,,年,,)】。

26. 定义【应付职工薪酬】。

选择【账套号】→默认,【会计年度】→默认,【科目】→2211,【期间】→全年,【方向】→默认,然后单击【确定】按钮,返回到【用友账务函数】对话框,再次单击【确定】按钮,系统自动将定义公式显示在【定义公式】对话框中,如图2-83所示。

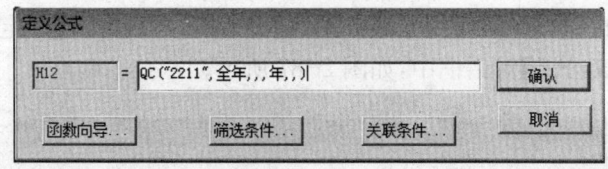

图2-83 定义【应付职工薪酬】对话框

27. 定义【应交税费】。

选择【账套号】→默认,【会计年度】→默认,【科目】→2221,【期间】→全年,【方向】→默认,然后单击【确定】按钮,返回到【用友账务函数】对话框,再次单击【确定】按钮,系统自动将定义公式显示在【定义公式】对话框中,如图2-84所示。

图 2-84　定义【应交税费】对话框

28．定义【应付利息】。

选择【账套号】→默认,【会计年度】→默认,【科目】→2231,【期间】→全年,【方向】→默认,然后单击【确定】按钮,返回到【用友账务函数】对话框,再次单击【确定】按钮,系统自动将定义公式显示在【定义公式】对话框中,如图2-85所示。

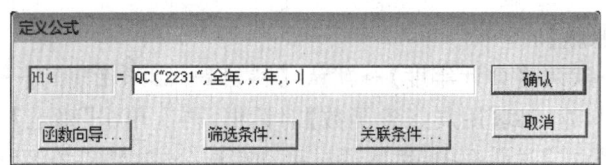

图 2-85　定义【应付利息】对话框

29．定义【应付股利】。

选择【账套号】→默认,【会计年度】→默认,【科目】→2232,【期间】→全年,【方向】→默认,然后单击【确定】按钮,返回到【用友账务函数】对话框,再次单击【确定】按钮,系统自动将定义公式显示在【定义公式】对话框中,如图2-86所示。

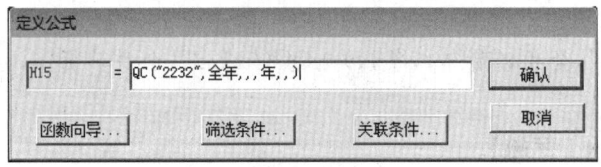

图 2-86　定义【应付股利】对话框

30．定义【其他应付款】。

选择【账套号】→默认,【会计年度】→默认,【科目】→2241,【期间】→全年,【方向】→默认,然后单击【确定】按钮,返回到【用友账务函数】对话框,再次单击【确定】按钮,系统自动将定义公式显示在【定义公式】对话框中,如图2-87所示。

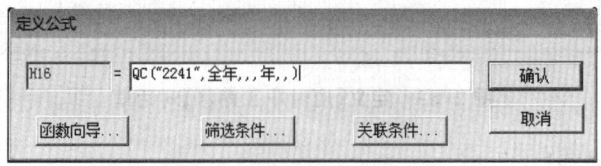

图 2-87　定义【其他应付款】对话框

31. 定义【流动负债合计】。

参照流动资产合计操作流程进行编辑公式,如图2-88所示。

图 2-88　定义【流动负债合计】对话框

32. 定义【长期借款】。

选择【账套号】→默认,【会计年度】→默认,【科目】→2501,【期间】→全年,【方向】→默认,然后单击【确定】按钮,返回到【用友账务函数】对话框,再次单击【确定】按钮,系统自动将定义公式显示在【定义公式】对话框中,如图2-89所示。

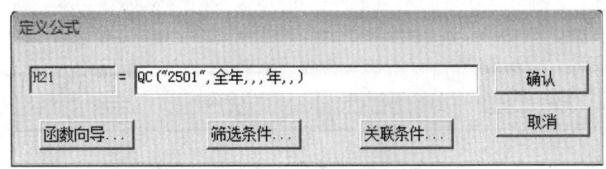

图 2-89　定义【长期借款】对话框

33. 定义【应付债券】。

选择【账套号】→默认,【会计年度】→默认,【科目】→2502,【期间】→全年,【方向】→默认,然后单击【确定】按钮,返回到【用友账务函数】对话框,再次单击【确定】按钮,系统自动将定义公式显示在【定义公式】对话框中,如图2-90所示。

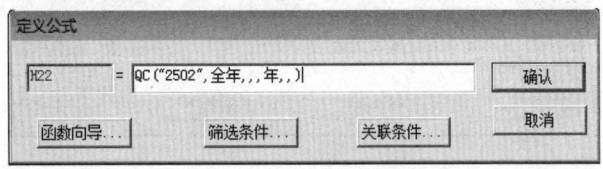

图 2-90　定义【应付债券】对话框

34. 定义【长期应付款】。

选择【账套号】→默认,【会计年度】→默认,【科目】→2701,【期间】→全年,【方向】→默认,然后单击【确定】按钮,返回到【用友账务函数】对话框,再次单击【确定】按钮,系统自动将定义公式显示在【定义公式】对话框中,然后通过手动更改公式,如图2-91所示。

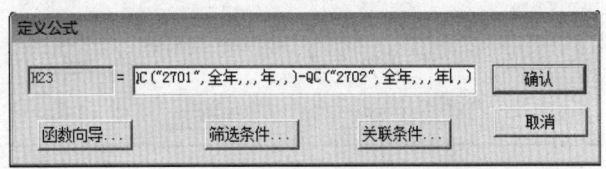

图 2-91　定义【长期应付款】对话框

35. 定义【非流动负债合计】。

参照流动资产合计操作流程进行编辑公式,如图 2-92 所示。

图 2-92 定义【非流动负债合计】对话框

36. 定义【负债合计】。

选中 H29,单击【fx】图标,系统弹出【定义公式】窗口,在栏内输入"H19+H28",单击【确认】按钮,如图 2-93 所示。

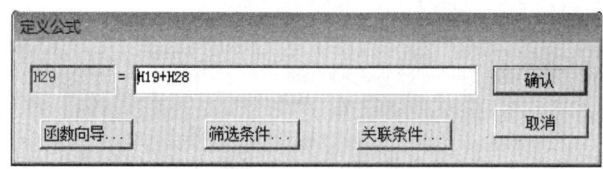

图 2-93 定义【负债合计】对话框

37. 定义【实收资本】。

选择【账套号】→默认,【会计年度】→默认,【科目】→4001,【期间】→全年,【方向】→默认,然后单击【确定】按钮,返回到【用友账务函数】对话框,再次单击【确定】按钮,系统自动将定义公式显示在【定义公式】对话框中,如图 2-94 所示。

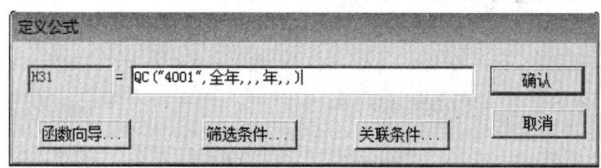

图 2-94 定义【实收资本】对话框

38. 定义【资本公积】。

选择【账套号】→默认,【会计年度】→默认,【科目】→4002,【期间】→全年,【方向】→默认,然后单击【确定】按钮,返回到【用友账务函数】对话框,再次单击【确定】按钮,系统自动将定义公式显示在【定义公式】对话框中,如图 2-95 所示。

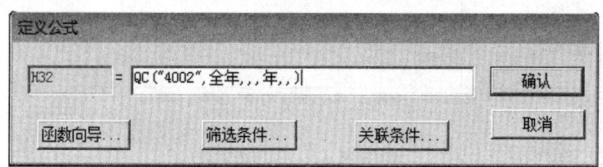

图 2-95 定义【资本公积】对话框

39. 定义【盈余公积】。

选择【账套号】→默认,【会计年度】→默认,【科目】→4101,【期间】→全年,【方向】→默认,然后单击【确定】按钮,返回到【用友账务函数】对话框,再次单击【确定】按钮,系统自动将定义公式显示在【定义公式】对话框中,如图 2-96 所示。

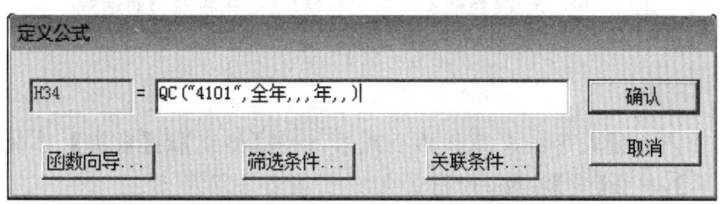

图 2-96　定义【盈余公积】对话框

40. 定义【未分配利润】。

选择【账套号】→默认,【会计年度】→默认,【科目】→4103,【期间】→全年,【方向】→默认,然后单击【确定】按钮,返回到【用友账务函数】对话框,再次单击【确定】按钮,系统自动将定义公式显示在【定义公式】对话框中,然后通过手动更改公式,如图 2-97 所示。

图 2-97　定义【未分配利润】对话框

41. 定义【所有者权益(或股东权益)】。

选中 H36 元,单击【fx】图标,系统弹出【定义公式】窗口,在栏内输入"H31＋H32－H33＋H34＋H35",单击【确认】按钮,如图 2-98 所示。

图 2-98　定义【所有者权益(或股东权益)】对话框

42. 定义【负债和所有者权益(或股东权益)】。

选中 H38,单击【fx】图标,系统弹出【定义公式】窗口,在栏内输入"H29＋H36",单击【确认】按钮,如图 2-99 所示。

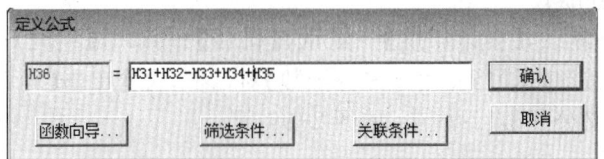

图 2-99　定义【负债和所有者权益(或股东权益)】对话框

◀ 温馨提示 ▶

● 自定义资产负债表各报表项目的公式后,切换【格式】到【数据】,系统自动弹出【是否确定全表重算】,单击【是】按钮,如图 2-100 至图 2-102 所示。

	A	B	C	D	E	F	G	H
1				资产负债表				
2								会企01表
3	编制单位:			xxxx 年	xx 月 xx 日			单位:元
4	资　　产	行次	期末余额	年初余额	负债和所有者权益	行次	期末余额	年初余额
5					(或股东权益)			
6	流动资产:				流动负债:			
7	货币资金	1	公式单元	公式单元	短期借款	32	公式单元	公式单元
8	以公允价值计量且其变动	2	公式单元	公式单元	以公允价值计量且其变动计入当期损	33	公式单元	公式单元
9	应收票据	3	公式单元	公式单元	应付票据	34	公式单元	公式单元
10	应收账款	4	公式单元	公式单元	应付账款	35	公式单元	公式单元
11	预付款项	5	公式单元	公式单元	预收款项	36	公式单元	公式单元
12	应收利息	6	公式单元	公式单元	应付职工薪酬	37	公式单元	公式单元
13	应收股利	7	公式单元	公式单元	应交税费	38	公式单元	公式单元
14	其他应收款	8	公式单元	公式单元	应付利息	39	公式单元	公式单元
15	存货	9	公式单元	公式单元	应付股利	40	公式单元	公式单元
16	一年内到期的非流动资产	10			其他应付款	41	公式单元	公式单元
17	其他流动资产	11			一年内到期的非流动负债	42		
18	流动资产合计	12	公式单元	公式单元	其他流动负债	43		
19	非流动资产:				流动负债合计	44	公式单元	公式单元
20	可供出售金融资产	13	公式单元	公式单元	非流动负债:			
21	持有至到期投资	14	公式单元	公式单元	长期借款	45	公式单元	公式单元
22	长期应收款	15	公式单元	公式单元	应付债券	46	公式单元	公式单元
23	长期股权投资	16	公式单元	公式单元	长期应付款	47	公式单元	公式单元
24	投资性房地产	17	公式单元	公式单元	专项应付款	48	公式单元	公式单元
25	固定资产	18	公式单元	公式单元	预计负债	49	公式单元	公式单元
26	在建工程	19	公式单元	公式单元	递延所得税负债	50	公式单元	公式单元
27	工程物资	20	公式单元	公式单元	其他非流动负债	51	公式单元	公式单元
28	固定资产清理	21	公式单元	公式单元	非流动负债合计	52	公式单元	公式单元

图 2-100　资产负债表原始表

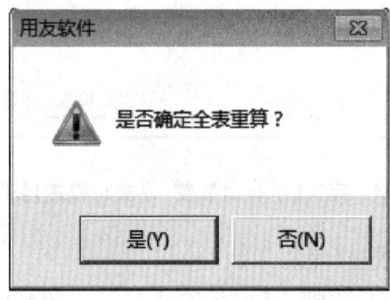

图2-101　【是否确定全表重算】对话框

资产负债表

会企01表

编制单位：　　　　　　　　　　　年　　月　　日　　　　　　　　　　　　　单位：元

资产	行次	期末余额	年初余额	负债和所有者权益（或股东权益）	行次	期末余额	年初余额
流动资产：				流动负债：			
货币资金	1	7,613,660.36	5,932,881.46	短期借款	32		
以公允价值计量且其变动	2	790,000.00	1,160,000.00	以公允价值计量且其变动计入当期损益	33		
应收票据	3	5,772,800.00	3,617,800.00	应付票据	34	282,115.00	282,115.00
应收账款	4	7,455,648.00	7,768,150.00	应付账款	35	4,536,309.06	179,559.06
预付款项	5	-35,800.00	1,207,315.00	预收款项	36		2,212,500.00
应收利息	6			应付职工薪酬	37	533,201.51	532,165.77
应收股利	7			应交税费	38	1,133,477.08	-7,833,331.01
其他应收款	8	2,898.24	8,365.00	应付利息	39		
存货	9	1,552,234.44	2,736,744.50	应付股利	40		
一年内到期的非流动资产	10			其他应付款	41		
其他流动资产	11			一年内到期的非流动负债	42		
流动资产合计	12	23,151,441.04	22,431,255.96	其他流动负债	43		
非流动资产：				流动负债合计	44	6,485,102.65	-4,626,991.18
可供出售金融资产	13			非流动负债：			
持有至到期投资	14			长期借款	45		
长期应收款	15	2,649,692.80	3,194,160.00	应付债券	46		
长期股权投资	16			长期应付款	47		
投资性房地产	17	8,000,000.00		专项应付款	48		
固定资产	18	10,519,112.80	10,390,748.00	预计负债	49		
在建工程	19			递延所得税负债	50	703,423.20	
工程物资	20			其他非流动负债	51		
固定资产清理	21			非流动负债合计	52	703423.20	
固定资产清理	21			非流动负债合计	52	703423.20	
生产性生物资产	22			负债合计	53	7188525.85	-4626991.18
油气资产	23			所有者权益（或股东权益）：			
无形资产	24	3,507,670.00	3,468,250.00	实收资本（或股本）	54	5,000,000.00	5,000,000.00
开发支出	25			资本公积	55		
商誉	26			减：库存股	56		
长期待摊费用	27			盈余公积	57	3,580,512.88	670,000.00
递延所得税资产	28	278,238.00	68,737.50	未分配利润	58	32,224,615.91	38,510,142.64
其他非流动资产	29			其他综合收益	59	112,500.00	
非流动资产合计	30	24954713.60	17121895.50	所有者权益（或股东权益）合计	60	40917628.79	44180142.64
资产总计	31	48106154.64	39553151.46	负债和所有者权益（或股东权益）总计	61	48,106,154.64	39,553,151.46

图 2-102　资产负债表重算表

专项能力训练

（一）训练目的

根据所给资料完成UFO报表系统中自定义资产负债表工作。

（二）训练资料

1. 北京宇科电器有限公司20×7年11月30日账户余额（见表2-1）。

表 2-1　　　　　　　　　　　　　　　账户余额表

20×7年11月30日　　　　　　　　　　　　　　　金额单位：元

总账科目	二级科目	三级科目	借方余额	贷方余额
一、资产类				
库存现金			6 800.00	
银行存款				
	交通银行北京马连道支行		3 986 580.96	
	交通银行北京西城支行		133 500.50	
其他货币资金				
	存出投资款		1 806 000.00	
交易性金融资产				
	科创信息	成本	1 240 000.00	
	科创信息	公允价值变动		80 000.00
应收票据				
	北京宏运电器商城有限公司		1 092 800.00	
	北京鑫鑫贸易有限公司		2 525 000.00	
应收账款				
	江苏诚鑫电器商城有限公司		358 000.00	
	北京瑞华贸易有限公司		296 500.00	
	上海腾隆商贸有限公司		257 600.00	
	福建景泰实业有限公司		2 400 000.00	
	北京福兴隆百货有限公司		1 829 000.00	
	厦门崚志达进出口贸易有限公司		2 652 000.00	
预付账款				
	北京鑫阳化工建材有限公司		1 173 500.00	
	北京荣华包装制品有限公司		69 615.00	
	广州富华实业有限公司			35 800.00
坏账准备				24 950.00
其他应收款				
	陆欣艳		6 000.00	
	潘阳		2 365.00	
应收股利				
应收利息				
材料采购				
原材料				
	ABS树脂		52 500.00	
	聚丙烯		111 600.00	
	304不锈钢板		62 500.00	

(续表)

总账科目	二级科目	三级科目	借方余额	贷方余额
	增粘剂		22 800.00	
	固化剂		50 000.00	
	色漆		76 700.00	
	电源线		26 100.00	
	铝合金发热器		69 000.00	
	全铜发热器		102 750.00	
	智能温控器		40 000.00	
	过载熔断器		30 000.00	
	喷头		230 000.00	
	纤维编织软管		28 000.00	
	波纹金属软管		50 000.00	
	滚轮		12 500.00	
	二段可调支撑单杆		9 900.00	
	三段可调支撑双杆		19 800.00	
	衣架		139 200.00	
	毛刷		45 750.00	
	烫衣板		240 000.00	
周转材料				
	PE保护膜		16 000.00	
	保利龙		9 000.00	
	包装箱		16 250.00	
	低值易耗品	鞋套	1 528.00	
	低值易耗品	手套	859.00	
	低值易耗品	防尘衣	1 748.00	
材料成本差异				8 803.68
库存商品				
	单杆挂烫机		217 481.00	
	双杆挂烫机		416 245.20	
	半成品	单杆挂烫机机身外壳		
	半成品	双杆挂烫机机身外壳		
	半成品	单杆挂烫机主机		
	半成品	双杆挂烫机主机		
存货跌价准备				
持有至到期投资				
持有至到期投资减值准备				
可供出售金融资产				

(续表)

总账科目	二级科目	三级科目	借方余额	贷方余额
可供出售金融资产减值准备				
长期股权投资				
长期股权投资减值准备				
投资性房地产				
长期应收款				
	北京米娅商贸有限公司		4 000 000.00	
未实现融资收益				805 840.00
固定资产				
	房屋建筑物		9 030 000.00	
	生产设备		3 514 000.00	
	运输设备		360 000.00	
	管理设备		137 500.00	
累计折旧				2 650 752.00
固定资产减值准备				
固定资产清理				
在建工程				
无形资产				
	土地使用权		3 690 000.00	
	专利权		180 000.00	
累计摊销				
	土地使用权			379 250.00
	专利权			22 500.00
无形资产减值准备				
递延所得税资产				
	应收账款		6 237.50	
	广告费		62 500.00	
二、负债类				
短期借款				
应付票据				
	北京凯翔实业有限公司			282 115.00
应付账款				
	天津亿丰电子科技有限公司			121 459.06
	上海益达辅料有限公司			58 100.00
预收账款				
	广州贝倚电器商行有限公司			2 212 500.00
应付职工薪酬				

(续表)

总账科目	二级科目	三级科目	借方余额	贷方余额
	短期薪酬	工资		518 735.40
	短期薪酬	工会经费		13 430.37
应交税费				
	应交增值税	进项税额		
	应交增值税	销项税额		
	应交增值税	转出未交增值税		
	应交所得税		8 860 000.00	
	应交个人所得税			12 804.10
	未交增值税			905 236.50
	应交城市维护建设税			63 366.56
	应交教育费附加			27 157.10
	应交地方教育附加			18 104.73
应付股利				
其他应付款				
长期借款				
长期应付款				
预计负债				
递延所得税负债				
三、所有者权益类				
实收资本				5 000 000.00
资本公积				
	资本溢价			
	其他资本公积			
盈余公积				
	法定盈余公积			670 000.00
本年利润				32 480 142.64
利润分配				
	未分配利润			6 030 000.00
四、成本类				
生产成本				
	单杆挂烫机机身外壳	直接材料	23 932.50	
	单杆挂烫机机身外壳	直接人工	8 216.55	
	单杆挂烫机机身外壳	制造费用	1 885.35	
	双杆挂烫机机身外壳	直接材料	37 421.02	
	双杆挂烫机机身外壳	直接人工	14 268.16	
	双杆挂烫机机身外壳	制造费用	3 920.64	

(续表)

总账科目	二级科目	三级科目	借方余额	贷方余额
	单杆挂烫机主机	直接材料	18 898.84	
	单杆挂烫机主机	直接人工	1 328.40	
	单杆挂烫机主机	制造费用	363.12	
	双杆挂烫机主机	直接材料	171 278.25	
	双杆挂烫机主机	直接人工	9 262.40	
	双杆挂烫机主机	制造费用	2 374.05	
	单杆挂烫机	直接材料	117 598.90	
	单杆挂烫机	直接人工	4 242.50	
	单杆挂烫机	制造费用	1 362.00	
	双杆挂烫机	直接材料	223 535.80	
	双杆挂烫机	直接人工	5 331.90	
	双杆挂烫机	制造费用	2 116.60	
制造费用				
合计			52 421 047.14	52 421 047.14

2. 北京宇科电器有限公司20×7年1～11月份损益类账户发生额(见表2-2)。

表2-2　　　　　损益类账户发生额表(结转本年利润前发生额)
　　　　　　　　　20×7年1～11月　　　　　　　　金额单位:元

账户名称	1～11月累计发生额	
	借方	贷方
主营业务收入		106 650 000.00
公允价值变动损益	80 000.00	
投资收益		1 562.26
营业外收入		108 500.00
主营业务成本	66 210 989.00	
税金及附加	1 383 972.31	
销售费用	2 304 503.50	
管理费用	4 185 986.65	
财务费用	27 255.36	
营业外支出	87 212.80	

3. 北京宇科电器有限公司20×7年11月份有关明细账户余额(见表2-3至表2-6)。

表 2-3   原材料明细账户余额表
20×7 年 11 月 30 日   金额单位:元

品名	计量单位	数量	计划单价	金额
ABS 树脂	千克	1 500	35.00	52 500.00
聚丙烯	千克	6 200	18.00	111 600.00
304 不锈钢板	千克	5 000	12.50	62 500.00
增粘剂	千克	3 800	6.00	22 800.00
固化剂	千克	2 500	20.00	50 000.00
色漆	千克	2 600	29.50	76 700.00
电源线	条	4 500	5.80	26 100.00
铝合金发热器	个	1 500	46.00	69 000.00
全铜发热器	个	1 500	68.50	102 750.00
智能温控器	个	5 000	8.00	40 000.00
过载熔断器	个	5 000	6.00	30 000.00
喷头	个	20 000	11.50	230 000.00
纤维编织软管	条	800	35.00	28 000.00
波纹金属软管	条	1 000	50.00	50 000.00
滚轮	个	5 000	2.50	12 500.00
二段可调支撑单杆	套	600	16.50	9 900.00
三段可调支撑双杆	套	600	33.00	19 800.00
衣架	个	18 560	7.50	139 200.00
毛刷	个	18 300	2.50	45 750.00
烫衣板	套	8 000	30.00	240 000.00
合 计				1 419 100.00

表 2-4   生产成本明细账户余额表
20×7 年 11 月 30 日   金额单位:元

产品名称	数量	直接材料	直接人工	制造费用	合计
单杆挂烫机机身外壳	500	23 932.50	8 216.55	1 885.35	34 034.40
双杆挂烫机机身外壳	800	37 421.02	14 268.16	3 920.64	55 609.82
单杆挂烫机主机	100	18 898.84	1 328.40	363.12	20 590.36
双杆挂烫机主机	700	171 278.25	9 262.40	2 374.05	182 914.70
单杆挂烫机	500	117 598.90	4 242.50	1 362.00	123 203.40
双杆挂烫机	680	223 535.80	5 331.90	2 116.60	230 984.30
合 计					647 336.98

表 2-5　　　　　　　　　　　　库存商品明细账户余额表

20×7 年 11 月 30 日　　　　　　　　　　　　金额单位:元

品名	单位	数量	单位成本	金额
单杆挂烫机	台	850	255.860 0	217 481.00
双杆挂烫机	台	1 200	346.871 0	416 245.20
合　计				633 726.20

表 2-6　　　　　　　　　　　　周转材料明细账户余额表

20×7 年 11 月 30 日　　　　　　　　　　　　金额单位:元

品名	计量单位	数量	单位成本	金额
PE 保护膜	平方米	20 000	0.80	16 000.00
保利龙	套	5 000	1.80	9 000.00
包装箱	个	6 500	2.50	16 250.00
低值易耗品(鞋套)	双	100	15.28	1 528.00
低值易耗品(手套)	双	100	8.59	859.00
低值易耗品(防尘衣)	件	100	17.48	1 748.00
合　计				45 385.00

4. 20×7 年 12 月份经济业务资料(见表 2-7 至表 2-82)。

表 2-7　　　　　　　　　　　　资料表一

题号	摘要	总账科目	明细科目	借方金额	贷方金额
1	债务重组	固定资产	生产设备(注塑机)	209 600.00	
		应交税费	应交增值税(进项税额)	35 632.00	
		银行存款	交通银行北京马连道支行	20 000.00	
		坏账准备		17 790.00	
		营业外支出		13 478.00	
		应收账款	北京瑞华贸易有限公司		296 500.00

表 2-8　　　　　　　　　　　　资料表二

题号	摘要	总账科目	明细科目	借方金额	贷方金额
2	出售部分股票	其他货币资金	存出投资款	296 000.00	
		交易性金融资产	科创信息(公允价值变动)	20 000.00	
		交易性金融资产	科创信息(成本)		310 000.00
		投资收益			6 000.00

表 2-9　　　　　　　　　　　　资料表三

题号	摘要	总账科目	明细科目	借方金额	贷方金额
3	结转公允价值变动损益	投资收益		20 000.00	
		公允价值变动损益			20 000.00

表 2-10　　　　　　　　　　　　　　　　资料表四

题号	摘要	总账科目	明细科目	借方金额	贷方金额
4	支付销售运费	销售费用	运输费	800.00	
		应交税费	应交增值税(进项税额)	88.00	
		库存现金			888.00

表 2-11　　　　　　　　　　　　　　　　资料表五

题号	摘要	总账科目	明细科目	借方金额	贷方金额
5	申请办理银行汇票	其他货币资金	银行汇票存款	1 595 000.00	
		财务费用	手续费	28.50	
		银行存款	交通银行北京马连道支行		1 595 028.50

表 2-12　　　　　　　　　　　　　　　　资料表六

题号	摘要	总账科目	明细科目	借方金额	贷方金额
6	购入原材料	材料采购	ABS树脂	414 000.00	
		材料采购	聚丙烯	135 000.00	
		材料采购	色漆	240 000.00	
		材料采购	纤维编织软管	289 000.00	
		材料采购	波纹金属软管	508 000.00	
		材料采购	滚轮	208 600.00	
		材料采购	二段可调支撑单杆	134 400.00	
		材料采购	三段可调支撑双杆	338 000.00	
		材料采购	烫衣板	80 000.00	
		应交税费	应交增值税(进项税额)	398 990.00	
		预付账款	北京鑫阳化工建材有限公司		1 173 500.00
		银行存款	交通银行北京马连道支行		1 572 490.00

表 2-13　　　　　　　　　　　　　　　　资料表七

题号	摘要	总账科目	明细科目	借方金额	贷方金额
7	车间领用低值易耗品	制造费用	第一车间(低值易耗品)	382.00	
		制造费用	第二车间(低值易耗品)	257.70	
		制造费用	第三车间(低值易耗品)	349.60	
		周转材料	低值易耗品(鞋套)		382.00
		周转材料	低值易耗品(手套)		257.70
		周转材料	低值易耗品(防尘衣)		349.60

表 2-14　　　　　　　　　　　资料表八

题号	摘要	总账科目	明细科目	借方金额	贷方金额
8	提取备用金	库存现金		3 650.00	
		银行存款	交通银行北京马连道支行		3 650.00

表 2-15　　　　　　　　　　　资料表九

题号	摘要	总账科目	明细科目	借方金额	贷方金额
9	用银行汇票采购材料、多余款退回	材料采购	电源线	92 800.00	
		材料采购	铝合金发热器	368 000.00	
		材料采购	全铜发热器	682 000.00	
		材料采购	智能温控器	117 000.00	
		材料采购	过载熔断器	102 000.00	
		应交税费	应交增值税(进项税额)	231 506.00	
		银行存款	交通银行北京马连道支行	1 694.00	
		其他货币资金	银行汇票存款		1 595 000.00

表 2-16　　　　　　　　　　　资料表十

题号	摘要	总账科目	明细科目	借方金额	贷方金额
10	固定资产报废转入清理	固定资产清理		7 603.20	
		累计折旧		3 196.80	
		固定资产	生产设备(塑化机)		10 800.00

表 2-17　　　　　　　　　　　资料表十一

题号	摘要	总账科目	明细科目	借方金额	贷方金额
11	报销办公费	管理费用	办公费	1 170.00	
		应交税费	应交增值税(进项税额)	198.90	
		库存现金			1 368.90

表 2-18　　　　　　　　　　　资料表十二

题号	摘要	总账科目	明细科目	借方金额	贷方金额
12	购入非专利技术	无形资产	非专利技术	51 600.00	
		银行存款	交通银行北京马连道支行		51 600.00

表 2-19　　　　　　　　　　　资料表十三

题号	摘要	总账科目	明细科目	借方金额	贷方金额
13	结转固定资产清理损益	营业外支出		7 603.20	
		固定资产清理			7 603.20

表2-20　　　　　　　　　　　　　资料表十四

题号	摘要	总账科目	明细科目	借方金额	贷方金额
14	销售商品	银行存款	交通银行北京马连道支行	1 404 000.00	
		主营业务收入	单杆挂烫机		375 000.00
		主营业务收入	双杆挂烫机		825 000.00
		应交税费	应交增值税(销项税额)		204 000.00

表2-21　　　　　　　　　　　　　资料表十五

题号	摘要	总账科目	明细科目	借方金额	贷方金额
15	发放上月工资	应付职工薪酬	短期薪酬(工资)	518 735.40	
		银行存款	交通银行北京马连道支行		518 735.40

表2-22　　　　　　　　　　　　　资料表十六

题号	摘要	总账科目	明细科目	借方金额	贷方金额
16	交纳本月住房公积金	应付职工薪酬	短期薪酬(住房公积金)	75 486.00	
		应付职工薪酬	短期薪酬(工资)	75 486.00	
		银行存款	交通银行北京马连道支行		150 972.00

表2-23　　　　　　　　　　　　　资料表十七

题号	摘要	总账科目	明细科目	借方金额	贷方金额
17	交纳本月社会保险费	应付职工薪酬	短期薪酬(医疗保险)	62 905.00	
		应付职工薪酬	短期薪酬(工伤保险)	1 258.10	
		应付职工薪酬	短期薪酬(生育保险)	5 032.40	
		应付职工薪酬	离职后福利(养老保险)	119 519.50	
		应付职工薪酬	离职后福利(失业保险)	5 032.40	
		应付职工薪酬	短期薪酬(工资)	64 493.10	
		银行存款	交通银行北京马连道支行		258 240.50

表2-24　　　　　　　　　　　　　资料表十八

题号	摘要	总账科目	明细科目	借方金额	贷方金额
18	拨交上月工会经费	应付职工薪酬	短期薪酬(工会经费)	13 430.37	
		银行存款	交通银行北京马连道支行		13 430.37

表2-25　　　　　　　　　　　　　资料表十九

题号	摘要	总账科目	明细科目	借方金额	贷方金额
19	交纳上月税费	应交税费	未交增值税	905 236.50	
		应交税费	应交城市维护建设税	63 366.56	
		应交税费	应交教育费附加	27 157.10	
		应交税费	应交地方教育附加	18 104.73	
		应交税费	应交个人所得税	12 804.10	
		银行存款	交通银行北京马连道支行		1 026 668.99

表 2-26　　　　　　　　　　　　　　资料表二十

题号	摘要	总账科目	明细科目	借方金额	贷方金额
20	购入周转材料	周转材料	保利龙	27 000.00	
		周转材料	包装箱	32 500.00	
		应交税费	应交增值税(进项税额)	10 115.00	
		预付账款	北京荣华包装制品有限公司		69 615.00

表 2-27　　　　　　　　　　　　　　资料表二十一

题号	摘要	总账科目	明细科目	借方金额	贷方金额
21	总经办报销招待费	管理费用	招待费	15 900.00	
		银行存款	交通银行北京马连道支行		15 900.00

表 2-28　　　　　　　　　　　　　　资料表二十二

题号	摘要	总账科目	明细科目	借方金额	贷方金额
22	支付员工餐费	应付职工薪酬	短期薪酬(职工福利费)	22 000.00	
		银行存款	交通银行北京马连道支行		22 000.00

表 2-29　　　　　　　　　　　　　　资料表二十三

题号	摘要	总账科目	明细科目	借方金额	贷方金额
23	销售商品	银行存款	交通银行北京马连道支行	6 416 250.00	
		预收账款	广州贝倚电器商行有限公司	2 212 500.00	
		主营业务收入	单杆挂烫机		2 500 000.00
		主营业务收入	双杆挂烫机		4 875 000.00
		应交税费	应交增值税(销项税额)		1 253 750.00

表 2-30　　　　　　　　　　　　　　资料表二十四

题号	摘要	总账科目	明细科目	借方金额	贷方金额
24	购买办公楼	固定资产	房屋建筑物(3#办公楼)	7 850 000.00	
		应交税费	应交增值税(进项税额)	518 100.00	
		应交税费	待抵扣进项税额	345 400.00	
		银行存款	交通银行北京马连道支行		4 356 750.00
		应付账款	北京金科房地产开发有限公司		4 356 750.00

表 2-31　　　　　　　　　　　　　　资料表二十五

题号	摘要	总账科目	明细科目	借方金额	贷方金额
25	销售部门报销差旅费	销售费用	差旅费	6 973.00	
		应交税费	应交增值税(进项税额)	105.00	
		库存现金			1 078.00
		其他应收款	陆欣艳		6 000.00

表2-32　　　　　　　　　　　　　　资料表二十六

题号	摘要	总账科目	明细科目	借方金额	贷方金额
26	捐赠支出	营业外支出		30 000.00	
		银行存款	交通银行北京马连道支行		30 000.00

表2-33　　　　　　　　　　　　　　资料表二十七

题号	摘要	总账科目	明细科目	借方金额	贷方金额
27	收到存款利息收入	银行存款	交通银行北京马连道支行	2 915.08	
		银行存款	交通银行北京西城支行	150.80	
		财务费用	利息收入		3 065.88

表2-34　　　　　　　　　　　　　　资料表二十八

题号	摘要	总账科目	明细科目	借方金额	贷方金额
28	支付账户维护费	财务费用	手续费	200.00	
		银行存款	交通银行北京马连道支行		100.00
		银行存款	交通银行北京西城支行		100.00

表2-35　　　　　　　　　　　　　　资料表二十九

题号	摘要	总账科目	明细科目	借方金额	贷方金额
29	汇票贴现	银行存款	交通银行北京马连道支行	2 502 275.00	
		财务费用	利息支出	22 725.00	
		应收票据	北京鑫鑫贸易有限公司		2 525 000.00

表2-36　　　　　　　　　　　　　　资料表三十

题号	摘要	总账科目	明细科目	借方金额	贷方金额
30	支付研发支出	研发支出	费用化支出	35 000.00	
		银行存款	交通银行北京马连道支行		35 000.00

表2-37　　　　　　　　　　　　　　资料表三十一

题号	摘要	总账科目	明细科目	借方金额	贷方金额
31	销售商品,收到银行承兑汇票	应收票据	上海艾思玛商贸有限公司	4 680 000.00	
		主营业务收入	单杆挂烫机		1 450 000.00
		主营业务收入	双杆挂烫机		2 550 000.00
		应交税费	应交增值税(销项税额)		680 000.00

表2-38　　　　　　　　　　　　　　资料表三十二

题号	摘要	总账科目	明细科目	借方金额	贷方金额
32	支付职工培训费	应付职工薪酬	短期薪酬(职工教育经费)	5 940.00	
		应交税费	应交增值税(进项税额)	356.40	
		银行存款	交通银行北京马连道支行		6 296.40

表 2-39　　　　　　　　　　　　资料表三十三

题号	摘要	总账科目	明细科目	借方金额	贷方金额
33	支付广告费	销售费用	广告费	150 000.00	
		应交税费	应交增值税(进项税额)	9 000.00	
		银行存款	交通银行北京马连道支行		159 000.00

表 2-40　　　　　　　　　　　　资料表三十四

题号	摘要	总账科目	明细科目	借方金额	贷方金额
34	出售部分股票	其他货币资金	存出投资款	156 000.00	
		交易性金融资产	科创信息(公允价值变动)	10 000.00	
		交易性金融资产	科创信息(成本)		155 000.00
		投资收益			11 000.00

表 2-41　　　　　　　　　　　　资料表三十五

题号	摘要	总账科目	明细科目	借方金额	贷方金额
35	结转公允价值变动损益	投资收益		10 000.00	
		公允价值变动损益			10 000.00

表 2-42　　　　　　　　　　　　资料表三十六

题号	摘要	总账科目	明细科目	借方金额	贷方金额
36	支付电话费和网络使用费	管理费用	通讯费	7 130.50	
		应交税费	应交增值税(进项税额)	657.03	
		银行存款	交通银行北京马连道支行		7 787.53

表 2-43　　　　　　　　　　　　资料表三十七

题号	摘要	总账科目	明细科目	借方金额	贷方金额
37	收到分期收款额	银行存款	交通银行北京马连道支行	800 000.00	
		长期应收款	北京米娅商贸有限公司		800 000.00

表 2-44　　　　　　　　　　　　资料表三十八

题号	摘要	总账科目	明细科目	借方金额	贷方金额
38	摊销未实现融资收益	未实现融资收益		255 532.80	
		财务费用	利息收入		255 532.80

表 2-45　　　　　　　　　　　　资料表三十九

题号	摘要	总账科目	明细科目	借方金额	贷方金额
39	无形资产摊销	管理费用	无形资产摊销	12 180.00	
		累计摊销			12 180.00

表2-46　　　　　　　　　　　　　　　　资料表四十

题号	摘要	总账科目	明细科目	借方金额	贷方金额
40	支付顾问费	管理费用	顾问费	38 450.00	
		银行存款	交通银行北京西城支行		38 450.00

表2-47　　　　　　　　　　　　　　　　资料表四十一

题号	摘要	总账科目	明细科目	借方金额	贷方金额
41	计提个人所得税	应付职工薪酬	短期薪酬(工资)	12 945.34	
		应交税费	应交个人所得税		12 945.34

表2-48　　　　　　　　　　　　　　　　资料表四十二

题号	摘要	总账科目	明细科目	借方金额	贷方金额
42	分配职工薪酬	生产成本	单杆挂烫机机身外壳(直接人工)	132 075.00	
		生产成本	双杆挂烫机机身外壳(直接人工)	176 100.00	
		生产成本	单杆挂烫机主机(直接人工)	85 424.00	
		生产成本	双杆挂烫机主机(直接人工)	117 458.00	
		生产成本	单杆挂烫机(直接人工)	63 105.00	
		生产成本	双杆挂烫机(直接人工)	73 622.50	
		制造费用	第一车间(职工薪酬)	28 038.40	
		制造费用	第二车间(职工薪酬)	28 038.40	
		制造费用	第三车间(职工薪酬)	28 038.40	
		管理费用	职工薪酬	154 332.65	
		销售费用	职工薪酬	69 127.00	
		应付职工薪酬	短期薪酬(工资)		672 672.50
		应付职工薪酬	短期薪酬(医疗保险)		62 905.00
		应付职工薪酬	短期薪酬(工伤保险)		1 258.10
		应付职工薪酬	短期薪酬(生育保险)		5 032.40
		应付职工薪酬	离职后福利(养老保险)		119 519.50
		应付职工薪酬	离职后福利(失业保险)		5 032.40
		应付职工薪酬	短期薪酬(住房公积金)		75 486.00
		应付职工薪酬	短期薪酬(工会经费)		13 453.45

表 2-49　　　　　　　　　　　　　　资料表四十三

题号	摘要	总账科目	明细科目	借方金额	贷方金额
43	分配职工福利费	生产成本	单杆挂烫机机身外壳(直接人工)	3 600.00	
		生产成本	双杆挂烫机机身外壳(直接人工)	4 800.00	
		生产成本	单杆挂烫机主机(直接人工)	2 400.00	
		生产成本	双杆挂烫机主机(直接人工)	3 200.00	
		生产成本	单杆挂烫机(直接人工)	1 800.00	
		生产成本	双杆挂烫机(直接人工)	2 000.00	
		制造费用	第一车间(职工福利费)	400.00	
		制造费用	第二车间(职工福利费)	400.00	
		制造费用	第三车间(职工福利费)	400.00	
		管理费用	职工福利费	2 000.00	
		销售费用	职工福利费	1 000.00	
		应付职工薪酬	短期薪酬(职工福利费)		22 000.00

表 2-50　　　　　　　　　　　　　　资料表四十四

题号	摘要	总账科目	明细科目	借方金额	贷方金额
44	分配本月发生的职工教育经费	制造费用	第一车间(职工教育经费)	480.00	
		制造费用	第二车间(职工教育经费)	480.00	
		制造费用	第三车间(职工教育经费)	480.00	
		管理费用	职工教育经费	3 000.00	
		销售费用	职工教育经费	1 500.00	
		应付职工薪酬	短期薪酬(职工教育经费)		5 940.00

表 2-51　　　　　　　　　　　　　　资料表四十五

题号	摘要	总账科目	明细科目	借方金额	贷方金额
45	计提折旧	制造费用	第一车间(折旧)	29 120.00	
		制造费用	第二车间(折旧)	13 660.00	
		制造费用	第三车间(折旧)	7 304.00	
		管理费用	折旧费	22 772.00	
		销售费用	折旧费	776.00	
		累计折旧			73 632.00

表 2-52　　　　　　　　　　　　　　资料表四十六

题号	摘要	总账科目	明细科目	借方金额	贷方金额
46	支付并分配水费	制造费用	第一车间(水电费)	4 536.00	
		制造费用	第二车间(水电费)	3 381.00	
		制造费用	第三车间(水电费)	2 352.00	
		管理费用	水电费	546.00	
		销售费用	水电费	336.00	
		应交税费	应交增值税(进项税额)	1 226.61	
		银行存款	交通银行北京马连道支行		12 377.61

表 2-53　　　　　　　　　　　　　　资料表四十七

题号	摘要	总账科目	明细科目	借方金额	贷方金额
47	支付并分配电费	制造费用	第一车间(水电费)	19 512.00	
		制造费用	第二车间(水电费)	10 800.00	
		制造费用	第三车间(水电费)	5 640.00	
		管理费用	水电费	1 084.00	
		销售费用	水电费	779.20	
		应交税费	应交增值税(进项税额)	6 428.58	
		银行存款	交通银行北京马连道支行		44 243.78

表 2-54　　　　　　　　　　　　　　资料表四十八

题号	摘要	总账科目	明细科目	借方金额	贷方金额
48	结转入库材料计划成本	原材料	ABS树脂	402 500.00	
		原材料	聚丙烯	135 000.00	
		原材料	色漆	221 250.00	
		原材料	电源线	92 800.00	
		原材料	铝合金发热器	368 000.00	
		原材料	全铜发热器	685 000.00	
		原材料	智能温控器	120 000.00	
		原材料	过载熔断器	90 000.00	
		原材料	纤维编织软管	297 500.00	
		原材料	波纹金属软管	500 000.00	
		原材料	滚轮	186 250.00	
		原材料	二段可调支撑单杆	132 000.00	
		原材料	三段可调支撑双杆	330 000.00	
		原材料	烫衣板	75 000.00	
		材料采购	ABS树脂		402 500.00
		材料采购	聚丙烯		135 000.00

（续表）

题号	摘要	总账科目	明细科目	借方金额	贷方金额
		材料采购	色漆		221 250.00
		材料采购	电源线		92 800.00
		材料采购	铝合金发热器		368 000.00
		材料采购	全铜发热器		685 000.00
		材料采购	智能温控器		120 000.00
		材料采购	过载熔断器		90 000.00
		材料采购	纤维编织软管		297 500.00
		材料采购	波纹金属软管		500 000.00
		材料采购	滚轮		186 250.00
		材料采购	二段可调支撑单杆		132 000.00
		材料采购	三段可调支撑双杆		330 000.00
		材料采购	烫衣板		75 000.00

表2-55　　　　　　　　　　　　　资料表四十九

题号	摘要	总账科目	明细科目	借方金额	贷方金额
49	结转入库材料的材料成本差异	材料成本差异		73 500.00	
		材料采购	ABS树脂		11 500.00
		材料采购	色漆		18 750.00
		材料采购	全铜发热器	3 000.00	
		材料采购	智能温控器	3 000.00	
		材料采购	过载熔断器		12 000.00
		材料采购	纤维编织软管	8 500.00	
		材料采购	波纹金属软管		8 000.00
		材料采购	滚轮		22 350.00
		材料采购	二段可调支撑单杆		2 400.00
		材料采购	三段可调支撑双杆		8 000.00
		材料采购	烫衣板		5 000.00

表2-56　　　　　　　　　　　　　资料表五十

题号	摘要	总账科目	明细科目	借方金额	贷方金额
50	分配结转发出材料计划成本	生产成本	单杆挂烫机机身外壳(直接材料)	450 000.00	
		生产成本	双杆挂烫机机身外壳(直接材料)	522 420.00	
		生产成本	单杆挂烫机主机(直接材料)	1 100 700.00	
		生产成本	双杆挂烫机主机(直接材料)	1 725 840.00	
		生产成本	单杆挂烫机(直接材料)	212 000.00	

(续表)

题号	摘要	总账科目	明细科目	借方金额	贷方金额
		生产成本	双杆挂烫机(直接材料)	730 000.00	
		原材料	ABS树脂	332 500.00	
		原材料	聚丙烯	228 960.00	
		原材料	304不锈钢板	57 000.00	
		原材料	增粘剂	21 960.00	
		原材料	固化剂	48 800.00	
		原材料	色漆	283 200.00	
		原材料	电源线	114 840.00	
		原材料	铝合金发热器	414 000.00	
		原材料	全铜发热器	739 800.00	
		原材料	智能温控器	158 400.00	
		原材料	过载熔断器	118 800.00	
		原材料	喷头	227 700.00	
		原材料	纤维编织软管	315 000.00	
		原材料	波纹金属软管	540 000.00	
		原材料	滚轮	198 000.00	
		原材料	二段可调支撑单杆	132 000.00	
		原材料	三段可调支撑双杆	330 000.00	
		原材料	衣架	135 000.00	
		原材料	毛刷	45 000.00	
		原材料	烫衣板	300 000.00	

表2-57　　　　　　　　　　　资料表五十一

题号	摘要	总账科目	明细科目	借方金额	贷方金额
51	结转发出材料成本差异	生产成本	单杆挂烫机机身外壳(直接材料)	5 760.00	
		生产成本	双杆挂烫机机身外壳(直接材料)	6 686.98	
		生产成本	单杆挂烫机主机(直接材料)	14 088.96	
		生产成本	双杆挂烫机主机(直接材料)	22 090.75	
		生产成本	单杆挂烫机(直接材料)	2 713.60	
		生产成本	双杆挂烫机(直接材料)	9 344.00	
		材料成本差异			60 684.29

表2-58　　　　　　　　　　　资料表五十二

题号	摘要	总账科目	明细科目	借方金额	贷方金额
52	结转发出周转材料成本	生产成本	单杆挂烫机(直接材料)	43 350.00	
		生产成本	双杆挂烫机(直接材料)	54 468.00	
		周转材料	PE保护膜		15 344.00
		周转材料	保利龙		34 524.00
		周转材料	包装箱		47 950.00

表 2-59 资料表五十三

题号	摘要	总账科目	明细科目	借方金额	贷方金额
53	分配本月制造费用	生产成本	单杆挂烫机机身外壳(制造费用)	35 343.60	
		生产成本	双杆挂烫机机身外壳(制造费用)	47 124.80	
		生产成本	单杆挂烫机主机(制造费用)	24 007.20	
		生产成本	双杆挂烫机主机(制造费用)	33 009.90	
		生产成本	单杆挂烫机(制造费用)	20 568.00	
		生产成本	双杆挂烫机(制造费用)	23 996.00	
		制造费用	第一车间(低值易耗品)		382.00
		制造费用	第一车间(水电费)		24 048.00
		制造费用	第一车间(职工薪酬)		28 038.40
		制造费用	第一车间(职工福利费)		400.00
		制造费用	第一车间(职工教育经费)		480.00
		制造费用	第一车间(折旧)		29 120.00
		制造费用	第二车间(低值易耗品)		257.70
		制造费用	第二车间(水电费)		14 181.00
		制造费用	第二车间(职工薪酬)		28 038.40
		制造费用	第二车间(职工福利费)		400.00
		制造费用	第二车间(职工教育经费)		480.00
		制造费用	第二车间(折旧)		13 660.00
		制造费用	第三车间(低值易耗品)		349.60
		制造费用	第三车间(水电费)		7 992.00
		制造费用	第三车间(职工薪酬)		28 038.40
		制造费用	第三车间(职工福利费)		400.00
		制造费用	第三车间(职工教育经费)		480.00
		制造费用	第三车间(折旧)		7 304.00

表 2-60 资料表五十四

题号	摘要	总账科目	明细科目	借方金额	贷方金额
54	结转本月第一步骤完工半成品成本	库存商品	半成品(单杆挂烫机机身外壳)	575 820.00	
		库存商品	半成品(双杆挂烫机机身外壳)	702 216.00	
		生产成本	单杆挂烫机机身外壳(直接材料)		411 165.00
		生产成本	单杆挂烫机机身外壳(直接人工)		130 810.50
		生产成本	单杆挂烫机机身外壳(制造费用)		33 844.50
		生产成本	双杆挂烫机机身外壳(直接材料)		478 008.00
		生产成本	双杆挂烫机机身外壳(直接人工)		177 724.80
		生产成本	双杆挂烫机机身外壳(制造费用)		46 483.20

表 2-61　　　　　　　　　　　　资料表五十五

题号	摘要	总账科目	明细科目	借方金额	贷方金额
55	领用第一步骤半成品	生产成本	单杆挂烫机主机(直接材料)	575 820.00	
		生产成本	双杆挂烫机主机(直接材料)	702 216.00	
		库存商品	半成品(单杆挂烫机机身外壳)		575 820.00
		库存商品	半成品(双杆挂烫机机身外壳)		702 216.00

表 2-62　　　　　　　　　　　　资料表五十六

题号	摘要	总账科目	明细科目	借方金额	贷方金额
56	结转本月第二步骤完工半成品成本	库存商品	半成品(单杆挂烫机主机)	1 608 960.00	
		库存商品	半成品(双杆挂烫机主机)	2 433 200.00	
		生产成本	单杆挂烫机主机(直接材料)		1 502 864.00
		生产成本	单杆挂烫机主机(直接人工)		83 320.00
		生产成本	单杆挂烫机主机(制造费用)		22 776.00
		生产成本	双杆挂烫机主机(直接材料)		2 279 500.00
		生产成本	双杆挂烫机主机(直接人工)		120 800.00
		生产成本	双杆挂烫机主机(制造费用)		32 900.00

表 2-63　　　　　　　　　　　　资料表五十七

题号	摘要	总账科目	明细科目	借方金额	贷方金额
57	领用第二步骤半成品	生产成本	单杆挂烫机(直接材料)	1 608 960.00	
		生产成本	双杆挂烫机(直接材料)	2 433 200.00	
		库存商品	半成品(单杆挂烫机主机)		1 608 960.00
		库存商品	半成品(双杆挂烫机主机)		2 433 200.00

表 2-64　　　　　　　　　　　　资料表五十八

题号	摘要	总账科目	明细科目	借方金额	贷方金额
58	结转本月完工产品成本	库存商品	单杆挂烫机	2 075 700.00	
		库存商品	双杆挂烫机	3 557 614.80	
		生产成本	单杆挂烫机(直接材料)		1 984 622.50
		生产成本	单杆挂烫机(直接人工)		69 147.50
		生产成本	单杆挂烫机(制造费用)		21 930.00
		生产成本	双杆挂烫机(直接材料)		3 450 547.80
		生产成本	双杆挂烫机(直接人工)		80 954.40
		生产成本	双杆挂烫机(制造费用)		26 112.60

表 2-65　　　　　　　　　　　　　　资料表五十九

题号	摘要	总账科目	明细科目	借方金额	贷方金额
59	结转本月销售成本	主营业务成本	单杆挂烫机	2 121 499.00	
		主营业务成本	双杆挂烫机	3 679 500.00	
		库存商品	单杆挂烫机		2 121 499.00
		库存商品	双杆挂烫机		3 679 500.00

表 2-66　　　　　　　　　　　　　　资料表六十

题号	摘要	总账科目	明细科目	借方金额	贷方金额
60	结转新产品研发支出费用	管理费用	研发费用	35 000.00	
		研发支出	费用化支出		35 000.00

表 2-67　　　　　　　　　　　　　　资料表六十一

题号	摘要	总账科目	明细科目	借方金额	贷方金额
61	原材料盘亏	待处理财产损溢	待处理流动资产损溢	450.00	
		原材料	过载熔断器		450.00

表 2-68　　　　　　　　　　　　　　资料表六十二

题号	摘要	总账科目	明细科目	借方金额	贷方金额
62	盘亏批准处理	其他应收款	李立炫	533.24	
		材料成本差异			5.76
		待处理财产损溢	待处理流动资产损溢		450.00
		应交税费	应交增值税（进项税额转出）		77.48

表 2-69　　　　　　　　　　　　　　资料表六十三

题号	摘要	总账科目	明细科目	借方金额	贷方金额
63	计提坏账准备	资产减值损失		33 792.00	
		坏账准备			33 792.00

表 2-70　　　　　　　　　　　　　　资料表六十四

题号	摘要	总账科目	明细科目	借方金额	贷方金额
64	将购买的办公楼出租	投资性房地产	3#办公楼（成本）	8 000 000.00	
		固定资产	房屋建筑物（3#办公楼）		7 850 000.00
		其他综合收益			150 000.00

表 2-71　　　　　　　　　　　　　　资料表六十五

题号	摘要	总账科目	明细科目	借方金额	贷方金额
65	公允价值变动	交易性金融资产	科创信息（公允价值变动）	65 000.00	
		公允价值变动损益			65 000.00

表 2-72　　　　　　　　　　　　　　　资料表六十六

题号	摘要	总账科目	明细科目	借方金额	贷方金额
66	计提转让金融商品应交增值税	应交税费	转让金融商品应交增值税	735.85	
		投资收益			735.85

表 2-73　　　　　　　　　　　　　　　资料表六十七

题号	摘要	总账科目	明细科目	借方金额	贷方金额
67	转出未交增值税	应交税费	应交增值税(转出未交增值税)	925 423.96	
		应交税费	未交增值税		925 423.96

表 2-74　　　　　　　　　　　　　　　资料表六十八

题号	摘要	总账科目	明细科目	借方金额	贷方金额
68	年末结转转让金融商品应交增值税	投资收益		735.85	
		应交税费	转让金融商品应交增值税		735.85

表 2-75　　　　　　　　　　　　　　　资料表六十九

题号	摘要	总账科目	明细科目	借方金额	贷方金额
69	计提城市维护建设税及教育费附加等	税金及附加	城市维护建设税	64 779.68	
		税金及附加	教育费附加	27 762.72	
		税金及附加	地方教育附加	18 508.48	
		应交税费	应交城市维护建设税		64 779.68
		应交税费	应交教育费附加		27 762.72
		应交税费	应交地方教育附加		18 508.48

表 2-76　　　　　　　　　　　　　　　资料表七十

题号	摘要	总账科目	明细科目	借方金额	贷方金额
70	结转损益类(收入利得)账户	主营业务收入		12 575 000.00	
		公允价值变动损益		95 000.00	
		投资收益		13 000.00	
		本年利润			12 657 000.00

表 2-77　　　　　　　　　　　　　　　　资料表七十一

题号	摘要	总账科目	明细科目	借方金额	贷方金额
71	结转损益类（费用损失）账户	本年利润		6 286 134.25	
		主营业务成本			5 800 999.00
		税金及附加			111 050.88
		管理费用			293 565.15
		销售费用			231 291.20
		财务费用		235 645.18	
		资产减值损失			33 792.00
		营业外支出			51 081.20

表 2-78　　　　　　　　　　　　　　　　资料表七十二

题号	摘要	总账科目	明细科目	借方金额	贷方金额
72	计提所得税费用	所得税费用		9 745 879.60	
		递延所得税资产		209 500.50	
		其他综合收益		37 500.00	
		应交税费	应交所得税		9 289 456.90
		递延所得税负债			703 423.20

表 2-79　　　　　　　　　　　　　　　　资料表七十三

题号	摘要	总账科目	明细科目	借方金额	贷方金额
73	结转所得税费用	本年利润		9 745 879.60	
		所得税费用			9 745 879.60

表 2-80　　　　　　　　　　　　　　　　资料表七十四

题号	摘要	总账科目	明细科目	借方金额	贷方金额
74	结转本年利润	本年利润		29 105 128.79	
		利润分配	未分配利润		29 105 128.79

表 2-81　　　　　　　　　　　　　　　　资料表七十五

题号	摘要	总账科目	明细科目	借方金额	贷方金额
75	计提法定盈余公积	利润分配	提取法定盈余公积	2 910 512.88	
		盈余公积	法定盈余公积		2 910 512.88

表 2-82　　　　　　　　　　　　　　　　资料表七十六

题号	摘要	总账科目	明细科目	借方金额	贷方金额
76	结转利润分配明细账户余额	利润分配	未分配利润	2 910 512.88	
		利润分配	提取法定盈余公积		2 910 512.88

单元三
自定义利润表公式

🎯 教学目标

➡ 知识
1. 能熟练编辑利润表本期金额；
2. 能熟练编辑利润表上期金额；

➡ 技能
3. 能根据企业需求，编辑利润表并进行运算；

➡ 素养
4. 树立团队合作意识(组员间互帮互助)；
5. 培养自主学习能力，提升职业素养。

任务一　自定义利润表本期金额公式

一、成果达成

学生完成成果,如图 3-1 所示。

行数	项目	行数	本期金额	上期金额
				会企02表
	编制单位：	xxxx 年	xx 月	单位:元
	项　　目	行数	本期金额	上期金额
5	一、营业收入	1	公式单元	公式单元
6	减：营业成本	2	公式单元	公式单元
7	税金及附加	3	公式单元	公式单元
8	销售费用	4	公式单元	公式单元
9	管理费用	5	公式单元	公式单元
10	财务费用	6	公式单元	公式单元
11	资产减值损失	7	公式单元	公式单元
12	加：公允价值变动收益（损失以"-"号填列）	8	公式单元	公式单元
13	投资收益（损失以"-"号填列）	9	公式单元	公式单元
14	其中:对联营企业和合营企业的投资收益	10		
15	二、营业利润（亏损以"-"号填列）	11	公式单元	公式单元
16	加：营业外收入	12	演示数据	公式单元
17	减：营业外支出	13	公式单元	公式单元
18	其中：非流动资产处置损失	14		
19	三、利润总额（亏损总额以"-"号填列）	15	公式单元	公式单元
20	减：所得税费用	16	公式单元	公式单元
21	四、净利润（净亏损以"-"号填列）	17	公式单元	公式单元
22	五、每股收益：	18		
23	（一）基本每股收益	19		
24	（二）稀释每股收益	20		

图 3-1　利润表完成成果

二、任务描述

引入山东昌澳鞋业商贸有限公司 20×6 年 4 月份账套,用 UFO 报表管理系统自定义利润表本期金额项目公式,按照操作日期 20×6 年 4 月 30 日登陆,操作员为账套主管(A01)。

三、任务操作

1. 定义【营业收入】。

步骤一:先选中 C5 单元,然后单击【fx】图标,在弹出的【定义公式】对话框中单击【函数向导】,系统会自动弹出【函数向导】的对话框,如图 3-2 所示。

图 3-2 【定义公式】对话框

步骤二:在函数分类对话框中选择【用友账务函数】,函数名称选择【发生(FS)】,单击【下一步】按钮,如图 3-3 所示。

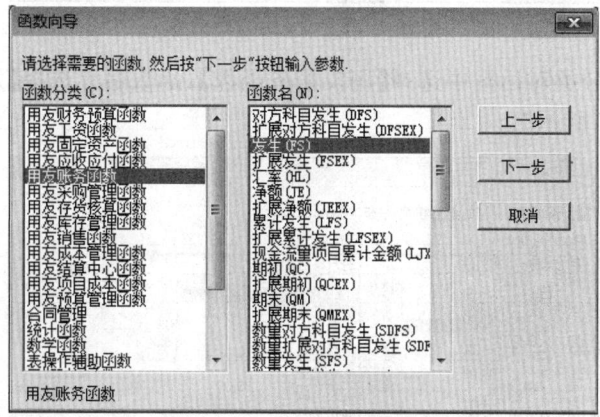

图 3-3 【函数向导】对话框

步骤三:在弹出的【用友账务函数】对话框中单击【参照】按钮,如图 3-4 所示。

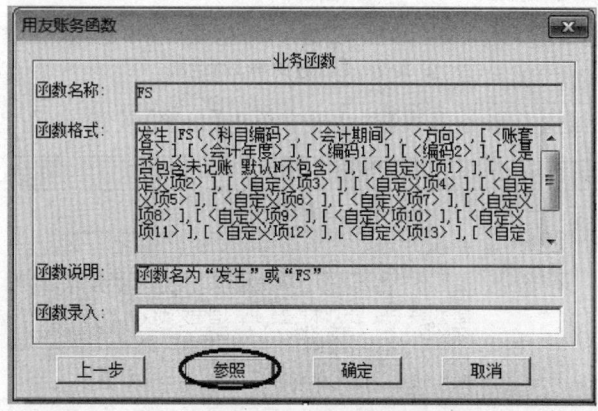

图 3-4 【用友账务函数】对话框

步骤四:选择【账套号】→默认,【会计年度】→默认,【科目】→6001,【期间】→月,【方向】→贷,然后单击【确定】按钮,返回到【用友账务函数】对话框,再次单击【确定】按钮,系统自动将定义公式显示在【定义公式】对话框中,然后通过手动更改公式,如图 3-5 所示。

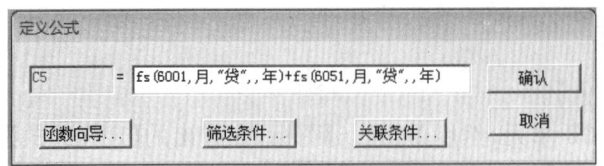

图 3-5 定义【营业外收】对话框

2. 定义【营业成本】。

步骤一:先选中 C6 单元,然后单击【fx】图标,在弹出的【定义公式】对话框中单击【函数向导】,系统会自动弹出【函数向导】的对话框,如图 3-6 所示。

图 3-6 【定义公式】对话框

步骤二:在函数分类对话框中选择【用友账务函数】,函数名称选择【发生(FS)】,单击【下一步】按钮,如图 3-7 所示。

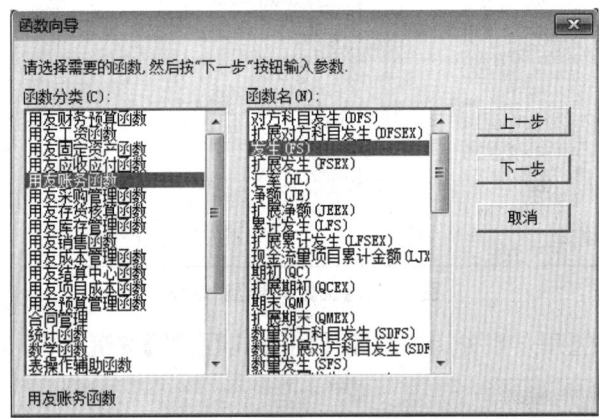

图 3-7 【函数向导】对话框

步骤三:在弹出的【用友账务函数】对话框中单击【参照】按钮,如图 3-8 所示。

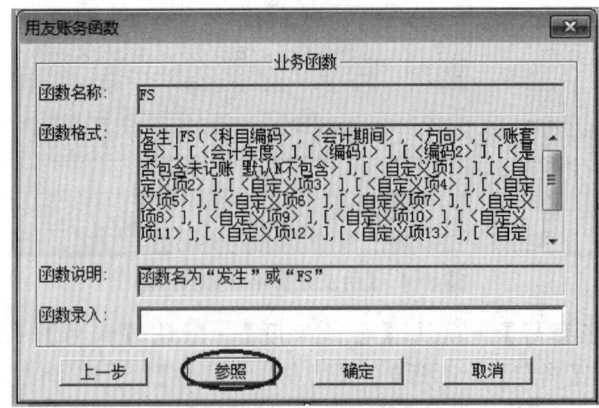

图 3-8 【用友账务函数】对话框

步骤四:选择【账套号】→默认,【会计年度】→默认,【科目】→6401,【期间】→月,【方向】→借,然后单击【确定】按钮,返回到【用友账务函数】对话框,再次单击【确定】按钮,系统自动将定义公式显示在【定义公式】对话框中,然后通过手动更改公式,如图3-9所示。

图3-9 定义【营业成本】对话框

3. 定义【税金及附加】。

步骤一:先选中C7单元,然后单击【fx】图标,在弹出的【定义公式】对话框中单击【函数向导】,系统会自动弹出【函数向导】的对话框,如图3-10所示。

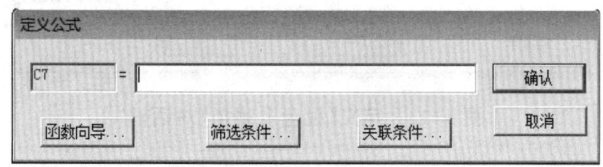

图3-10 【定义公式】对话框

步骤二:在函数分类对话框中选择【用友账务函数】,函数名称选择【发生(FS)】,单击【下一步】按钮,如图3-11所示。

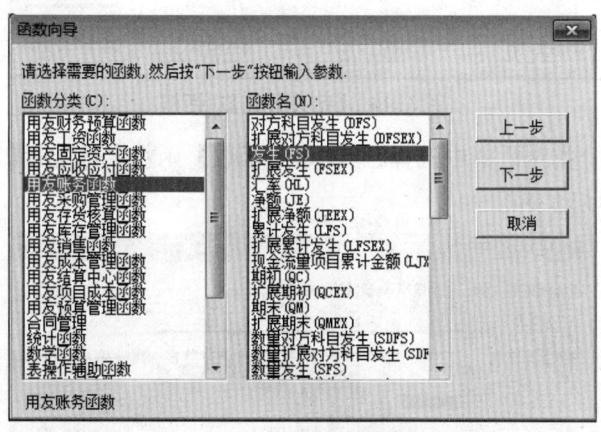

图3-11 【函数向导】对话框

步骤三:在弹出的【用友账务函数】对话框中单击【参照】按钮,如图3-12所示。
步骤四:选择【账套号】→默认,【会计年度】→默认,【科目】→6403,【期间】→月,【方向】→借,然后单击【确定】按钮,返回到【用友账务函数】对话框,再次单击【确定】按钮,系统自动将定义公式显示在【定义公式】对话框中,如图3-13所示。

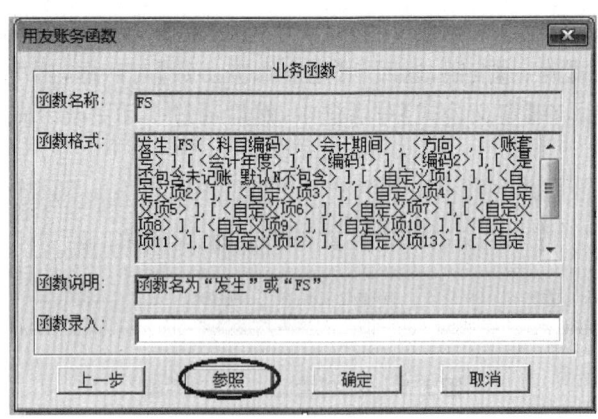

图 3-12 【用友账务函数】对话框

图 3-13 定义【税金及附加】对话框

4. 定义【销售费用】。

步骤一:先选中 C8 单元,然后单击【fx】图标,在弹出的【定义公式】对话框中单击【函数向导】,系统会自动弹出【函数向导】的对话框,如图 3-14 所示。

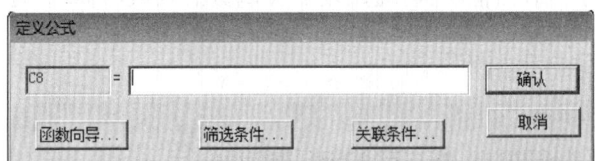

图 3-14 【定义公式】对话框

步骤二:在函数分类对话框中选择【用友账务函数】,函数名称选择【发生(FS)】,单击【下一步】按钮,如图 3-15 所示。

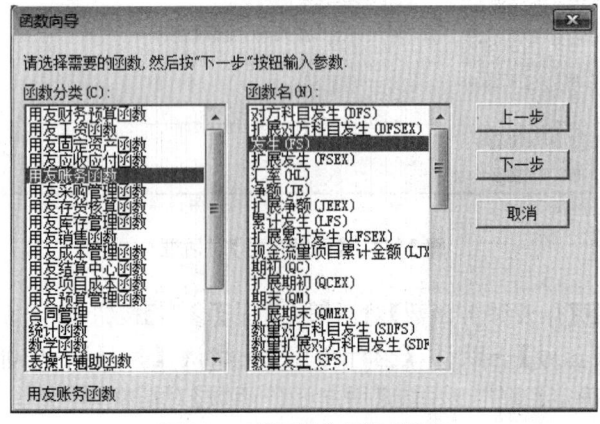

图 3-15 【函数向导】对话框

步骤三:在弹出的【用友账务函数】对话框中单击【参照】按钮,如图 3-16 所示。

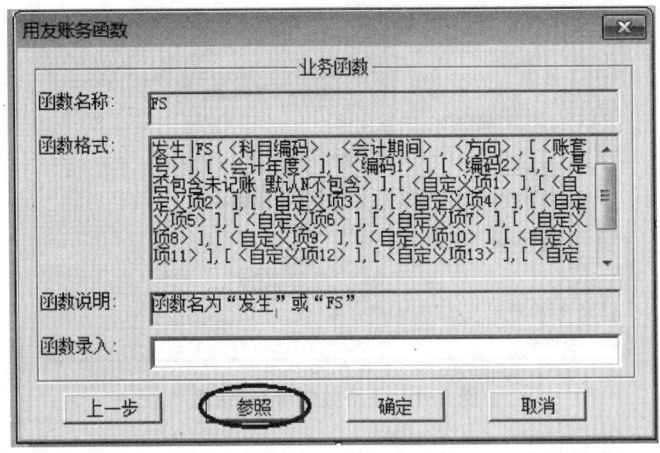

图 3-16 【用友账务函数】对话框

步骤四:选择【账套号】→默认,【会计年度】→默认,【科目】→6601,【期间】→月,【方向】→借,然后单击【确定】按钮,返回到【用友账务函数】对话框,再次单击【确定】按钮,系统自动将定义公式显示在【定义公式】对话框中,如图 3-17 所示。

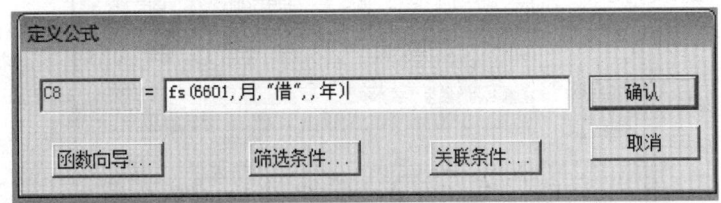

图 3-17 定义【销售费用】对话框

5. 定义【管理费用】。

步骤一:先选中 C9 单元,然后单击【fx】图标,在弹出的【定义公式】对话框中单击【函数向导】,系统会自动弹出【函数向导】的对话框,如图 3-18 所示。

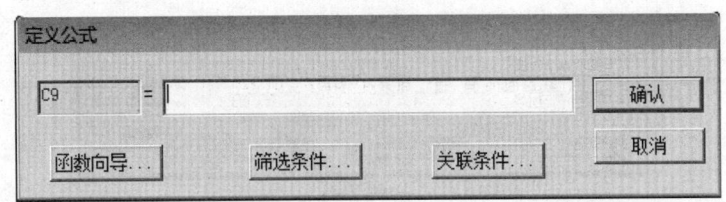

图 3-18 【定义公式】对话框

步骤二:在函数分类对话框中选择【用友账务函数】,函数名称选择【发生(FS)】,单击【下一步】按钮,如图 3-19 所示。

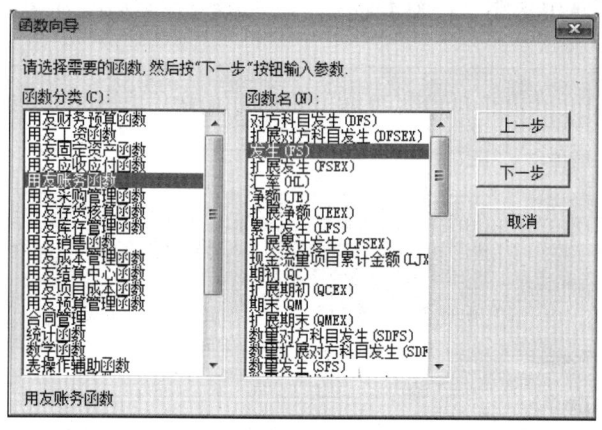

图 3-19 【函数向导】对话框

步骤三:在弹出的【用友账务函数】对话框中单击【参照】按钮,如图 3-20 所示。

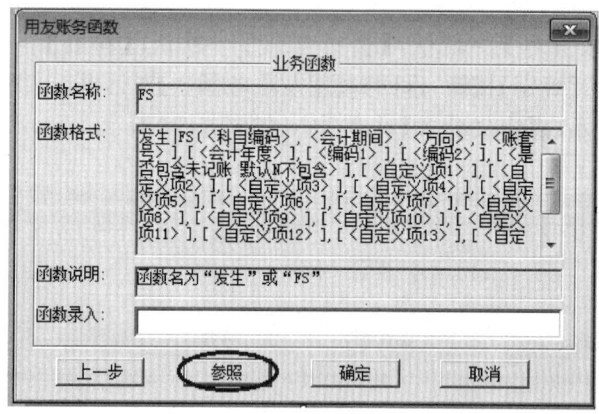

图 3-20 【用友账务函数】对话框

步骤四:选择【账套号】→默认,【会计年度】→默认,【科目】→6602,【期间】→月,【方向】→借,然后单击【确定】按钮,返回到【用友账务函数】对话框,再次单击【确定】按钮,系统自动将定义公式显示在【定义公式】对话框中,如图 3-21 所示。

图 3-21 定义【管理费用】对话框

6. 定义【财务费用】。

步骤一:先选中 C10 单元,然后单击【fx】图标,在弹出的【定义公式】对话框中单击【函数向导】,系统会自动弹出【函数向导】的对话框,如图 3-22 所示。

图 3-22 【定义公式】对话框

步骤二:在函数分类对话框中选择【用友账务函数】,函数名称选择【发生(FS)】,单击【下一步】按钮,如图 3-23 所示。

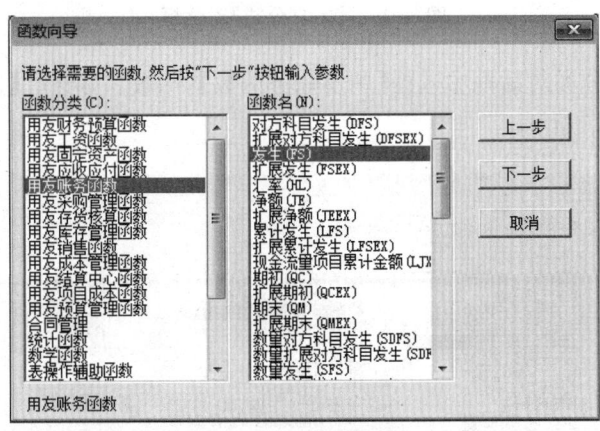

图 3-23 【函数向导】对话框

步骤三:在弹出的【用友账务函数】对话框中单击【参照】按钮,如图 3-24 所示。

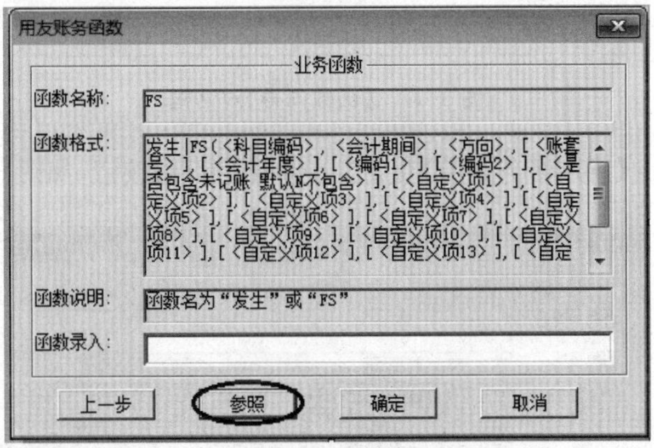

图 3-24 【用友账务函数】对话框

步骤四:选择【账套号】→默认,【会计年度】→默认,【科目】→6603,【期间】→月,【方向】→借,然后单击【确定】按钮,返回到【用友账务函数】对话框,再次单击【确定】按钮,系统自动将定义公式显示在【定义公式】对话框中,如图 3-25 所示。

图 3-25 定义【财务费用】对话框

7. 定义【资产减值损失】。

步骤一：先选中 C11 单元，然后单击【fx】图标，在弹出的【定义公式】对话框中单击【函数向导】，系统会自动弹出【函数向导】的对话框，如图 3-26 所示。

图 3-26　【定义公式】对话框

步骤二：在函数分类对话框中选择【用友账务函数】，函数名称选择【发生(FS)】，单击【下一步】按钮，如图 3-27 所示。

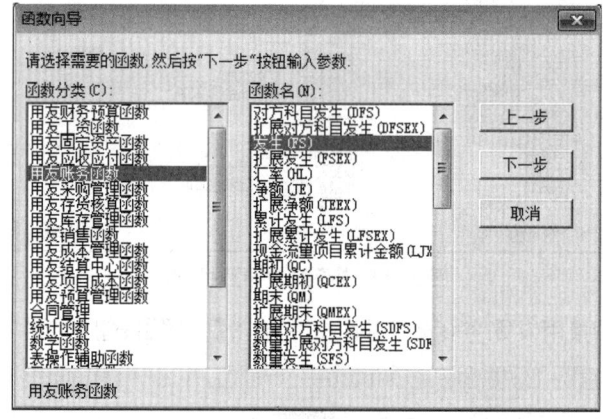

图 3-27　【函数向导】对话框

步骤三：在弹出的【用友账务函数】对话框中单击【参照】按钮，如图 3-28 所示。

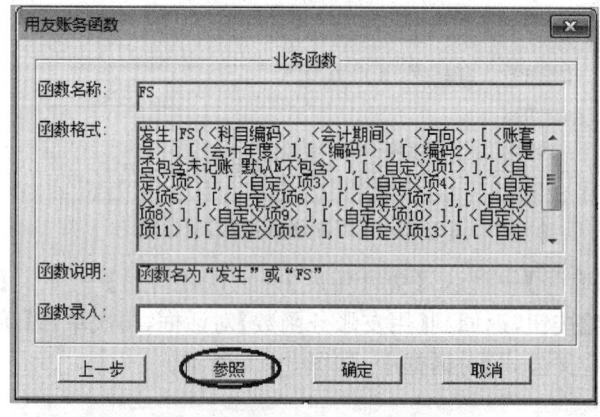

图 3-28　【用友账务函数】对话框

步骤四：选择【账套号】→默认，【会计年度】→默认，【科目】→6701，【期间】→月，【方向】→借，然后单击【确定】按钮，返回到【用友账务函数】对话框，再次单击【确定】按钮，系统自动将定义公式显示在【定义公式】对话框中,如图 3-29 所示。

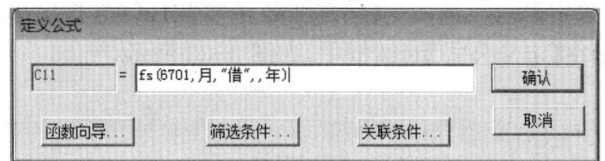

图 3-29　定义【资产减值损失】对话框

8. 定义【公允价值变动收益】。

步骤一:先选中 C12 单元,然后单击【fx】图标,在弹出的【定义公式】对话框中单击【函数向导】,系统会自动弹出【函数向导】的对话框,如图 3-30 所示。

图 3-30　【定义公式】对话框

步骤二:在函数分类对话框中选择【用友账务函数】,函数名称选择【发生(FS)】,单击【下一步】按钮,如图 3-31 所示。

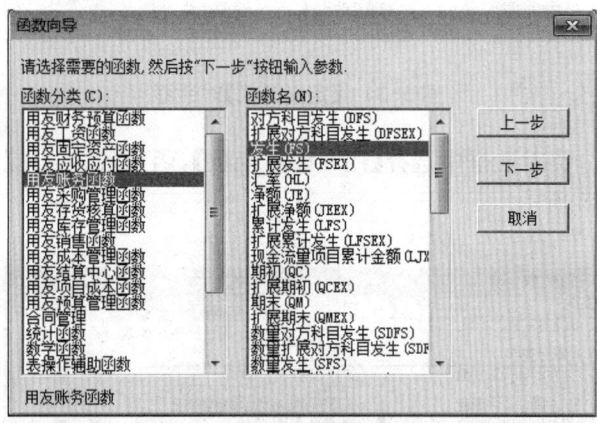

图 3-31　【函数向导】对话框

步骤三:在弹出的【用友账务函数】对话框中单击【参照】按钮,如图 3-32 所示。

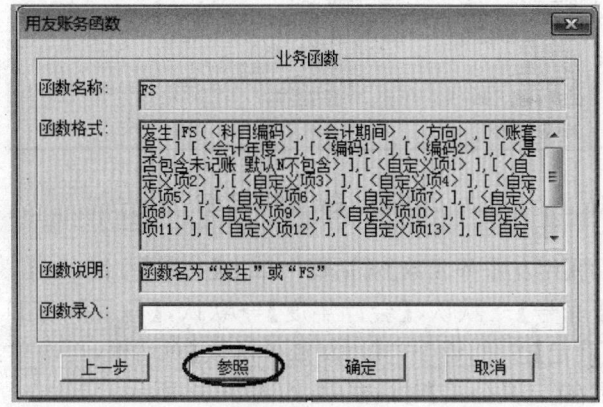

图 3-32　【用友账务函数】对话框

步骤四：选择【账套号】→默认,【会计年度】→默认,【科目】→6101,【期间】→月,【方向】→贷,然后单击【确定】按钮,返回到【用友账务函数】对话框,再次单击【确定】按钮,系统自动将定义公式显示在【定义公式】对话框中,如图3-33所示。

图3-33 定义【公允价值变动收益】对话框

9. 定义【投资收益】。

步骤一：先选中C13单元,然后单击【fx】图标,在弹出的【定义公式】对话框中单击【函数向导】,系统会自动弹出【函数向导】的对话框,如图3-34所示。

图3-34 【定义公式】对话框

步骤二：在函数分类对话框中选择【用友账务函数】,函数名称选择【发生(FS)】,单击【下一步】按钮,如图3-35所示。

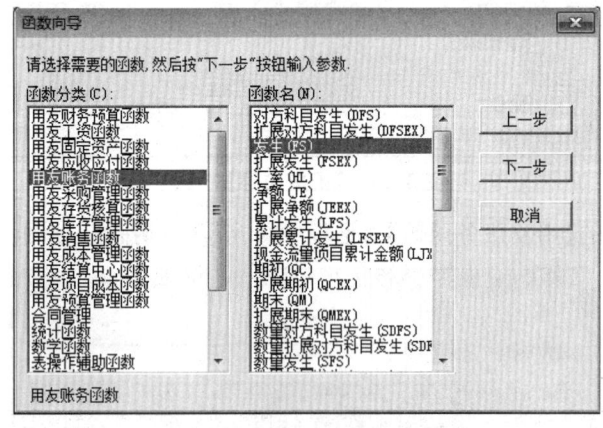

图3-35 【函数向导】对话框

步骤三：在弹出的【用友账务函数】对话框中单击【参照】按钮,如图3-36所示。

步骤四：选择【账套号】→默认,【会计年度】→默认,【科目】→6111,【期间】→月,【方向】→贷,然后单击【确定】按钮,返回到【用友账务函数】对话框,再次单击【确定】按钮,系统自动将定义公式显示在【定义公式】对话框中,如图3-37所示。

图 3-36 【用友账务函数】对话框

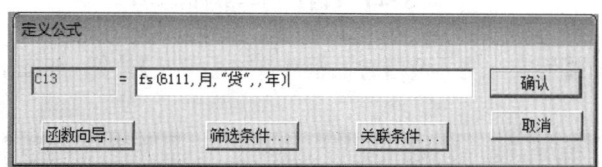

图 3-37 定义【投资收益】对话框

10. 定义【营业利润】。

选中 C15 单元格,单击【fx】图标,系统弹出【定义公式】窗口,在栏内手动输入【C5－C6－C7－C8－C9－C10－C11+C12+C13】,单击【确认】按钮,如图 3-38 所示。

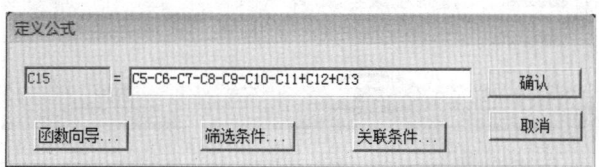

图 3-38 定义【营业利润】对话框

11. 定义【营业外收入】。

步骤一:先选中 C16 单元,然后单击【fx】图标,在弹出的【定义公式】对话框中单击【函数向导】,系统会自动弹出【函数向导】的对话框,如图 3-39 所示。

图 3-39 【定义公式】对话框

步骤二:在函数分类对话框中选择【用友账务函数】,函数名称选择【发生(FS)】,单击【下一步】按钮,如图 3-40 所示。

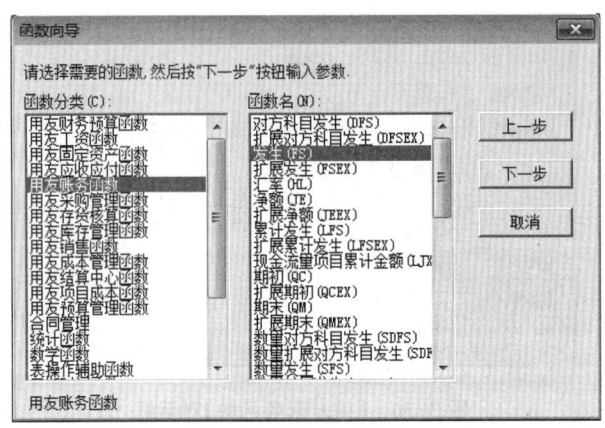

图 3-40 【函数向导】对话框

步骤三：在弹出的【用友账务函数】对话框中单击【参照】按钮，如图 3-41 所示。

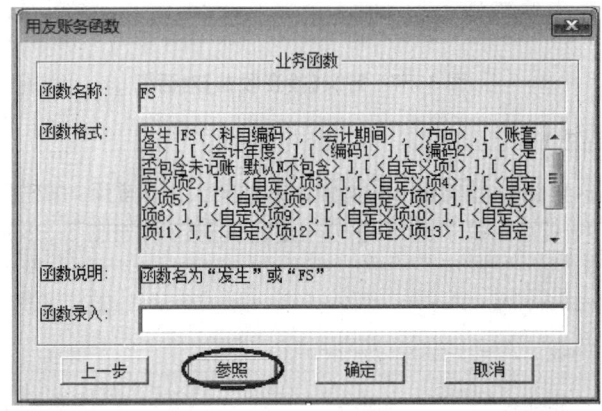

图 3-41 【用友账务函数】对话框

步骤四：选择【账套号】→默认，【会计年度】→默认，【科目】→6301，【期间】→月，【方向】→贷，然后单击【确定】按钮，返回到【用友账务函数】对话框，再次单击【确定】按钮，系统自动将定义公式显示在【定义公式】对话框中，如图 3-42 所示。

图 3-42 定义【营业外收入】对话框

12. 定义【营业外支出】。

步骤一：先选中 C17 单元，然后单击【fx】图标，在弹出的【定义公式】对话框中单击【函数向导】，系统会自动弹出【函数向导】的对话框，如图 3-43 所示。

图 3-43 【定义公式】对话框

步骤二:在函数分类对话框中选择【用友账务函数】,函数名称选择【发生(FS)】,单击【下一步】按钮,如图 3-44 所示。

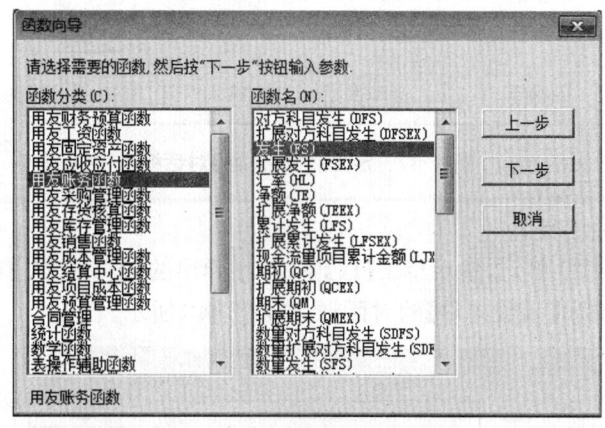

图 3-44 【函数向导】对话框

步骤三:在弹出的【用友账务函数】对话框中单击【参照】按钮,如图 3-45 所示。

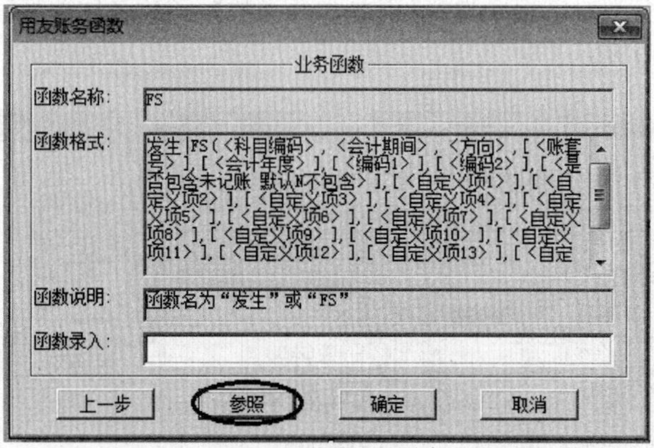

图 3-45 【用友账务函数】对话框

步骤四:选择【账套号】→默认,【会计年度】→默认,【科目】→6711,【期间】→月,【方向】→借,然后单击【确定】按钮,返回到【用友账务函数】对话框,再次单击【确定】按钮,系统自动将定义公式显示在【定义公式】对话框中,如图 3-46 所示。

图3-46 定义【营业外支出】对话框

13. 定义【利润总额】。

选中C19单元格,单击【fx】图标,系统弹出【定义公式】窗口,在栏内手动输入【C15+C16-C17】,单击【确认】按钮,如图3-47所示。

图3-47 定义【利润总额】对话框

14. 定义【所得税费用】。

步骤一:先选中C20单元,然后单击【fx】图标,在弹出的【定义公式】对话框中单击【函数向导】,系统会自动弹出【函数向导】的对话框,如图3-48所示。

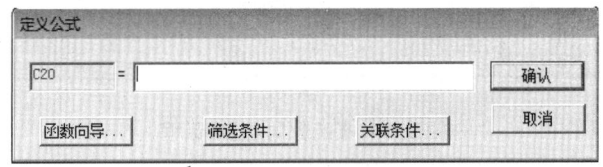

图3-48 【定义公式】对话框

步骤二:在函数分类对话框中选择【用友账务函数】,函数名称选择【发生(FS)】,单击【下一步】按钮,如图3-49所示。

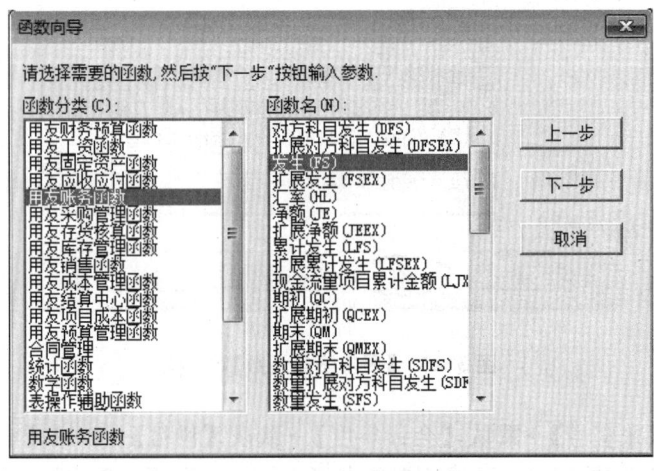

图3-49 【函数向导】对话框

步骤三:在弹出的【用友账务函数】对话框中单击【参照】按钮,如图 3-50 所示。

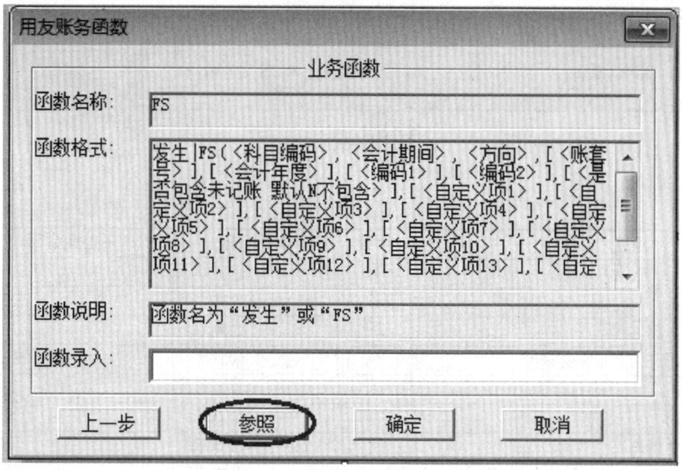

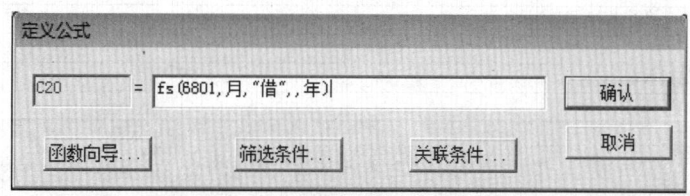

图 3-50 【用友账务函数】对话框

步骤四:选择【账套号】→默认,【会计年度】→默认,【科目】→6801,【期间】→月,【方向】→借,然后单击【确定】按钮,返回到【用友账务函数】对话框,再次单击【确定】按钮,系统自动将定义公式显示在【定义公式】对话框中,如图 3-51 所示。

图 3-51 定义【所得税费用】对话框

15. 定义【净利润】。

步骤一:选中 C21 单元格,单击【fx】图标,系统弹出【定义公式】窗口,在栏内手动输入【C19-C20】,单击【确认】按钮,如图 3-52 所示。

图 3-52 【定义公式】对话框

步骤二:自定义利润表各报表项目的公式后,切换【格式】到【数据】,系统自动弹出【是否确定全表重算】,单击【是】按钮,如图 3-53 至图 3-55 所示。

利润表			
			会企02表
编制单位:	xxxx 年	xx 月	单位:元
项　目	行数	本期金额	上期金额
一、营业收入	1	公式单元	公式单元
减:营业成本	2	公式单元	公式单元
税金及附加	3	公式单元	公式单元
销售费用	4	公式单元	公式单元
管理费用	5	公式单元	公式单元
财务费用	6	公式单元	公式单元
资产减值损失	7	公式单元	公式单元
加:公允价值变动收益(损失以"-"号填列)	8	公式单元	公式单元
投资收益(损失以"-"号填列)	9	公式单元	公式单元
其中:对联营企业和合营企业的投资收益	10		
二、营业利润(亏损以"-"号填列)	11	公式单元	公式单元
加:营业外收入	12	公式单元	公式单元
减:营业外支出	13	公式单元	公式单元
其中:非流动资产处置损失	14		
三、利润总额(亏损总额以"-"号填列)	15	公式单元	公式单元
减:所得税费用	16	公式单元	公式单元
四、净利润(净亏损以"-"号填列)	17	公式单元	公式单元
五、每股收益:	18		
(一)基本每股收益	19		
(二)稀释每股收益	20		

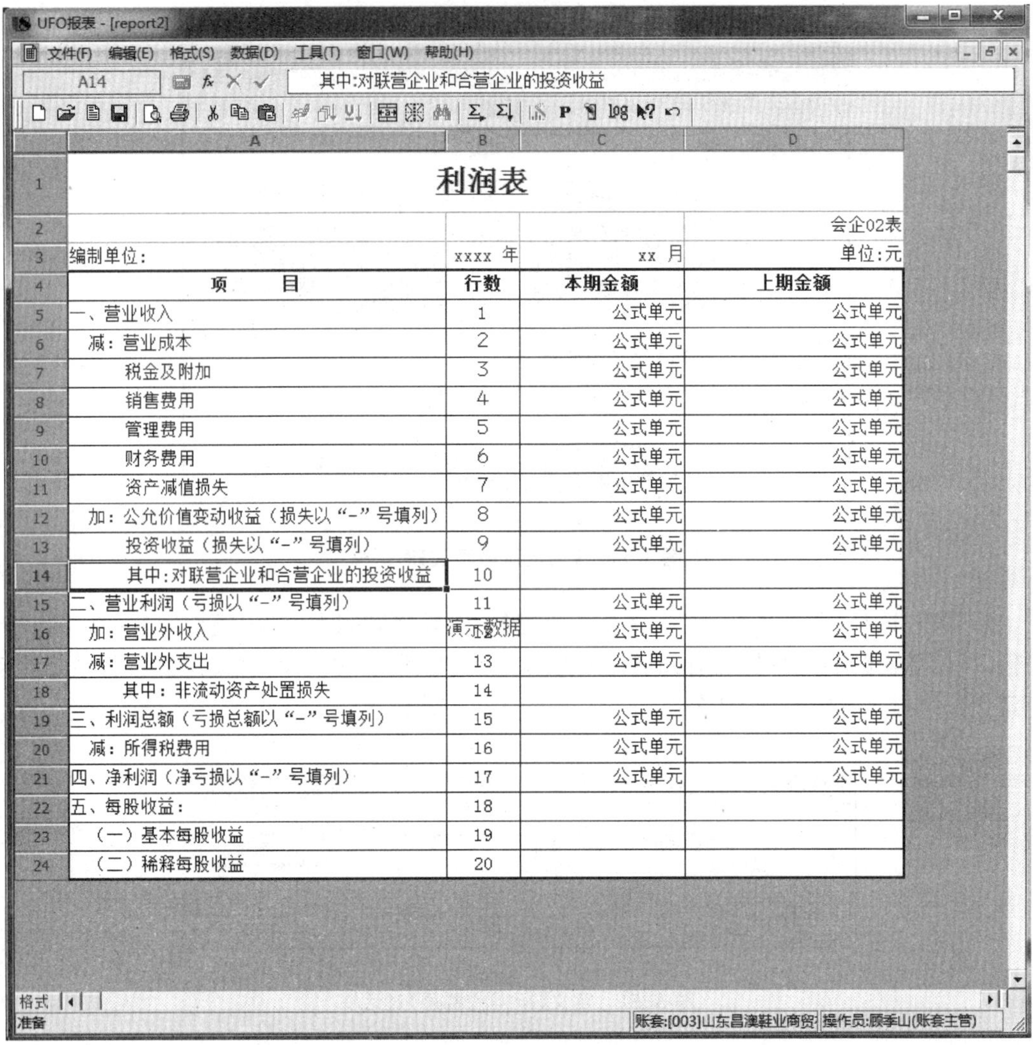

图 3-53　利润表原始图

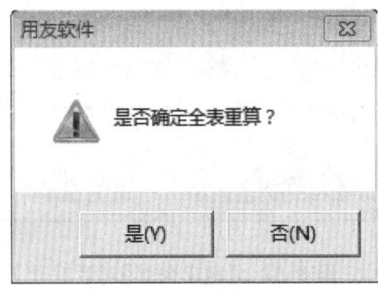

图 3-54　【是否确定全表重算】对话框

单元三　自定义利润表公式

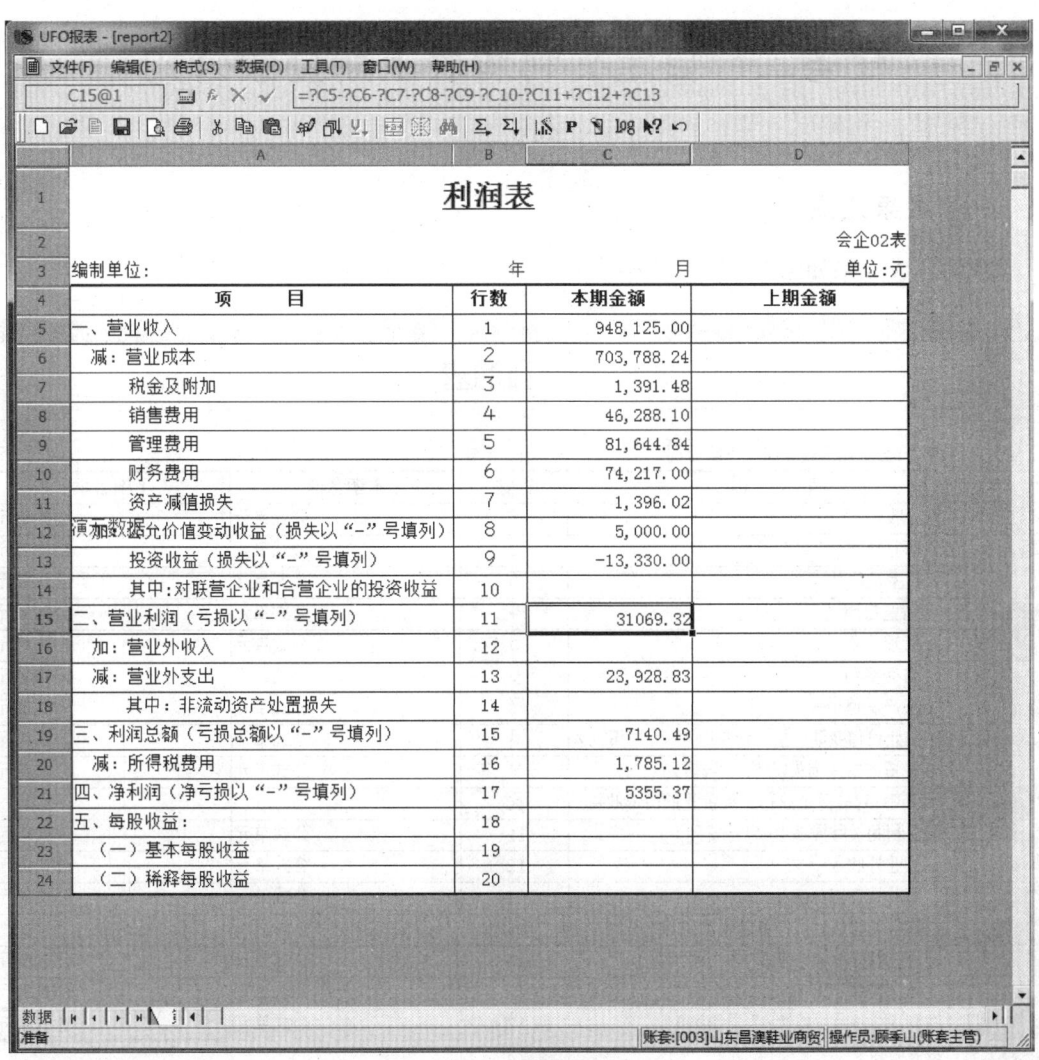

图 3-55　利润表重算图

◀温馨提示▶

- 账务取数公式必须在半角英文标点状态下输入。
- 函数名既可以用大写字母,也可以用小写字母来表示。
- 【fx】快捷键为【=】键。
- 公式中的"方向"和"账套号"必须用双引号,其他各项可以用双引号也可以不用。
如果未在公式中注明科目的方向,则系统按总账中设置的科目余额方向确定正负值。若总账中设置的科目余额方向为借方,则借方数值为正,贷方数值为负;若总账中设置的科目余额方向为贷方,则贷方数值为正,借方数值为负。

任务二 自定义利润表上期金额公式

一、成果达成

学生完成成果如图3-56利润表所示。

	A	B	C	D
1		利润表		
2				会企02表
3	编制单位:山东昌澳鞋业商贸有限公司	20×6 年	xx 月	单位:元
4	项　　目	行数	本期金额	上期金额
5	一、营业收入	1	公式单元	公式单元
6	减:营业成本	2	公式单元	公式单元
7	税金及附加	3	公式单元	公式单元
8	销售费用	4	公式单元	公式单元
9	管理费用	5	公式单元	公式单元
10	财务费用	6	公式单元	公式单元
11	资产减值损失	7	公式单元	公式单元
12	加:公允价值变动收益（损失以"-"号填列）	8	公式单元	公式单元
13	投资收益（损失以"-"号填列）	9	公式单元	公式单元
14	其中:对联营企业和合营企业的投资收益	10		
15	二、营业利润（亏损以"-"号填列）	11	公式单元	公式单元
16	加:营业外收入	12	公式单元	公式单元
17	减:营业外支出	13	公式单元	公式单元
18	其中:非流动资产处置损失	14		
19	三、利润总额（亏损总额以"-"号填列）	15	公式单元	公式单元
20	减:所得税费用	16	公式单元	公式单元
21	四、净利润（净亏损以"-"号填列）	17	公式单元	公式单元
22	五、每股收益:	18		
23	（一）基本每股收益	19		
24	（二）稀释每股收益	20		

图 3-56 利润表完成成果

二、任务描述

引入山东昌澳鞋业商贸有限公司20×6年4月份账套,用UFO报表管理系统自定义利润表上期金额项目公式,按照操作日期20×6年4月30日登陆,操作员为账套主管(A01)。

三、任务操作

1. 手工加入一张上月(3月份)利润表。

自定义一张山东昌澳鞋业商贸有限公司20×6年3月份利润表,在【格式】状态下手动录入本期金额如图3-57所示。

单元三 自定义利润表公式

	A	B	C	D
1	利润表			
2				会企02表
3	编制单位：山东昌澳鞋业商贸有限公司	20×6 年	3 月	单位：元
4	项　　目	行数	本期金额	上期金额
5	一、营业收入	1	5360000.00	
6	减：营业成本	2	3188978.00	
7	税金及附加	3		
8	销售费用	4	17869.00	
9	管理费用	5	66513.80	
10	财务费用	6	8700.00	
11	资产减值损失	7	14566.50	
12	加：公允价值变动收益（损失以"-"号填列）	8		
13	投资收益（损失以"-"号填列）	9		
14	其中：对联营企业和合营企业的投资收益	10		
15	二、营业利润（亏损以"-"号填列）	11	2063372.70	
16	加：营业外收入	12	195600.00	
17	减：营业外支出	13	237.20	
18	其中：非流动资产处置损失	14		
19	三、利润总额（亏损总额以"-"号填列）	15	2258735.50	
20	减：所得税费用	16	演示数据 564683.88	
21	四、净利润（净亏损以"-"号填列）	17	1694051.62	
22	五、每股收益：	18		
23	（一）基本每股收益	19		
24	（二）稀释每股收益	20		

图 3-57　手工加入利润表

2. 定义【营业收入】。

步骤一：先选中【D5】单元，然后单击【fx】图标，在弹出的【定义公式】对话框中单击【关联条件】，系统会自动弹出【关联条件】的对话框，如图 5-58 所示。

图 5-58　【关联条件】对话框一

步骤二：在关联条件对话框中选择【当前关键值】→年，【关联关键值】→年，单击【关联表名】 按钮，选择【D:\16.3 利润表.rep】文件，如图 3-59 所示。

步骤三：然后单击【确认】按钮，系统自动将定义公式显示在【定义公式】对话框中，如图 3-60 所示。

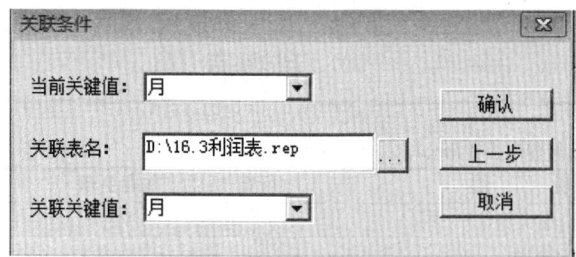

图 3-59 【关联条件】对话框二

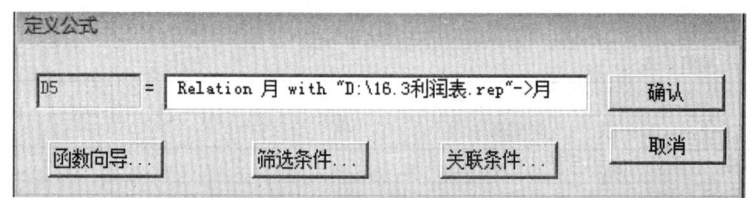

图 3-60 【定义公式】对话框一

步骤四：将【Relation 年 with "D:\16.3利润表.rep"—>年】手动改为【"D:\管16.3利润表.rep"—>C5】，如图 3-61 所示。

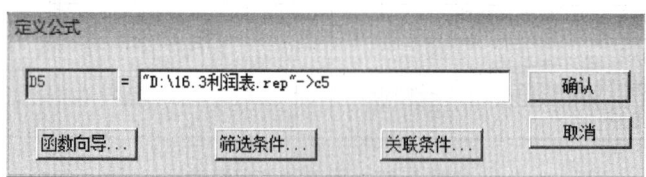

图 3-61 【定义公式】对话框二

▶温馨提示▶
● 以下利润表的上期金额自定义公式重复前三步骤，不再累述，只介绍操作步骤四。

3. 定义【营业成本】。

将【Relation 年 with "D:\16.3利润表.rep"—>年】手动改为【"D:\管16.3利润表.rep"—>C6】，如图 3-62 所示。

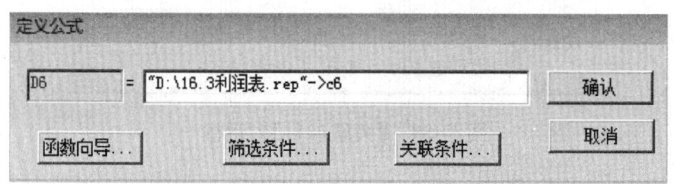

图 3-62 定义【营业成本】对话框

4. 定义【税金及附加】。

将【Relation 年 with "D:\16.3利润表.rep"—>年】手动改为【"D:\管16.3利润表.rep"

—>C7】,如图3-63所示。

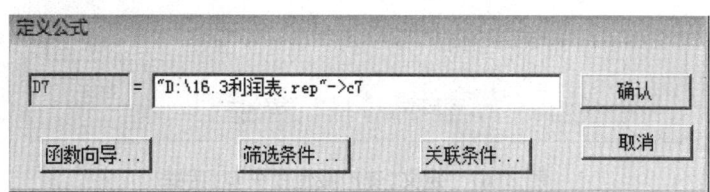

图 3-63 定义【税金及附加】对话框

5. 定义【销售费用】。

将【Relation 年 with "D:\16.3利润表.rep"—>年】手动改为【"D:\管16.3利润表.rep"—>C8】,如图3-64所示。

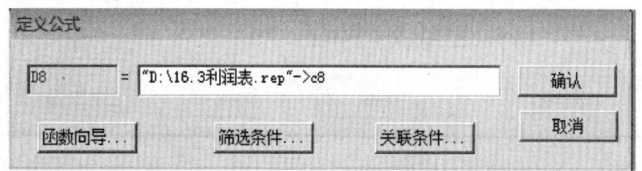

图 3-64 定义【销售费用】对话框

6. 定义【管理费用】。

将【Relation 年 with "D:\16.3利润表.rep"—>年】手动改为【"D:\管16.3利润表.rep"—>C9】,如图3-65所示。

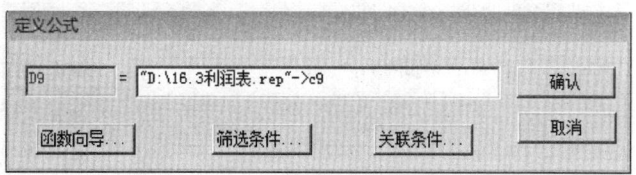

图 3-65 定义【管理费用】对话框

7. 定义【财务费用】。

将【Relation 年 with "D:\16.3利润表.rep"—>年】手动改为【"D:\管16.3利润表.rep"—>C10】,如图3-66所示。

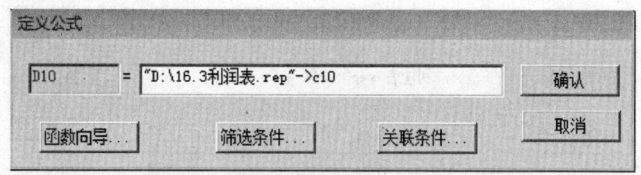

图 3-66 定义【财务费用】对话框

8. 定义【资产减值损失】。

将【Relation 年 with "D:\16.3利润表.rep"—>年】手动改为【"D:\管16.3利润表.rep"—>C11】,如图3-67所示。

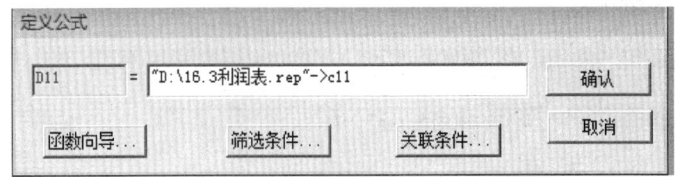

图 3-67　定义【资产减值损失】对话框

9. 定义【营业利润】。

将【Relation 年 with "D:\16.3 利润表.rep"－〉年】手动改为【"D:\管 16.3 利润表.rep"－〉C15】,如图 3-68 所示。

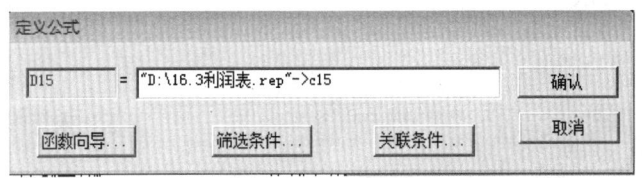

图 3-68　定义【营业利润】对话框

10. 定义【营业外收入】。

将【Relation 年 with "D:\16.3 利润表.rep"－〉年】手动改为【"D:\管 16.3 利润表.rep"－〉C16】,如图 3-69 所示。

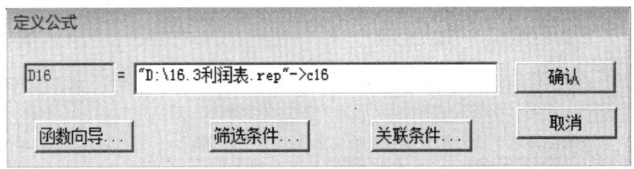

图 3-69　定义【营业外收入】对话框

11. 定义【营业外支出】。

将【Relation 年 with "D:\16.3 利润表.rep"－〉年】手动改为【"D:\管 16.3 利润表.rep"－〉C17】,如图 3-70 所示。

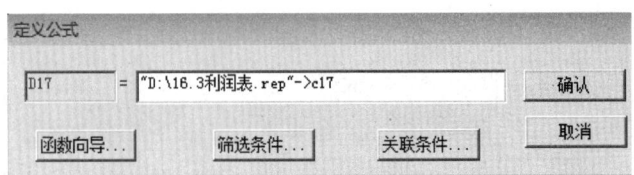

图 3-70　定义【营业外支出】对话框

12. 定义【利润总额】。

将【Relation 年 with "D:\16.3 利润表.rep"－〉年】手动改为【"D:\管 16.3 利润表.rep"－〉C19】,如图 3-71 所示。

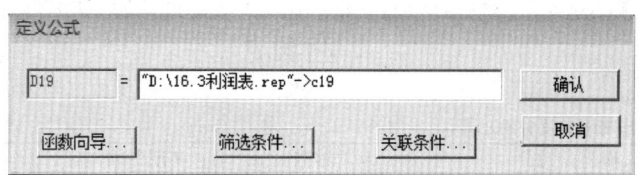

图 3-71　定义【利润总额】对话框

13. 定义【所得税费用】。

将【Relation 年 with "D:\16.3 利润表.rep"－>年】手动改为【"D:\管 16.3 利润表.rep"－>C20】,如图 3-72 所示。

图 3-72　定义【所得税费用】对话框

14. 定义【净利润】。

将【Relation 年 with "D:\16.3 利润表.rep"－>年】手动改为【"D:\管 16.3 利润表.rep"－>C21】,如图 3-73 所示。

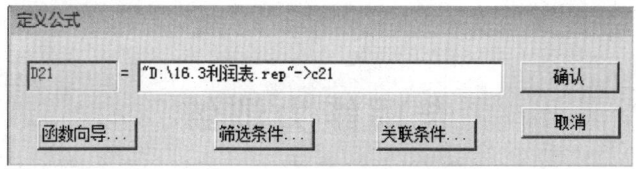

图 3-73　定义【净利润】对话框

切换【格式】到【数据】,系统自动弹出【是否确定全表重算】,单击【是】按钮,如图 3-74 和图 3-75 所示。

图 3-74　【是否确定全表重算】对话框

	A	B	C	D
1			利润表	
2				会企02表
3	编制单位:山东昌澳鞋业商贸有限公司	2016 年	4 月	单位:元
4	项 目	行数	本期金额	上期金额
5	一、营业收入	演示数据	948,125.00	5360000.00
6	减：营业成本	2	703,788.24	3188978.00
7	税金及附加	3	1,391.48	
8	销售费用	4	46,288.10	17869.00
9	管理费用	5	81,644.84	66513.80
10	财务费用	6	74,217.00	8700.00
11	资产减值损失	7	1,396.02	14566.50
12	加：公允价值变动收益（损失以"-"号填列）	8	5,000.00	
13	投资收益（损失以"-"号填列）	9	-13,330.00	
14	其中:对联营企业和合营企业的投资收益	10		
15	二、营业利润（亏损以"-"号填列）	11	31069.32	2063372.70
16	加：营业外收入	12		195600.00
17	减：营业外支出	13	23,928.83	237.20
18	其中：非流动资产处置损失	14		
19	三、利润总额（亏损总额以"-"号填列）	15	7140.49	2258735.50
20	减：所得税费用	演示数据	1,785.12	564683.88
21	四、净利润（净亏损以"-"号填列）	17	5355.37	1694051.62
22	五、每股收益：	18		
23	（一）基本每股收益	19		
24	（二）稀释每股收益	20		

图 3-75 利润表重算表

专项能力训练

（一）训练目的
根据所给资料完成UFO报表系统中自定义利润表工作。

（二）训练资料
沿用单元二北京宇科电器有限公司20×7年12月份资料。

单元四

自定义财务指标分析表

🎯 教学目标

➡ 知识
1. 能熟练编辑偿债能力指标公式;
2. 能熟练编辑营运能力指标公式;
3. 能熟练编辑盈利能力指标公式;
4. 能熟练编辑发展能力指标公式;

➡ 技能
5. 能根据企业需求,制作财务分析指标表并进行财务分析;

➡ 素养
6. 树立团队合作意识(组员间互帮互助);
7. 培养自主学习能力,提升职业素养。

任务一　自定义偿债能力指标

一、成果达成

学生完成成果，如图 4-1 所示。

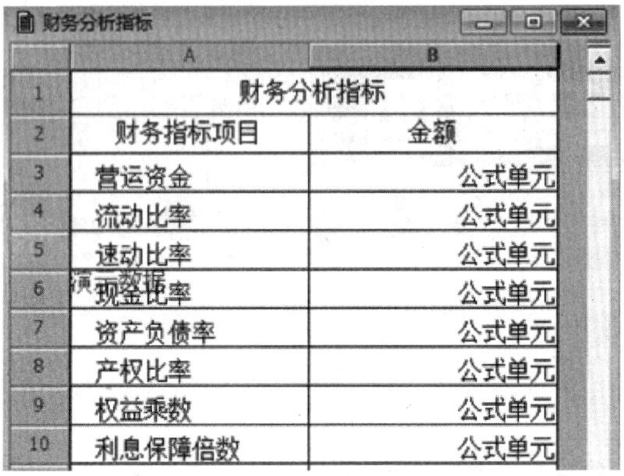

	A	B
1	财务分析指标	
2	财务指标项目	金额
3	营运资金	公式单元
4	流动比率	公式单元
5	速动比率	公式单元
6	现金比率	公式单元
7	资产负债率	公式单元
8	产权比率	公式单元
9	权益乘数	公式单元
10	利息保障倍数	公式单元

图 4-1　偿债能力指标完成成果

二、任务描述

以【A01】身份设计企业财务指标分析表中偿债能力指标公式并计算结果。

三、任务操作

新建一个空白表，在【格式】状态下，自定义一张财务分析指标表格，行数 24，列数 2，如图 4-2 所示。

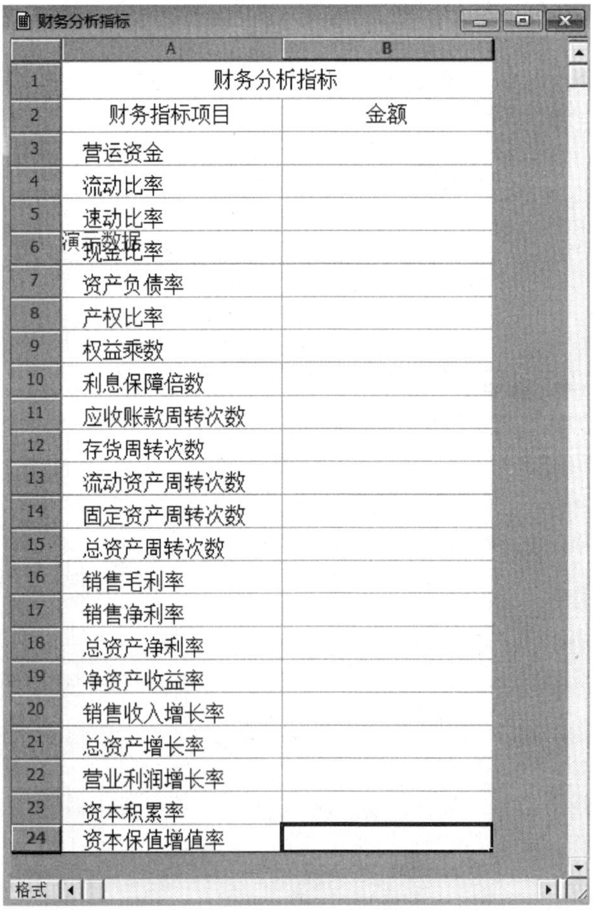

	A	B
1	财务分析指标	
2	财务指标项目	金额
3	营运资金	
4	流动比率	
5	速动比率	
6	现金比率	
7	资产负债率	
8	产权比率	
9	权益乘数	
10	利息保障倍数	
11	应收账款周转次数	
12	存货周转次数	
13	流动资产周转次数	
14	固定资产周转次数	
15	总资产周转次数	
16	销售毛利率	
17	销售净利率	
18	总资产净利率	
19	净资产收益率	
20	销售收入增长率	
21	总资产增长率	
22	营业利润增长率	
23	资本积累率	
24	资本保值增值率	

图 4-2　空白财务分析指标

1. 营运资金＝流动资产－流动负债。

步骤一：先选中B3单元，然后单击【fx】图标，在弹出的【定义公式】对话框中单击【关联条件】，系统会自动弹出【关联条件】的对话框，如图4-3所示。

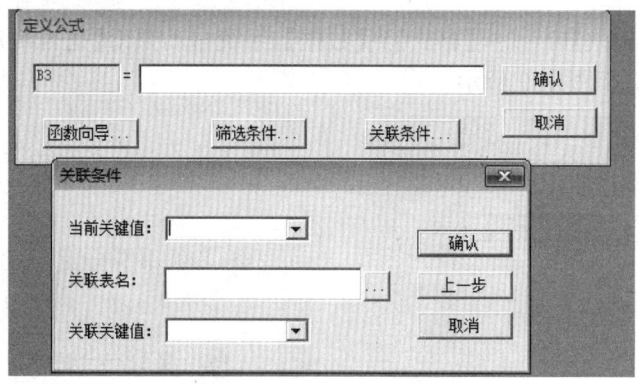

图4-3 【定义公式】和【关联条件】对话框

步骤二：在关联条件对话框中选择【当前关键值】→年，【关联关键值】→年，单击【关联表名】… 按钮，选择【自制资产负债表.rep】文件，如图4-4所示。

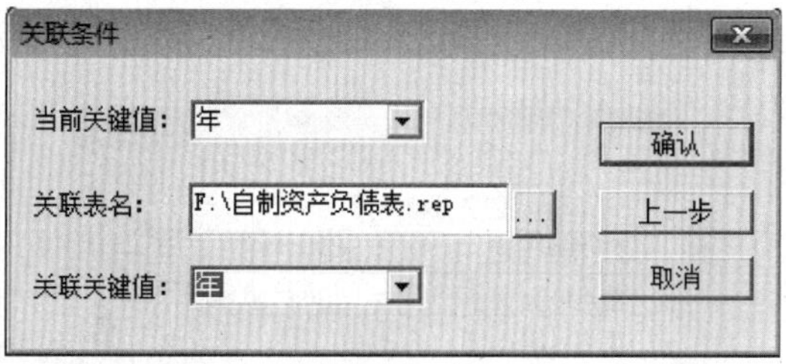

图4-4 【关联条件】对话框

步骤三：然后单击【确认】按钮，系统自动将定义公式显示在【定义公式】对话框中，如图4-5所示。

图4-5 【定义公式】对话框一

步骤四：将【Relation 年 with "F:\自制资产负债表.rep"－>年】手动改为【"F:\自制资产负债表.rep"－>C18－"F:\自制资产负债表.rep"－>G19】，如图4-6所示。

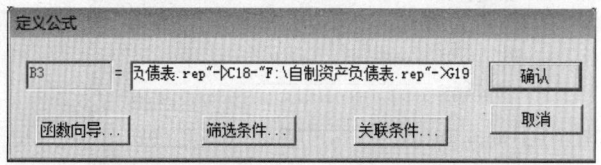

图4-6 【定义公式】对话框二

◆ 会计信息化——UFO 报表系统 ◆

▶温馨提示◀

● 找到【自制资产负债表.rep】文件中流动资产期末余额所在单元【C18】,流动负债期末余额所在单元【G19】。

步骤五:单击【确认】后,切换【格式】到【数据】,系统自动弹出【是否确定全表重算】,单击【是】按钮,如图 4-7 至图 4-9 所示。

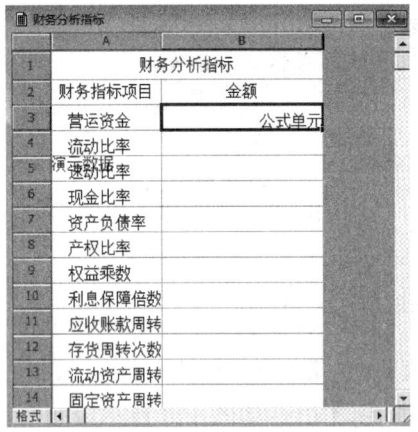

图 4-7 【营运资金】原始情况

图 4-8 【是否确定全表重算】对话框

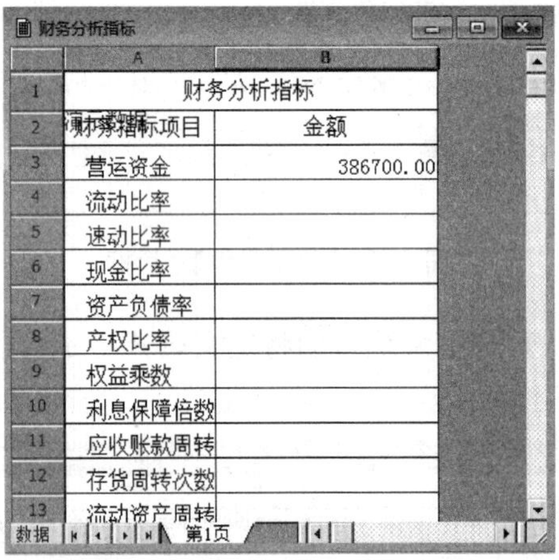

图 4-9 【营运资金】重算情况

2. 流动比率=流动资产÷流动负债。

步骤一:先选中 B4 单元,然后单击【fx】图标,在弹出的【定义公式】对话框中单击【关联条件】,系统会自动弹出【关联条件】的对话框,如图 4-10 所示。

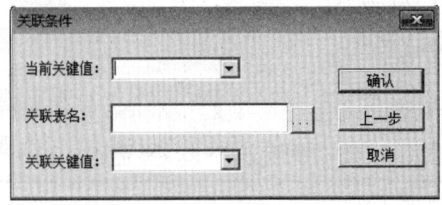

图 4-10 【关联条件】对话框一

106

步骤二：在关联条件对话框中选择【当前关键值】→年,【关联关键值】→年,单击【关联表名】......按钮,选择【自制资产负债表.rep】文件,如图4-11所示。

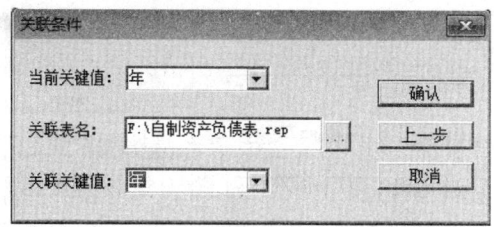

图4-11 【关联条件】对话框二

步骤三：然后单击【确认】按钮,系统自动将定义公式显示在【定义公式】对话框中,如图4-12所示。

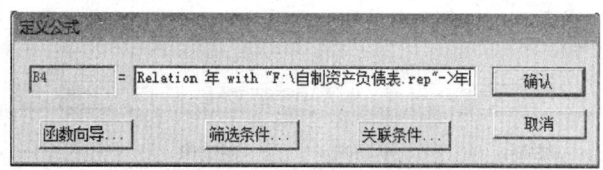

图4-12 【定义公式】对话框一

步骤四：将【Relation 年 with "F:\自制资产负债表.rep"－>年】手动改为【"F:\自制资产负债表.rep"－>C18/"F:\自制资产负债表.rep"－>G19】,如图4-13所示。

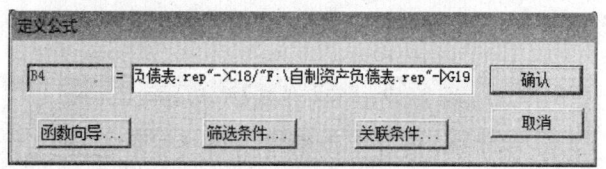

图4-13 【定义公式】对话框二

◀温馨提示▶

● 找到【自制资产负债表.rep】文件中流动资产期末余额所在单元【C18】,流动负债期末余额所在单元【G19】。

3. 速动比率＝速动资产÷流动负债【速动资产＝流动资产－存货－预付账款】。

步骤一：先选中B5单元,然后单击【fx】图标,在弹出的【定义公式】对话框中单击【关联条件】,系统会自动弹出【关联条件】的对话框,如图4-14所示。

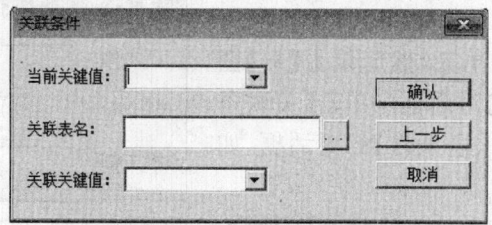

图4-14 【关联条件】对话框一

步骤二:在关联条件对话框中选择【当前关键值】→年,【关联关键值】→年,单击【关联表名】 按钮,选择【自制资产负债表.rep】文件,如图 4-15 所示。

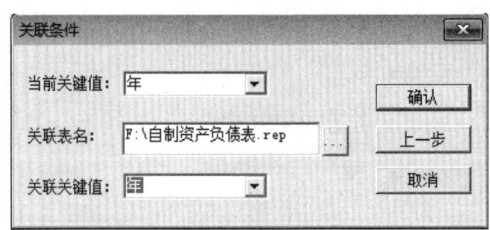

图 4-15 【关联条件】对话框二

步骤三:然后单击【确认】按钮,系统自动将定义公式显示在【定义公式】对话框中,如图 4-16 所示。

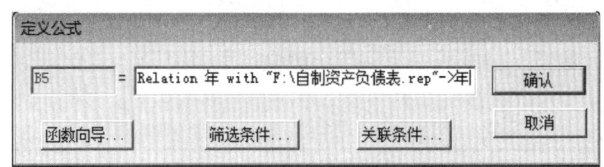

图 4-16 【定义公式】对话框一

步骤四:将【Relation 年 with "F:\自制资产负债表.rep"→年】手动改为【("F:\自制资产负债表.rep"→C18－"F:\自制资产负债表.rep"→C15－"F:\自制资产负债表.rep"→C11)/"F:\自制资产负债表.rep"→G19】,如图 4-17 所示。

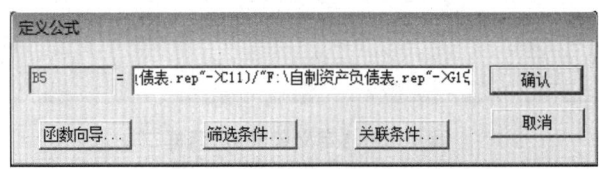

图 4-17 【定义公式】对话框二

◀温馨提示▶

● 找到【自制资产负债表.rep】文件中流动资产期末余额所在单元【C18】,存货期末余额所在单元【C15】,预付账款期末余额所在单元【C11】,流动负债期末余额所在单元【G19】。

4. 现金比率=(货币资金+交易性金融资产)÷流动负债。

步骤一:先选中 B6 单元,然后单击【fx】图标,在弹出的【定义公式】对话框中单击【关联条件】,系统会自动弹出【关联条件】的对话框,如图 4-18。

步骤二:在关联条件对话框中选择【当前关

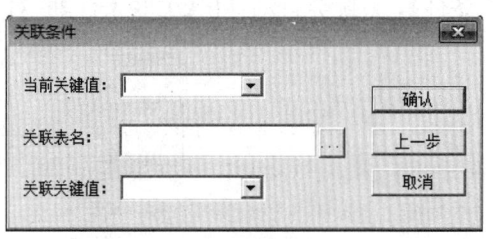

图 4-18 【关联条件】对话框一

键值】→年,【关联关键值】→年,单击【关联表名】 按钮,选择【自制资产负债表.rep】文件,如图 4-19 所示。

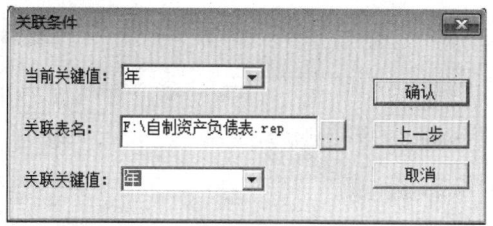

图 4-19 【关联条件】对话框二

步骤三:然后单击【确认】按钮,系统自动将定义公式显示在【定义公式】对话框中,如图 4-20 所示。

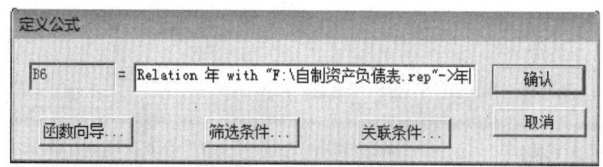

图 4-20 【定义公式】对话框一

步骤四:将【Relation 年 with "F:\自制资产负债表.rep"—>年】手动改为【("F:\自制资产负债表.rep"—>C7+"F:\自制资产负债表.rep"—>C8)/"F:\自制资产负债表.rep"—>G19】,如图 4-21 所示。

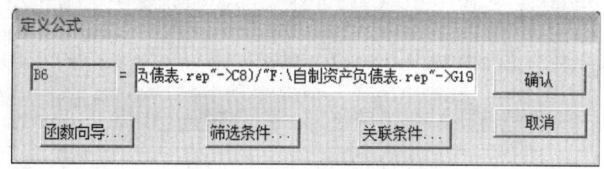

图 4-21 【定义公式】对话框二

◀温馨提示▶

● 找到【自制资产负债表.rep】文件中货币资金期末余额所在单元【C7】,交易性金融资产期末余额所在单元【C8】,流动负债期末余额所在单元【G19】。

5. 资产负债率=负债总额÷资产总额×100%。

步骤一:先选中 B7 单元,然后单击【fx】图标,在弹出的【定义公式】对话框中单击【关联条件】,系统会自动弹出【关联条件】的对话框,如图 4-22 所示。

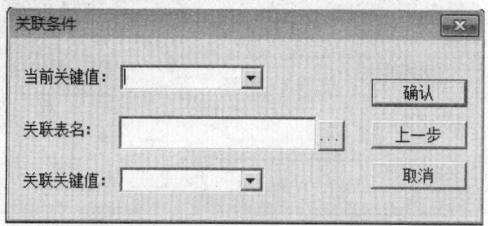

图 4-22 【关联条件】对话框一

步骤二:在关联条件对话框中选择【当前关键值】→年,【关联关键值】→年,单击【关联表名】按钮,选择【自制资产负债表.rep】文件,如图4-23所示。

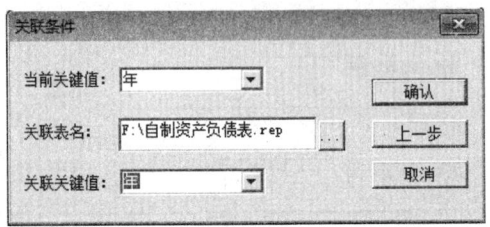

图4-23 【关联条件】对话框二

步骤三:然后单击【确认】按钮,系统自动将定义公式显示在【定义公式】对话框中,如图4-24所示。

图4-24 【定义公式】对话框一

步骤四:将【Relation 年 with "F:\自制资产负债表.rep"—>年】手动改为【"F:\自制资产负债表.rep"—>G29/"F:\自制资产负债表.rep"—>C38】,如图4-25所示。

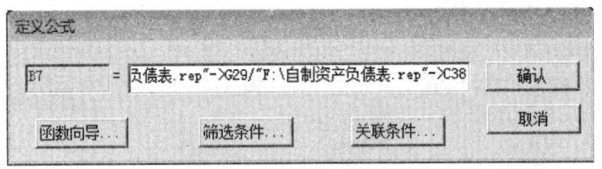

图4-25 【定义公式】对话框二

◀温馨提示▶

● 找到【自制资产负债表.rep】文件中负债合计期末余额所在单元【G29】,资产总计期末余额所在单元【C38】。

6. 产权比率=负债总额÷所有者权益。

步骤一:先选中B8单元,然后单击【fx】图标,在弹出的【定义公式】对话框中单击【关联条件】,系统会自动弹出【关联条件】的对话框,如图4-26所示。

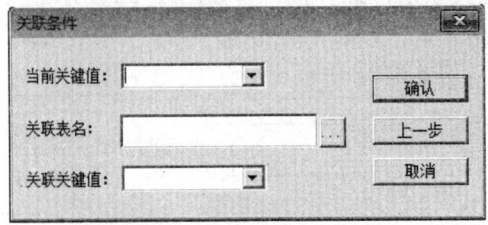

图4-26 【关联条件】对话框一

步骤二:在关联条件对话框中选择【当前关键值】→年,【关联关键值】→年,单击【关联表名】…按钮,选择【自制资产负债表.rep】文件,如图4-27所示。

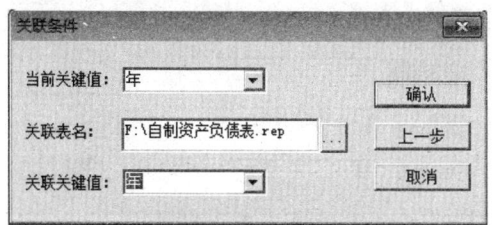

图4-27 【关联条件】对话框二

步骤三:然后单击【确认】按钮,系统自动将定义公式显示在【定义公式】对话框中,如图4-28所示。

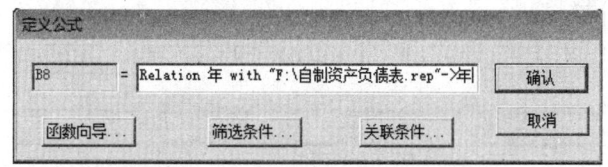

图4-28 【定义公式】对话框一

步骤四:将【Relation 年 with "F:\自制资产负债表.rep"－>年】手动改为【"F:\自制资产负债表.rep"－>G29/"F:\自制资产负债表.rep"－>G36】,如图4-29所示。

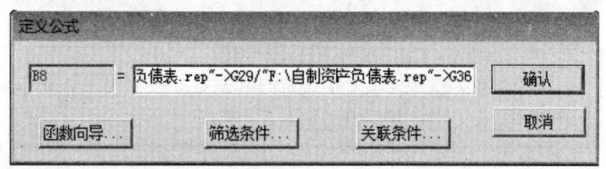

图4-29 【定义公式】对话框二

◀温馨提示▶

● 找到【自制资产负债表.rep】文件中负债合计期末余额所在单元【G29】,所有者权益合计期末余额所在单元【G36】。

7. 权益乘数＝总资产÷所有者权益。

步骤一:先选中B9单元,然后单击【fx】图标,在弹出的【定义公式】对话框中单击【关联条件】,系统会自动弹出【关联条件】的对话框,如图4-30所示。

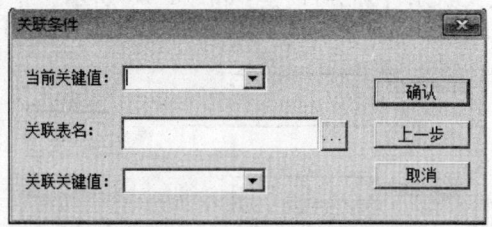

图4-30 【关联条件】对话框一

步骤二：在关联条件对话框中选择【当前关键值】→年,【关联关键值】→年,单击【关联表名】按钮,选择【自制资产负债表.rep】文件,如图4-31所示。

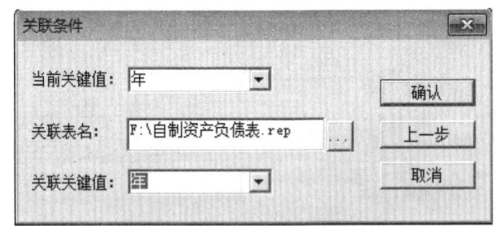

图4-31 【关联条件】对话框二

步骤三：然后单击【确认】按钮,系统自动将定义公式显示在【定义公式】对话框中,如图4-32所示。

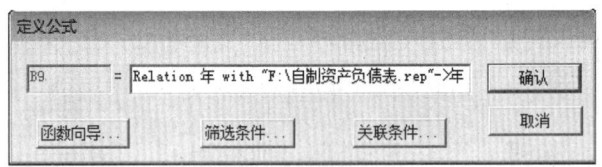

图4-32 【定义公式】对话框一

步骤四：将【Relation 年 with "F:\自制资产负债表.rep"—〉年】手动改为【"F:\自制资产负债表.rep"—〉C38/"F:\自制资产负债表.rep"—〉G36】,如图4-33所示。

图4-33 【定义公式】对话框二

▶温馨提示▶
● 找到【自制资产负债表.rep】文件中资产总计期末余额所在单元【C38】,所有者权益合计期末余额所在单元【G36】。

8. 利息保障倍数＝息税前利润÷财务费用【息税前利润＝净利润＋利润表中的利息费用＋所得税】。

步骤一：先选中B10单元,然后单击【fx】图标,在弹出的【定义公式】对话框中单击【关联条件】,系统会自动弹出【关联条件】的对话框,如图4-34所示。

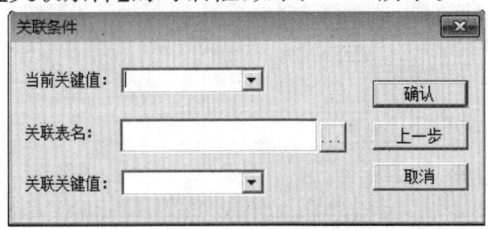

图4-34 【关联条件】对话框一

步骤二:在关联条件对话框中选择【当前关键值】→年,【关联关键值】→年,单击【关联表名】…按钮,选择【自制利润表.rep】文件,如图4-35所示。

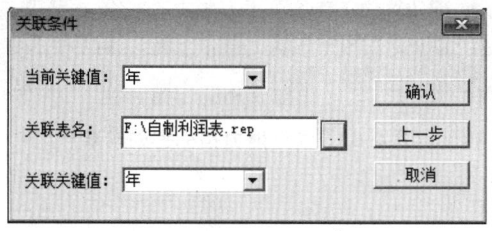

图4-35 【关联条件】对话框二

步骤三:然后单击【确认】按钮,系统自动将定义公式显示在【定义公式】对话框中,如图4-36所示。

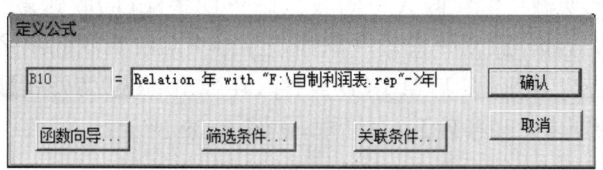

图4-36 【定义公式】对话框一

步骤四:将【Relation 年 with "F:\自制利润表.rep"－>年】手动改为【("F:\自制利润表.rep"－>C19+"F:\自制利润表.rep"－>C10)/"F:\自制利润表.rep"－>C10】,如图4-37所示。

图4-37 【定义公式】对话框二

◀温馨提示▶

● 找到【自制利润表.rep】文件中利润总额本期金额所在单元【C19】,财务费用本期金额所在单元【C10】。

任务二 自定义营运能力指标

一、成果达成

学生完成成果,如图4-38所示。

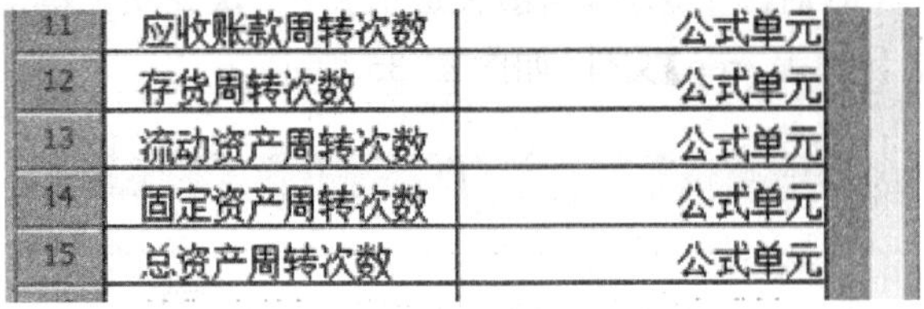

11	应收账款周转次数	公式单元
12	存货周转次数	公式单元
13	流动资产周转次数	公式单元
14	固定资产周转次数	公式单元
15	总资产周转次数	公式单元

图 4-38 营运能力指标完成成果

二、任务描述

以【A01】身份设计企业财务指标分析表中营运能力指标公式并计算结果。

三、任务操作

1. 应收账款周转次数＝销售收入÷应收账款平均余额【应收账款平均余额＝(应收账款期初余额＋应收账款期末余额＋应收票据期初余额＋应收票据期末余额)÷2】。

步骤一：先选中 B11 单元，然后单击【fx】图标，在弹出的【定义公式】对话框中单击【关联条件】，系统会自动弹出【关联条件】的对话框，如图 4-39 所示。

图 4-39 【关联条件】对话框一

步骤二：在关联条件对话框中选择【当前关键值】→年，【关联关键值】→年，单击【关联表名】 按钮，选择【自制利润表.rep】文件，如图 4-40 所示。

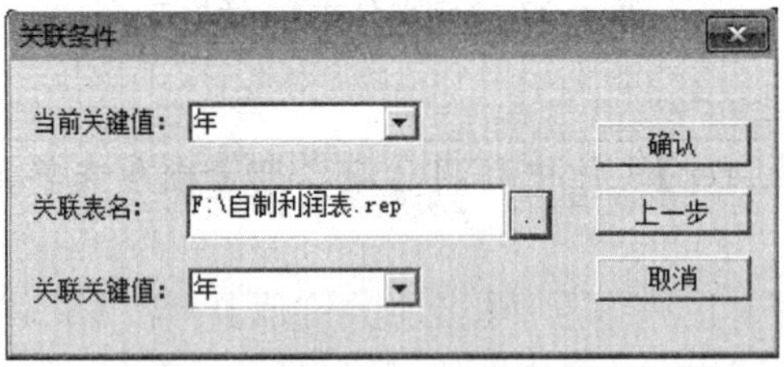

图 4-40 【关联条件】对话框二

步骤三：然后单击【确认】按钮，系统自动将定义公式显示在【定义公式】对话框中，如图 4-41 所示。

步骤四：将【Relation 年 with "F:\自制利润表.rep"－>年】手动改为【"F:\自制利润表.rep"－>C5/(("F:\自制资产负债表.rep"－>C9＋"F:\自制资产负债表.rep"－>C10＋"F:\自制资产负债表.rep"－>D9＋"F:\自制资产负债表.rep"－>D10)/2)】，如图 4-42 所示。

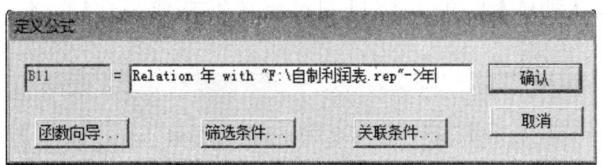

图 4-41 【定义公式】对话框一

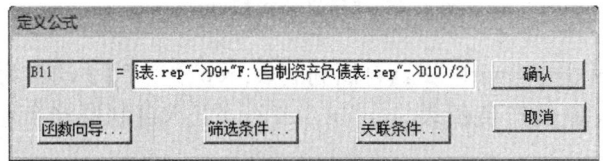

图 4-42 【定义公式】对话框二

◀温馨提示▶

● 找到【自制利润表.rep】文件中营业收入本期金额所在单元【C5】，找到【自制资产负债表.rep】文件中应收票据期末余额所在单元【C9】，应收票据年初余额所在单元【D9】，应收账款期末余额所在单元【C10】，应收账款年初余额所在单元【D10】。

◀温馨提示▶

● 应收账款平均余额含应收账款和应收票据。

2. 存货周转次数=销售成本÷存货平均余额【存货平均余额=(存货期初余额+存货期末余额)÷2】。

步骤一：先选中 B12 单元，然后单击【fx】图标，在弹出的【定义公式】对话框中单击【关联条件】，系统会自动弹出【关联条件】的对话框，如图 4-43 所示。

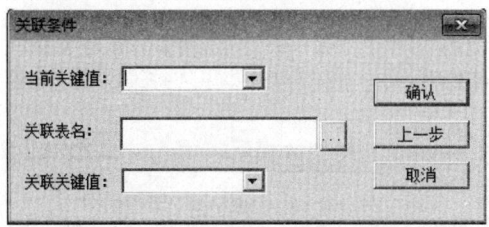

图 4-43 【关联条件】对话框一

步骤二：在关联条件对话框中选择【当前关键值】→年，【关联关键值】→年，单击【关联表名】 按钮，选择【自制利润表.rep】文件，如图 4-44 所示。

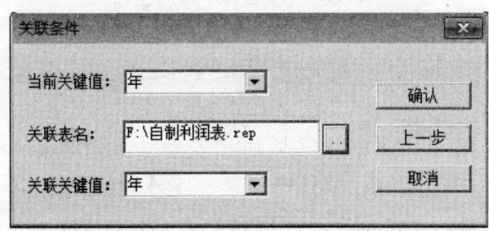

图 4-44 【关联条件】对话框二

步骤三:然后单击【确认】按钮,系统自动将定义公式显示在【定义公式】对话框中,如图4-45所示。

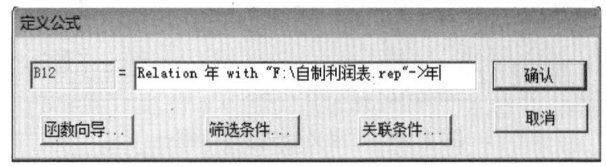

图 4-45 【定义公式】对话框一

步骤四:将【Relation 年 with "F:\自制利润表.rep"—〉年】手动改为【"F:\自制利润表.rep"—〉C6/(("F:\自制资产负债表.rep"—〉C15+"F:\自制资产负债表.rep"—〉D15)/2)】,如图4-46所示。

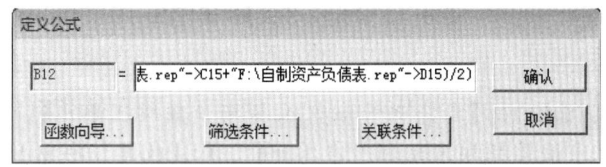

图 4-46 【定义公式】对话框二

◀温馨提示▶
● 找到【自制利润表.rep】文件中营业成本本期金额所在单元【C6】,找到【自制资产负债表.rep】文件中存货期末余额所在单元【C15】,存货年初余额所在单元【D15】。

3. 流动资产周转次数=销售收入÷流动资产平均余额【流动资产平均余额=(流动资产期初余额+流动资产期末余额)÷2】。

步骤一:先选中B13单元,然后单击【fx】图标,在弹出的【定义公式】对话框中单击【关联条件】,系统会自动弹出【关联条件】的对话框,如图4-47所示。

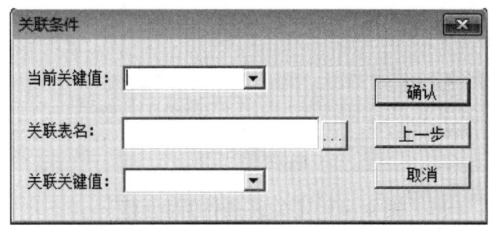

图 4-47 【关联条件】对话框一

步骤二:在关联条件对话框中选择【当前关键值】→年,【关联关键值】→年,单击【关联表名】按钮,选择【自制利润表.rep】文件,如图4-48所示。

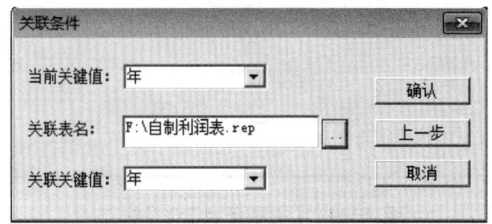

图 4-48 【关联条件】对话框二

步骤三:然后单击【确认】按钮,系统自动将定义公式显示在【定义公式】对话框中,如图4-49所示。

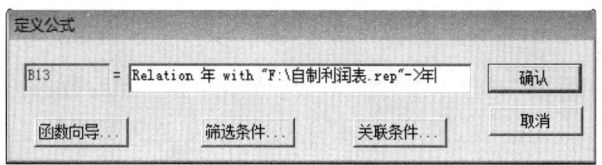

图 4-49 【定义公式】对话框一

步骤四:将【Relation 年 with "F:\自制利润表.rep"－>年】手动改为【"F:\自制利润表.rep"－>C5/(("F:\自制资产负债表.rep"－>C18+"F:\自制资产负债表.rep"－>D18)/2)】,如图 4-50 所示。

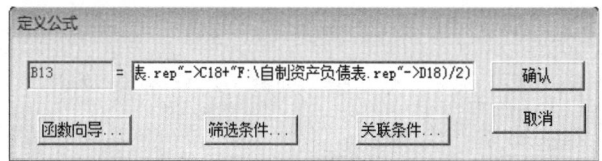

图 4-50 【定义公式】对话框二

◂温馨提示▸

● 找到【自制利润表.rep】文件中营业收入本期金额所在单元【C5】,找到【自制资产负债表.rep】文件中流动资产合计期末余额所在单元【C18】,流动资产合计年初余额所在单元【D18】。

4. 固定资产周转次数＝销售收入÷固定资产平均余额【固定资产平均余额＝(固定资产期初余额＋固定资产期末余额)÷2】。

步骤一:先选中 B14 单元,然后单击【fx】图标,在弹出的【定义公式】对话框中单击【关联条件】,系统会自动弹出【关联条件】的对话框,如图 4-51 所示。

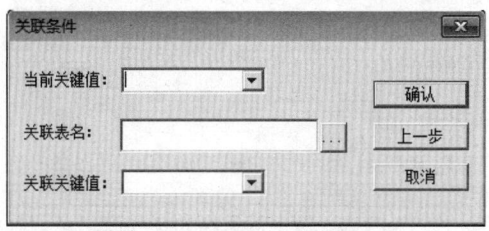

图 4-51 【关联条件】对话框一

步骤二:在关联条件对话框中选择【当前关键值】→年,【关联关键值】→年,单击【关联表名】按钮,选择【自制利润表.rep】文件,如图 4-52 所示。

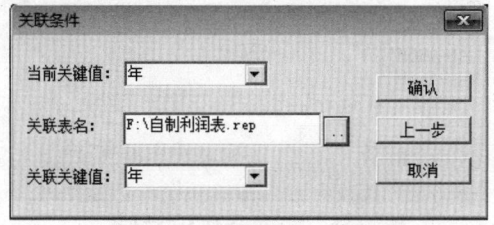

图 4-52 【关联条件】对话框二

步骤三:然后单击【确认】按钮,系统自动将定义公式显示在【定义公式】对话框中,如图4-53所示。

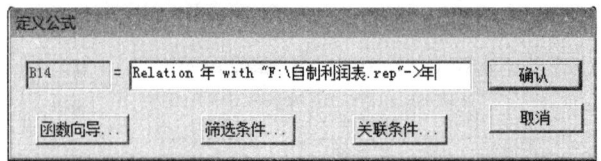

图 4-53 【定义公式】对话框一

步骤四:将【Relation 年 with "F:\自制利润表.rep"—>年】手动改为【"F:\自制利润表.rep"—>C5/(("F:\自制资产负债表.rep"—>C25+"F:\自制资产负债表.rep"—>D25)/2)】,如图4-54所示。

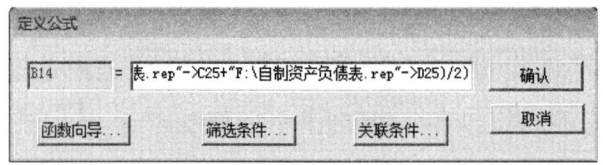

图 4-54 【定义公式】对话框二

◀温馨提示▶

● 找到【自制利润表.rep】文件中营业收入本期金额所在单元【C5】,找到【自制资产负债表.rep】文件中固定资产期末余额所在单元【C25】,固定资产年初余额所在单元【D25】。

5. 总资产周转次数=销售收入÷总资产平均余额【总资产平均余额=(总资产期初余额+总资产期末余额)÷2】。

步骤一:先选中 B15 单元,然后单击【fx】图标,在弹出的【定义公式】对话框中单击【关联条件】,系统会自动弹出【关联条件】的对话框,如图4-55所示。

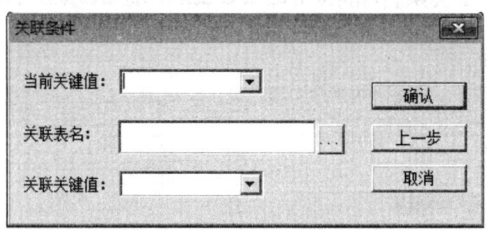

图 4-55 【关联条件】对话框一

步骤二:在关联条件对话框中选择【当前关键值】→年,【关联关键值】→年,单击【关联表名】按钮,选择【自制利润表.rep】文件,如图4-56所示。

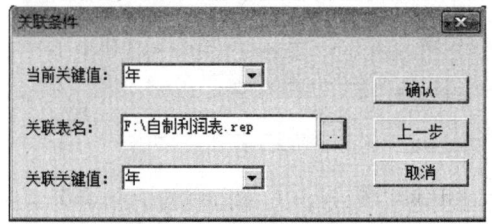

图 4-56 【关联条件】对话框二

步骤三:然后单击【确认】按钮,系统自动将定义公式显示在【定义公式】对话框中,如图 4-57 所示。

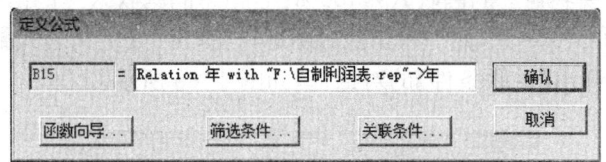

图 4-57 【定义公式】对话框一

步骤四:将【Relation 年 with "F:\自制利润表.rep"—>年】手动改为【"F:\自制利润表.rep"—>C5/(("F:\自制资产负债表.rep"—>C38+"F:\自制资产负债表.rep"—>D38)/2)】,如图 4-58 所示。

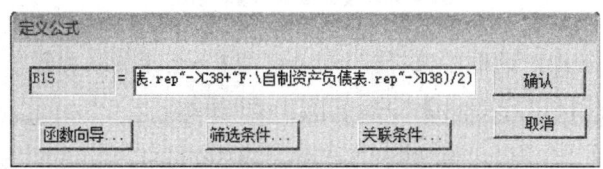

图 4-58 【定义公式】对话框二

◀温馨提示▶

● 找到【自制利润表.rep】文件中营业收入本期金额所在单元【C5】,找到【自制资产负债表.rep】文件中资产总计期末余额所在单元【C38】,资产总计年初余额所在单元【D38】。

任务三 自定义盈利能力指标

一、成果达成

学生完成成果,如图 4-59 所示。

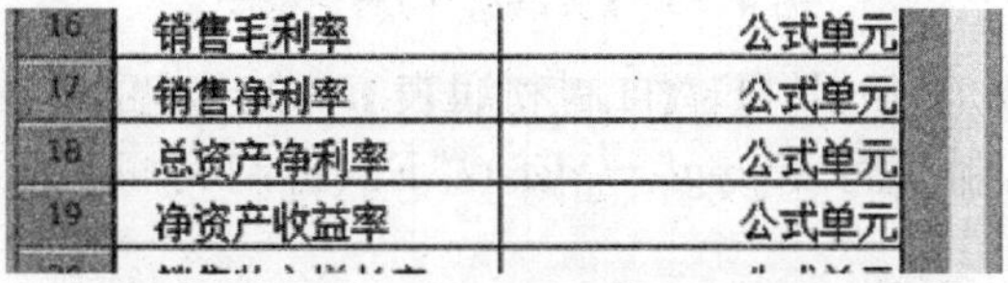

16	销售毛利率	公式单元
17	销售净利率	公式单元
18	总资产净利率	公式单元
19	净资产收益率	公式单元

图 4-59 盈利能力指标完成成果

二、任务描述

以【A01】身份设计企业财务指标分析表中盈利能力指标公式并计算结果。

三、任务操作

1. 销售毛利率＝毛利÷销售收入×100%【毛利＝销售收入－销售成市】。

步骤一:先选中 B16 单元,然后单击【fx】图标,在弹出的【定义公式】对话框中单击【关联条件】,系统会自动弹出【关联条件】的对话框,如图 4-60 所示。

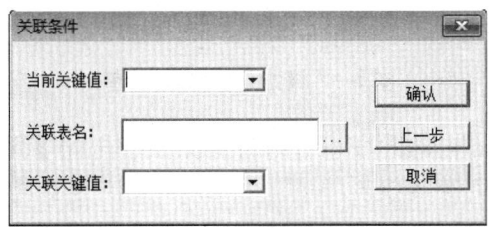

图 4-60 【关联条件】对话框一

步骤二:在关联条件对话框中选择【当前关键值】→年,【关联关键值】→年,单击【关联表名】...按钮,选择【自制利润表.rep】文件,如图 4-61 所示。

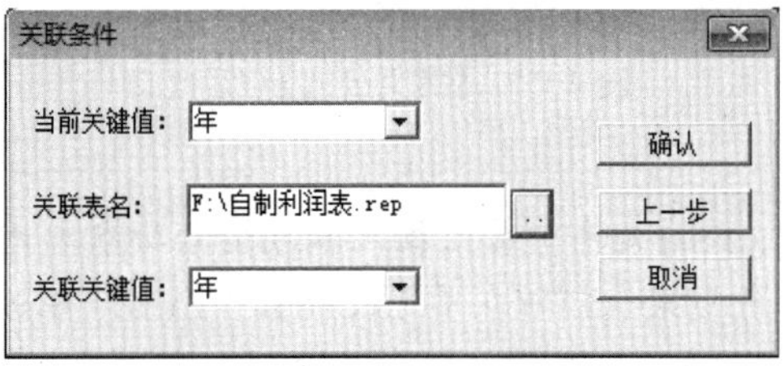

图 4-61 【关联条件】对话框二

步骤三:然后单击【确认】按钮,系统自动将定义公式显示在【定义公式】对话框中,如图 4-62 所示。

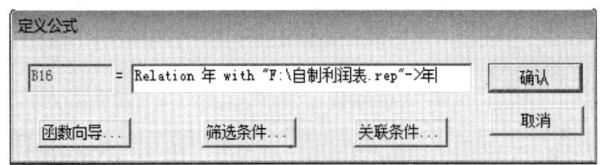

图 4-62 【定义公式】对话框一

步骤四:将【Relation 年 with "F:\自制利润表.rep"－>年】手动改为【("F:\自制利润表.rep"－>C5－"F:\自制利润表.rep"－>C6)/"F:\自制利润表.rep"－>C5】,如图 4-63 所示。

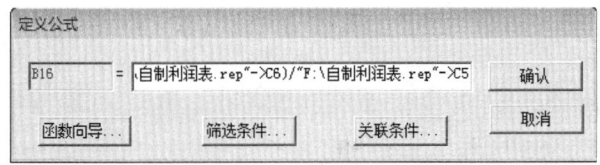

图 4-63 【定义公式】对话框二

◀温馨提示▶

● 找到【自制利润表.rep】文件中营业收入本期金额所在单元【C5】,营业成本本期金额所在单元【C6】。

2. 销售净利率＝净利润÷销售收入×100%。

步骤一:先选中 B17 单元,然后单击【fx】图标,在弹出的【定义公式】对话框中单击【关联条件】,系统会自动弹出【关联条件】的对话框,如图 4-64 所示。

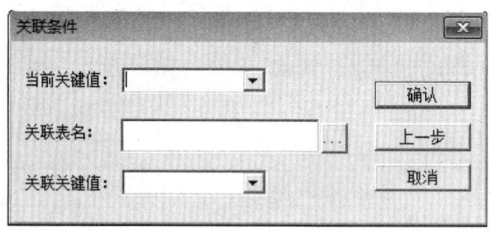

图 4-64 【关联条件】对话框一

步骤二:在关联条件对话框中选择【当前关键值】→年,【关联关键值】→年,单击【关联表名】按钮,选择【自制利润表.rep】文件,如图 4-65 所示。

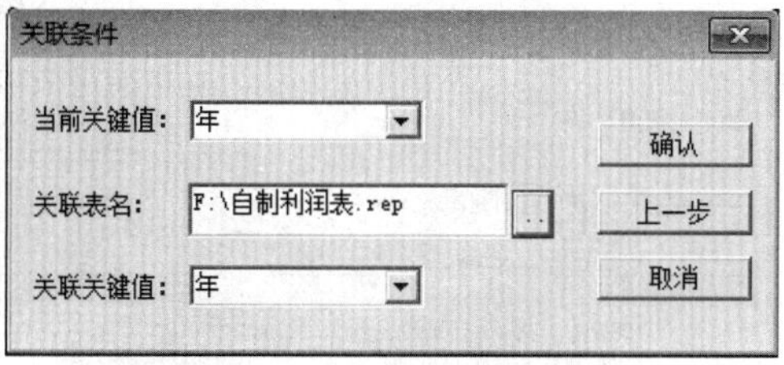

图 4-65 【关联条件】对话框二

步骤三:然后单击【确认】按钮,系统自动将定义公式显示在【定义公式】对话框中,如图 4-66 所示。

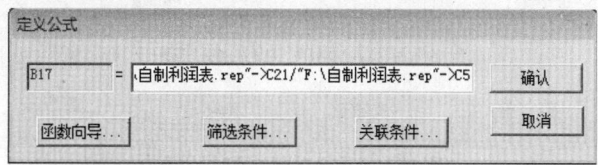

图 4-66 【定义公式】对话框一

步骤四:将【Relation 年 with "F:\自制利润表.rep"－>年】手动改为【"F:\自制利润表.rep"－>C21/"F:\自制利润表.rep"－>C5】,如图 4-67 所示。

图 4-67 【定义公式】对话框二

> 温馨提示
>
> ● 找到【自制资产负债表.rep】文件中净利润本期金额所在单元【C21】,营业收入本期金额所在单元【C5】。

3. 总资产净利率=净利润÷平均总资产【平均总资产=(总资产期初余额+总资产期末余额)÷2】。

步骤一:先选中 B18 单元,然后单击【fx】图标,在弹出的【定义公式】对话框中单击【关联条件】,系统会自动弹出【关联条件】的对话框,如图 4-68 所示。

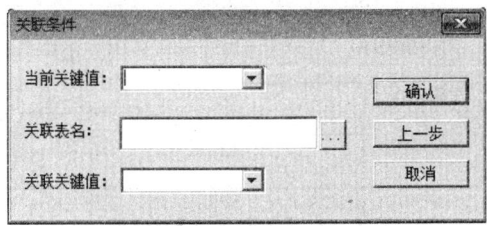

图 4-68 【关联条件】对话框一

步骤二:在关联条件对话框中选择【当前关键值】→年,【关联关键值】→年,单击【关联表名】 按钮,选择【自制利润表.rep】文件,如图 4-69 所示。

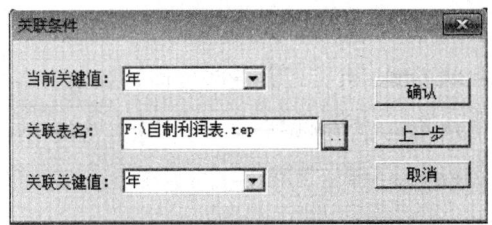

图 4-69 【关联条件】对话框二

步骤三:然后单击【确认】按钮,系统自动将定义公式显示在【定义公式】对话框中,如图 4-70 所示。

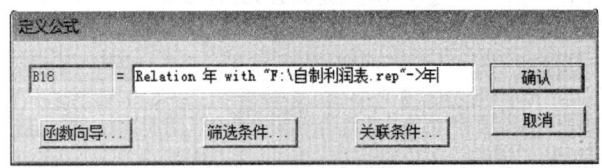

图 4-70 【定义公式】对话框一

步骤四:将【Relation 年 with "F:\自制利润表.rep"—〉年】手动改为【"F:\自制利润表.rep"—〉C21/(("F:\自制资产负债表.rep"—〉C38+"F:\自制资产负债表.rep"—〉D38)/2)】,如图 4-71 所示。

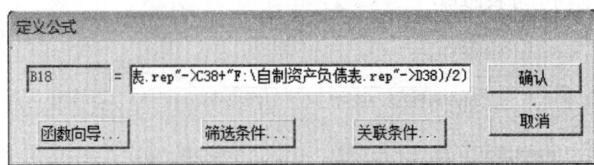

图 4-71 【定义公式】对话框二

◀ 温馨提示 ▶

● 找到【自制利润表.rep】文件中净利润本期金额所在单元【C21】,找到【自制资产负债表.rep】文件中资产总计期末余额所在单元【C38】,资产总计年初余额所在单元【D38】。

4. 净资产收益率=净利润÷平均净资产【平均净资产=(净资产期初余额+净资产期末余额)÷2】。

步骤一:先选中 B19 单元,然后单击【fx】图标,在弹出的【定义公式】对话框中单击【关联条件】,系统会自动弹出【关联条件】的对话框,如图 4-72 所示。

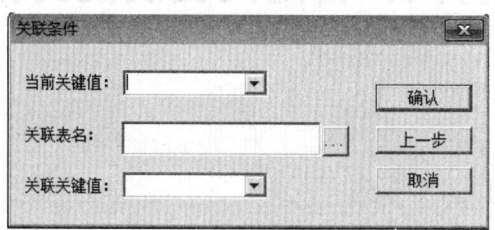

图 4-72 【关联条件】对话框一

步骤二:在关联条件对话框中选择【当前关键值】→年,【关联关键值】→年,单击【关联表名】按钮,选择【自制利润表.rep】文件,如图 4-73 所示。

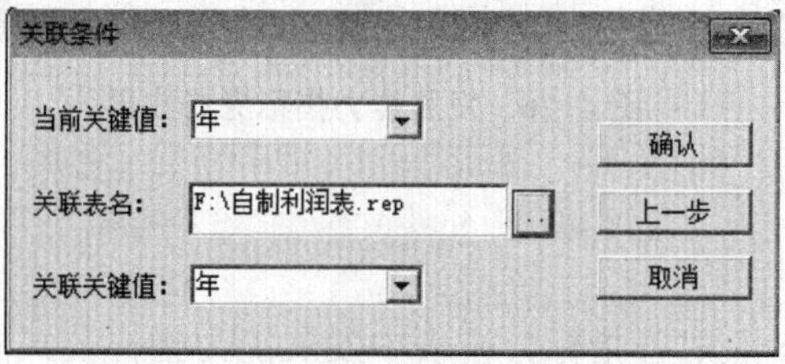

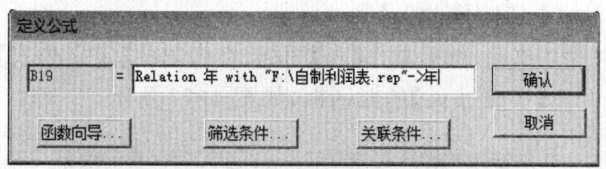

图 4-73 【关联条件】对话框二

步骤三:然后单击【确认】按钮,系统自动将定义公式显示在【定义公式】对话框中,如图 4-74 所示。

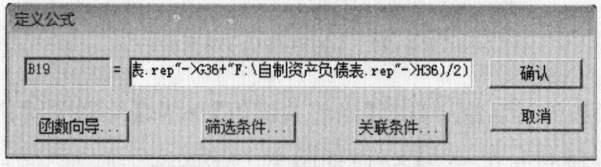

图 4-74 【定义公式】对话框一

步骤四:将【Relation 年 with "F:\自制利润表.rep"—>年】手动改为【"F:\自制利润表.rep"—>C21/((("F:\自制资产负债表.rep"—>G36+"F:\自制资产负债表.rep"—>H36)/2)】,如图 4-75 所示。

图 4-75 【定义公式】对话框二

▶ 温馨提示 ▶

● 找到【自制利润表.rep】文件中净利润本期金额所在单元【C21】,找到【自制资产负债表.rep】文件中所有者权益期末余额所在单元【G36】,所有者权益年初余额所在单元【H36】。

任务四 自定义发展能力指标

一、成果达成

学生完成成果,如图 4-76 所示。

20	销售收入增长率	公式单元
21	总资产增长率	公式单元
22	营业利润增长率	公式单元
23	资本积累率	公式单元
24	资本保值增值率	公式单元

图 4-76 发展能力指标完成成果

二、任务描述

以【A01】身份设计企业财务指标分析表中发展能力指标公式并计算结果。

三、任务操作

1. 销售收入增长率=市年销售收入增长额÷上年销售收入×100%【市年销售收入增长额=市年销售收入-上年销售收入】。

步骤一:先选中 B20 单元,然后单击【fx】图标,在弹出的【定义公式】对话框中单击【关联条件】,系统会自动弹出【关联条件】的对话框,如图 4-77 所示。

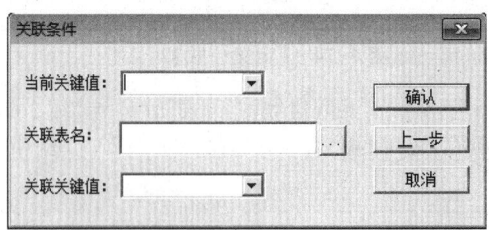

图 4-77 【关联条件】对话框一

步骤二:在关联条件对话框中选择【当前关键值】→年,【关联关键值】→年,单击【关联表名】按钮,选择【自制利润表.rep】文件,如图 4-78 所示。

步骤三:然后单击【确认】按钮,系统自动将定义公式显示在【定义公式】对话框中,如

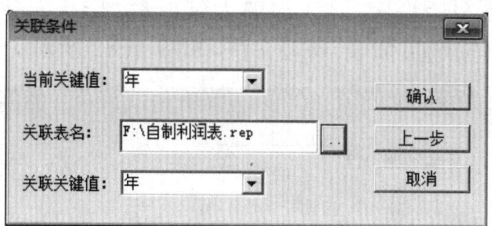

图 4-78 【关联条件】对话框二

图 4-79 所示。

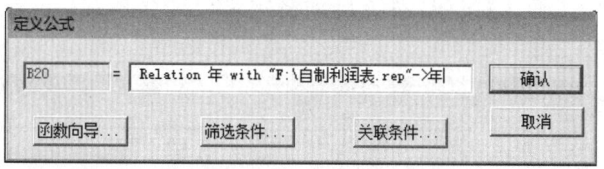

图 4-79 【定义公式】对话框一

步骤四:将【Relation 年 with "F:\自制利润表.rep"—>年】手动改为【("F:\自制利润表.rep"—>C5－"F:\自制利润表.rep"—>D5)/"F:\自制利润表.rep"—>D5】,如图 4-80 所示。

图 4-80 【定义公式】对话框二

◀温馨提示▶

● 找到【自制利润表.rep】文件中营业收入所在单元【C5】,营业收入上期金额所在单元【D5】。

2. 总资产增长率=市年总资产增长额÷期初总资产×100%【市年总资产增长额=期末总资产－期初总资产】。

步骤一:先选中 B21 单元,然后单击【fx】图标,在弹出的【定义公式】对话框中单击【关联条件】,系统会自动弹出【关联条件】的对话框,如图 4-81 所示。

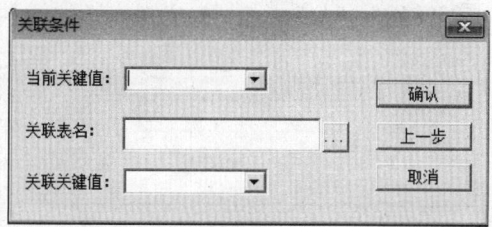

图 4-81 【关联条件】对话框一

步骤二:在关联条件对话框中选择【当前关键值】→年,【关联关键值】→年,单击【关联表名】按钮,选择【自制资产负债表.rep】文件,如图4-82所示。

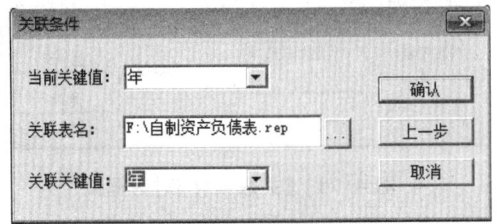

图4-82 【关联条件】对话框二

步骤三:然后单击【确认】按钮,系统自动将定义公式显示在【定义公式】对话框中,如图4-83所示。

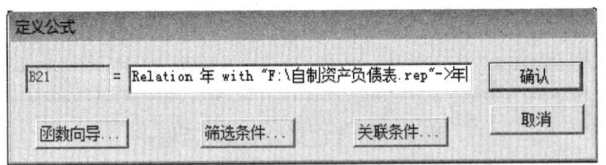

图4-83 【定义公式】对话框一

步骤四:将【Relation 年 with "F:\自制资产负债表.rep"－>年】手动改为【("F:\自制资产负债表.rep"－>C38－"F:\自制资产负债表.rep"－>D38)/"F:\自制资产负债表.rep"－>D38】,如图4-84所示。

图4-84 【定义公式】对话框二

◀温馨提示▶

● 找到【自制资产负债表.rep】文件中资产总计期末余额所在单元【C38】,资产总计年初余额所在单元【D38】。

3.营业利润增长率＝市年营业利润增长额÷上年营业利润×100%【市年营业利润增长额＝市年营业利润－上年营业利润】。

步骤一:先选中B22单元,然后单击【fx】图标,在弹出的【定义公式】对话框中单击【关联条件】,系统会自动弹出【关联条件】的对话框,如图4-85所示。

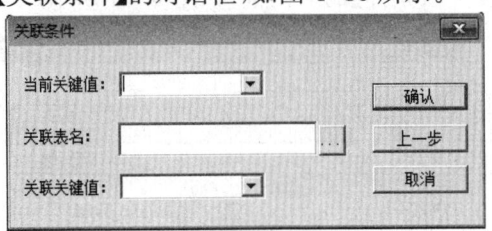

图4-85 【关联条件】对话框一

步骤二:在关联条件对话框中选择【当前关键值】→年,【关联关键值】→年,单击【关联表名】...按钮,选择【自制利润表.rep】文件,如图 4-86 所示。

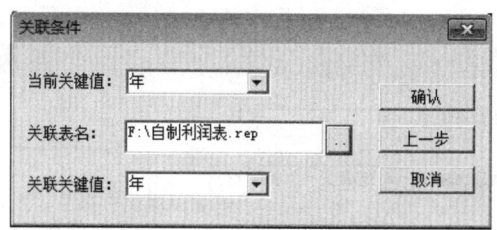

图 4-86 【关联条件】对话框二

步骤三:然后单击【确认】按钮,系统自动将定义公式显示在【定义公式】对话框中,如图 4-87 所示。

图 4-87 【定义公式】对话框一

步骤四:将【Relation 年 with "F:\自制利润表.rep"->年】手动改为【("F:\自制利润表.rep"->C15－"F:\自制利润表.rep"->D15)/"F:\自制利润表.rep"->D15】,如图 4-88 所示。

图 4-88 【定义公式】对话框二

◀温馨提示▶

● 找到【自制利润表.rep】文件中营业利润本期金额所在单元【C5】,营业利润上期金额所在单元【D15】。

4. 资本积累率＝本年所有者权益增长额÷期初所有者权益×100%【本年所有者权益增长额＝期末所有者权益－期初所有者权益】。

步骤一:先选中 B23 单元,然后单击【fx】图标,在弹出的【定义公式】对话框中单击【关联条件】,系统会自动弹出【关联条件】的对话框,如图 4-89 所示。

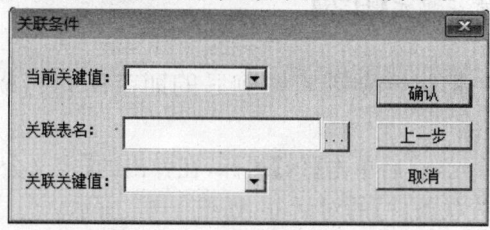

图 4-89 【关联条件】对话框一

步骤二:在关联条件对话框中选择【当前关键值】→年,【关联关键值】→年,单击【关联表名】…按钮,选择【自制资产负债表.rep】文件,如图4-90所示。

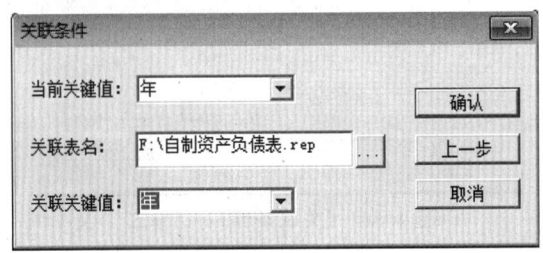

图4-90 【关联条件】对话框二

步骤三:然后单击【确认】按钮,系统自动将定义公式显示在【定义公式】对话框中,如图4-91所示。

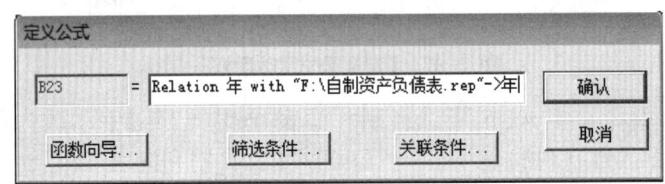

图4-91 【定义公式】对话框一

步骤四:将【Relation 年 with "F:\自制资产负债表.rep"—>年】手动改为【("F:\自制资产负债表.rep"—>G36—"F:\自制资产负债表.rep"—>H36)/"F:\自制资产负债表.rep"—>H36】,如图4-92所示。

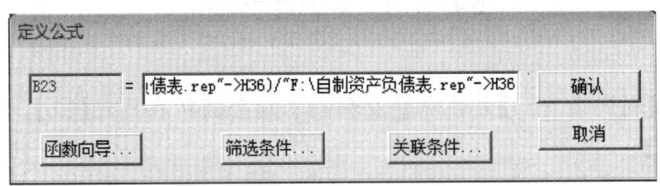

图4-92 【定义公式】对话框二

◀温馨提示▶

● 找到【自制资产负债表.rep】文件中所有者权益合计期末余额所在单元【G36】,所有者权益合计年初余额所在单元【H36】。

5. 资本保值增值率=扣除客观因素影响后的期末所有者权益÷期初所有者权益×100%。

步骤一:先选中B24单元,然后单击【fx】图标,在弹出的【定义公式】对话框中单击【关联条件】,系统会自动弹出【关联条件】的对话框,如图4-93所示。

步骤二:在关联条件对话框中选择【当前关键值】→年,【关联关键值】→年,单击【关联表

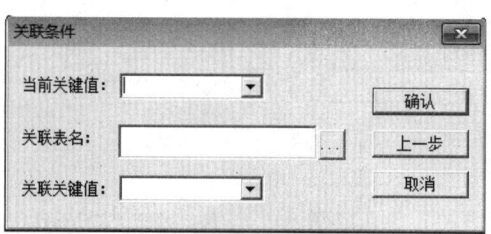

图 4-93 【关联条件】对话框一

名】按钮,选择【自制资产负债表.rep】文件,如图 4-94 所示。

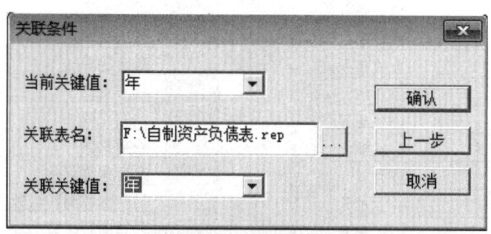

图 4-94 【关联条件】对话框二

步骤三:然后单击【确认】按钮,系统自动将定义公式显示在【定义公式】对话框中,如图 4-95 所示。

图 4-95 【定义公式】对话框一

步骤四:将【Relation 年 with "F:\自制资产负债表.rep"－>年】手动改为【"F:\自制资产负债表.rep"－>G36/"F:\自制资产负债表.rep"－>H36】,如图 4-96 所示。

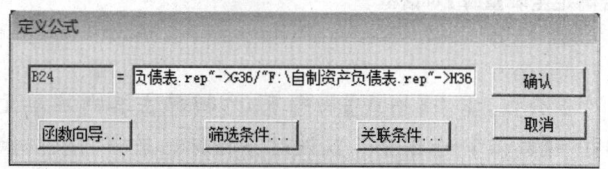

图 4-96 【定义公式】对话框二

◀温馨提示▶

● 找到【自制资产负债表.rep】文件中所有者权益合计期末余额所在单元【G36】,所有者权益合计年初余额所在单元【H36】,期末所有者权益÷期初所有者权益×100%。

● 单击【保存】按钮,弹出另存为,【保存在】桌面,【文件名】姓名＋财务分析指标.rep,【文件类型】报表文件(*.rep),单击【另存为】,如图 4-97 至图 4-99 所示。

图 4-97 财务分析指标原始表

图 4-99 财务分析指标重算表

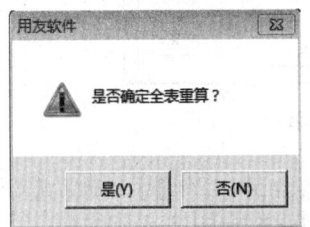

图 4-98 【是否确定全表重算】对话框

◀ 温馨提示▶

● 若财务指标为百分数,需在【格式】状态下,右键单击其所在单元格,选择【单元属性】,在【单元类型】中→【数值】→【百分号】,该财务指标结果将自动转换为百分数。

专项能力训练

(一) 训练目的

根据所给资料完成 UFO 报表系统中自定义财务指标分析工作。

(二)训练资料

相关资料如表 4-1 至表 4-3 所示。

表 4-1　　　　　　　　　　　　　　资产负债表

编制单位:北京航天信息服务公司　　　　20×7 年 12 月 31 日　　　　　　　　　　　　　单位:元

资产	期末余额	年初余额	负债和所有者权益（或股东权益）	期末余额	年初余额
流动资产:			流动负债:		
货币资金	1 247 118.46	1 158 569.99	短期借款		
以公允价值计量且其变动计入当期损益的金融资产			以公允价值计量且其变动计入当期损益的金融负债		
应收票据	326 871.67	286 800.00	应付票据	519 990.05	352 500.00
应收账款	469 784.41	102 900.00	应付账款	702 324.91	686 127.02
预付款项	70 578.00	30 000.00	预收款项	88 253.00	89 600.00
应收利息			应付职工薪酬	191 424.89	168 012.09
应收股利			应交税费	97 213.85	69 814.76
其他应收款	4 850.00	5 000.00	应付利息		
存货	922 876.67	902 108.79	应付股利		
一年内到期的非流动资产			其他应付款		3 600.00
其他流动资产			一年内到期的非流动负债		
流动资产合计	3 042 079.21	2 485 378.78	其他流动负债		
非流动资产:			流动负债合计	1 599 206.70	1 369 653.87
可供出售金融资产			非流动负债:		
持有至到期投资			长期借款		
长期应收款			应付债券		
长期股权投资			长期应付款		
投资性房地产			专项应付款		
固定资产	2 453 811.65	2 655 807.05	预计负债		
在建工程			递延所得税负债		
工程物资			其他非流动负债		
固定资产清理			非流动负债合计		
生产性生物资产			负债合计	1 599 206.70	1 369 653.87
油气资产			所有者权益（或股东权益）		
无形资产	235 241.88	243 643.44	实收资本（或股本）	4 000 000.00	4 000 000.00
开发支出			资本公积		
商誉			减:库存股		

(续表)

资产	期末余额	年初余额	负债和所有者权益(或股东权益)	期末余额	年初余额
长期待摊费用			其他综合收益		
递延所得税资产	341.25		盈余公积	13 226.73	1 517.54
其他非流动资产			未分配利润	119 040.56	13 657.86
非流动资产合计	2 689 394.78	2 899 450.49	所有者权益(或股东权益)合计	4 132 267.29	4 015 175.40
资产总计	5 731 473.99	5 384 829.27	负债和所有者权益(或股东权益)合计	5 731 473.99	5 384 829.27

表 4-2 利 润 表

编制单位:北京航天信息服务有限公司　　20×7年12月　　　　　　　单位:元

项　目	本期金额	上期金额
一、营业收入	6 995 108.15	5 869 416.28
减:营业成本	4 826 624.62	4 054 211.21
税金及附加	69 482.88	58 321.62
销售费用	154 787.30	180 000.00
管理费用	1 727 014.26	1 420 056.27
财务费用	8 777.81	6 000.00
资产减值损失	1 365.00	0
加:公允价值变动收益(损失以"－"号填列)		
投资收益(损失以"－"号填列)		
其中:对联营企业和合营企业的投资收益		
二、营业利润(亏损以"－"号填列)	207 056.28	150 827.18
加:营业外收入	1 800.00	2 000
减:营业外支出	51 500.00	0
其中:非流动资产处置损失		
三、利润总额(亏损总额以"－"号填列)	157 356.28	152 827.18
减:所得税费用	40 264.39	30 565.44
四、净利润(净亏损以"－"号填列)	117 091.89	122 261.74

(续表)

项　　目	本期金额	上期金额
五、其他综合收益的税后净额		
（一）以后不能重分类进损益的其他综合收益		
（二）以后将重分类进损益的其他综合收益		
六、综合收益总额	117 091.89	122 261.74
七、每股收益：		
（一）基本每股收益		
（二）稀释每股收益		

表 4-3　　　　　　　　　　　　　财务分析指标

编制单位：北京航天信息服务有限公司　　20×7 年 12 月

项　　目	金　　额
营运资金	
流动比率	
速动比率	
现金比率	
资产负债率	
产权比率	
权益乘数	
利息保障倍数	
应收账款周转次数	
存货周转次数	
流动资产周转次数	
固定资产周转次数	
总资产周转次数	
销售毛利率	
销售净利率	
总资产净利率	

（续表）

项　目	金　额
净资产收益率	
销售收入增长率	
总资产增长率	
营业利润增长率	
资本积累率	
资本保值增值率	

单元五
自定义财务预算表

🎯 教学目标

➡ 知识

1. 能熟练编辑销售预算表公式;
2. 能熟练编辑材料预算表公式;
3. 能熟练编辑人工预算表公式;
4. 能熟练编辑销售及管理费用表公式;
5. 能熟练编辑现金预算公式;
6. 能熟练编辑利润表公式;
7. 能熟练编辑资产负债表公式;

➡ 技能

8. 能根据企业需求,制作各种财务预算表并进行财务预算;

➡ 素养

9. 树立团队合作意识(组员间互帮互助);
10. 培养自主学习能力,提升职业素养。

任务一　自定义销售预算表

一、成果达成

学生完成成果，如图 5-1 所示。

	A	B	C	D	E	F
1	销售预算					
2						单位:元
3	季度	一	二	三	四	全年
4	预计销售量(件)	100.00	150.00	200.00	180.00	630.00
5	预计单位售价	200.00	200.00	200.00	200.00	200.00
6	销售收入	20000.00	30000.00	40000.00	36000.00	126000.00
7	预计现金收入					
8	上年应收账款	6200.00				6200.00
9	第一季度	18200.00	8000.00			26200.00
10	第二季度		18000.00	12000.00		30000.00
11	第三季度			24000.00	16000.00	40000.00
12	第四季度				21600.00	21600.00
13	现金收入合计	18200.00	26000.00	36000.00	37600.00	117800.00
14	注:本季度收现金60%，另外40%下季度收到					

图 5-1　销售预算表完成成果

二、任务描述

以【A01】身份设计企业销售预算表样式并自定义公式计算出结果。

三、任务操作

任务资料见表 5-1 销售预算表。

表 5-1　　　　　　　　　　　销售预算

单位:元

季　　度	一	二	三	四	全年
预计销售量(件)	100	150	200	180	630
预计单位售价	200	200	200	200	200
销售收入					
预计现金收入					
上年应收账款	6 200				6 200
第一季度					
第二季度					
第三季度					
第四季度					
现金收入合计					

注:本季度收现金 60%，另外 40%下季度收到。

1. 新建一张"空白表",在【格式】状态下,自定义一张销售预算表格,行数 14,列数 6,如图 5-2 所示。

图 5-2　新建销售预算

2. 录入预计销售量、预计单位售价和上年应收账款数,如图 5-3 所示。

图 5-3　录入数据

3. 自定义【销售收入】。

先选中【B6】单元,然后单击【fx】图标,在弹出的【定义公式】对话框中输入【B4＊B5】,单击 确认 按钮。其他单元格以此方法自定义,不再重述。

4. 自定义【预计现金收入】。

步骤一:自定义【一季度】。

选中【B9】单元,然后单击【fx】图标,在弹出的【定义公式】对话框中输入【B6＊0.6】,单击 确认 按钮。选中【C9】单元,然后单击【fx】图标,在弹出的【定义公式】对话框中输入【B6＊0.4】,单击 确认 按钮。

步骤二:自定义【二季度】。

选中【C10】单元,然后单击【fx】图标,在弹出的【定义公式】对话框中输入【C6＊0.6】,单击 确认 按钮。选中【D10】单元,然后单击【fx】图标,在弹出的【定义公式】对话框中输入【C6＊0.4】,单击 确认 按钮。

步骤三:自定义【三季度】。

选中【D11】单元,然后单击【fx】图标,在弹出的【定义公式】对话框中输入【D6*0.6】,单击 确认 按钮。选中【E11】单元,然后单击【fx】图标,在弹出的【定义公式】对话框中输入【D6*0.4】,单击 确认 按钮。

步骤四:自定义【四季度】。

选中【E12】单元,然后单击【fx】图标,在弹出的【定义公式】对话框中输入【E6*0.6】,单击 确认 按钮。

步骤五:自定义【现金收入合计】。

选中【B9】单元,下拉至【B12】单元,单击 Σ 按钮,自动计算合计数值,其他单元格以此方法自定义,不再重述。

5. 销售预算公式设置完成,如图5-4所示。

	A	B	C	D	E	F
1			销售预算			
2						单位:元
3	季度	一	二	三	四	全年
4	预计销售量(件)	公式单元	公式单元	公式单元	公式单元	公式单元
5	预计单位售价	公式单元	公式单元	公式单元	公式单元	公式单元
6	销售收入	公式单元	公式单元	公式单元	公式单元	公式单元
7	预计现金收入					
8	上年应收账款	公式单元				公式单元
9	第一季度	公式单元	公式单元			公式单元
10	第二季度		公式单元	公式单元		公式单元
11	第三季度			公式单元	公式单元	公式单元
12	第四季度				公式单元	公式单元
13	现金收入合计	公式单元	公式单元	公式单元	公式单元	公式单元
14	注:本季度收现金60%,另外40%下季度收到					

图5-4 销售预算公式设置完成

6. 切换【格式】到【数据】,系统自动弹出【是否确定全表重算】,单击【是】按钮,如图5-5和图5-6所示。

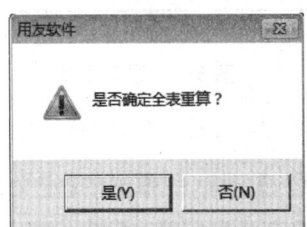

图5-5 【是否确定全表重算】对话框

	A	B	C	D	E	F
1			销售预算			
2						单位:元
3	季度	一	二	三	四	全年
4	预计销售量(件)	100.00	150.00	200.00	180.00	630.00
5	预计单位售价	200.00	200.00	200.00	200.00	200.00
6	销售收入	20000.00	30000.00	40000.00	36000.00	126000.00
7	预计现金收入					
8	上年应收账款	6200.00				6200.00
9	第一季度	18200.00	8000.00			26200.00
10	第二季度		18000.00	12000.00		30000.00
11	第三季度			24000.00	16000.00	40000.00
12	第四季度				21600.00	21600.00
13	现金收入合计	18200.00	26000.00	36000.00	37600.00	117800.00
14	注:本季度收现金60%,另外40%下季度收到					

图5-6 销售预算重算表

7. 单击 按钮,将文件命名为【销售预算】。

任务二　自定义生产预算表

一、成果达成

学生完成成果,如图 5-7 所示。

	A	B	C	D	E	F
1		生产预算				单位:件
2	季　度	一	二	三	四	全年
3	预计销售量	100.00	150.00	200.00	180.00	630.00
4	加:预计期末产成品存货	15.00	20.00	18.00	20.00	20.00
5	合　计	115.00	170.00	218.00	200.00	650.00
6	减:预计期初产成品存货	10.00	15.00	20.00	18.00	10.00
7	预计生产量	105.00	155.00	198.00	演示数据.00	640.00
8	期末产成品的存货为下季度销售量的10%					

图 5-7　生产预算完成成果

二、任务描述

以【A01】身份设计企业生产预算表样式并自定义公式计算出结果。

三、任务操作

任务资料见表 5-2 生产预算表。

表 5-2　　　　　　　　　　　　　生产预算

单位:件

季　度	一	二	三	四	全年
预计销售量					
加:预计期末产成品存货				20	
合　计					
减:预计期初产成品存货	10				
预计生产量					

注:期末产成品的存货为下季度销售量的10%。

1. 新建一个空白表,在【格式】状态下,自定义一张生产预算表格,行数 8,列数 6,如图 5-8 所示。

	A	B	C	D	E	F
1		生产预算				单位:件
2	季　度	一	二	三	四	全年
3	预计销售量					
4	加:预计期末产成品存货					
5	合　计			演示数据		
6	减:预计期初产成品存货					
7	预计生产量					
8	期末产成品的存货为下季度销售量的10%					

图 5-8　新建生产预算

2. 根据资料录入第四季度预计期末产成品存货和第一季度预计期初产成品存货,如图 5-9 所示。

	A	B	C	D	E	F
1	生产预算					单位:件
2	季　度	一	二	三	四	全年
3	预计销售量					
4	加:预计期末产成品存货				演示数据 20.00	
5	合　计					
6	减:预计期初产成品存货	10.00				
7	预计生产量					
8	期末产成品的存货为下季度销售量的10%					

图 5-9　录入数据一

3. 自定义【预计销售量】。

根据销售预算表中数值填列,如图 5-10 所示。

	A	B	C	D	E	F
1	生产预算					单位:件
2	季　度	一	二	三	四	全年
3	预计销售量	100.00	150.00	200.00	180.00	630.00
4	加:预计期末产成品存货				20.00	
5	合　计					
6	减:预计期初产成品存货	10.00				
7	预计生产量					
8	期末产成品的存货为下季度销售量的10%					

图 5-10　录入数据二

4. 自定义【预计期末产成品存货】。

先选中【B4】单元,然后单击【fx】图标,在弹出的【定义公式】对话框中输入【C3＊0.1】,单击 [确认] 按钮。其他单元格以此方法自定义,不再重述。

▶温馨提示▶
● 全年预计期末产成品存货数量为第四季度预计期末产成品存货数量。

5. 自定义【合计】。

选中【B3】单元,下拉至【B5】单元,单击 Σ 按钮,自动计算合计数值,其他单元格以此方法自定义,不再重述。

6. 自定义【预计期初产成品存货】。

先选中【C6】单元,然后单击【fx】图标,在弹出的【定义公式】对话框中输入【B4】,单击 [确认] 按钮。其他单元格以此方法自定义,不再重述。

▶温馨提示▶
● 全年预计期初产成品存货数量为第一季度预计期初产成品存货数量。
● 预计生产量＝预计销售量＋预计期末产成品存货－预计期初产成品存货。

7. 自定义【预计生产量】。

先选中【B7】单元,然后单击【fx】图标,在弹出的【定义公式】对话框中输入【B5－B6】,单击 [确认] 按钮。其他单元格以此方法自定义,不再重述。

8. 生产预算公式设置完成，如图5-11所示。

	A	B	C	D	E	F
1			生产预算			单位：件
2	季 度	一	二	三	四	全年
3	预计销售量	公式单元	公式单元	公式单元	公式单元	公式单元
4	加：预计期末产成品存货	公式单元	公式单元	公式单元	公式单元	公式单元
5	合　　计	公式单元	公式单元	演示数据	公式单元	公式单元
6	减：预计期初产成品存货	公式单元	公式单元	公式单元	公式单元	公式单元
7	预计生产量	公式单元	公式单元	公式单元	公式单元	公式单元
8	期末产成品的存货为下季度销售量的10%					

图 5-11　生产预算公式设置完成

9. 切换【格式】到【数据】，系统自动弹出【是否确定全表重算】，单击【是】按钮，如图5-12 和图 5-13 所示。

10. 单击 🖫 按钮，将文件命名为【生产预算】。

图 5-12　【是否确定全表重算】对话框

	A	B	C	D	E	F
1			生产预算			单位：件
2	季 度	一	二	三	四	全年
3	预计销售量	100.00	150.00	200.00	180.00	630.00
4	加：预计期末产成品存货	15.00	20.00	18.00	20.00	20.00
5	合　　计	115.00	170.00	218.00	200.00	650.00
6	减：预计期初产成品存货	10.00	15.00	20.00	18.00	10.00
7	预计生产量	105.00	155.00	198.00	演示数据.00	640.00
8	期末产成品的存货为下季度销售量的10%					

图 5-13　生产预算重算表

任务三　自定义直接材料预算表

一、成果达成

学生完成成果，如图5-14所示。

	A	B	C	D	E	F
1	表3-7		直接材料预算			
2	季　度	一	二	三	四	全年
3	预计生产量（件）	105.00	155.00	198.00	182.00	640.00
4	单位产品材料用量（千克/件）	10.00	10.00	10.00	10.00	10.00
5	生产需用量（千克）	1050.00	1550.00	1980.00	1820.00	6400.00
6	加：预计期末存量（千克）	310.00	396.00	364.00	400.00	400.00
7	减：预计期初存量（千克）	300.00	310.00	396.00	364.00	300.00
8	预计材料采购量（千克）	1060.00	1636.00	1948.00	1856.00	6500.00
9	单价（元/千克）	5.00	5.00	5.00	5.00	5.00
10	预计采购金额	5300.00	8180.00	9740.00	9280.00	32500.00
11	预计现金支出					
12	上年应付账款	2350.00				2350.00
13	第一季度	2650.00	2650.00			5300.00
14	第二季度		4090.00	4090.00		8180.00
15	第三季度			4870.00	4870.00	9740.00
16	第四季度				4640.00	4640.00
17	合　　计	演示数据.00	6740.00	8960.00	9510.00	30210.00
18	按下季度生产量的20%计算期末存量，采购货款的50%在本季度付清，另外50%在下季度付清					

图 5-14　直接材料预算完成成果

二、任务描述

以【A01】身份设计企业直接材料预算表样式并自定义公式计算出结果。

三、任务操作

任务资料见表 5-3 生产预算表。

表 5-3　　　　直接材料预算

季度	一	二	三	四	全年
预计生产量(件)					
单位产品材料用量(千克/件)	10	10	10	10	10
生产需用量(千克)					
加:预计期末存量(千克)				400	
减:预计期初存量(千克)	300				
预计材料采购量(千克)					
单价(元/千克)	5	5	5	5	5
预计采购金额					
预计现金支出					
上年应付账款	2 350				
第一季度					
第二季度					
第三季度					
第四季度					
合　　计					

注:按下季度生产量的 20%计算期末存量,采购货款的 50%在本季度付清,另外 50%在下季度付清。

1. 新建一个空白表,在【格式】状态下,自定义一张直接材料预算表格,行数 18,列数 6,如图 5-15 所示。

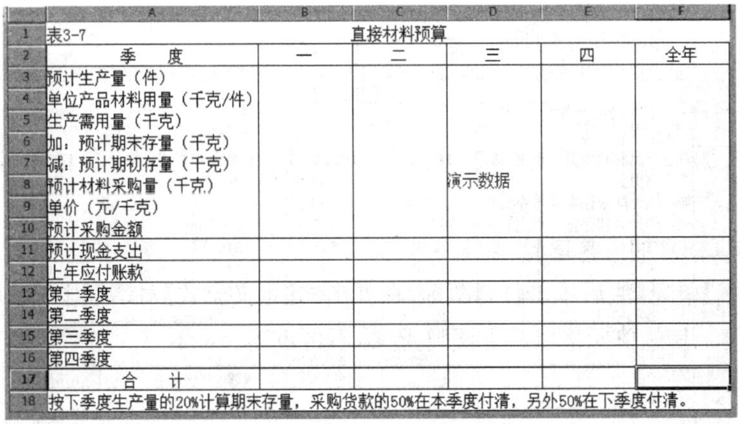

	A	B	C	D	E	F
1	表3-7		直接材料预算			
2	季　度	一	二	三	四	全年
3	预计生产量（件）					
4	单位产品材料用量（千克/件）					
5	生产需用量（千克）					
6	加：预计期末存量（千克）					
7	减：预计期初存量（千克）					
8	预计材料采购量（千克）			演示数据		
9	单价（元/千克）					
10	预计采购金额					
11	预计现金支出					
12	上年应付账款					
13	第一季度					
14	第二季度					
15	第三季度					
16	第四季度					
17	合　计					
18	按下季度生产量的20%计算期末存量，采购货款的50%在本季度付清，另外50%在下季度付清。					

图 5-15　新建直接材料预算

2. 根据资料录入单位产品材料用量,第四季度预计期末存量,第一季度预计期初存量,单价和第一季度上年应付账款,如图5-16所示。

	A	B	C	D	E	F
1	表3-7		直接材料预算			
2	季 度	一	二	三	四	全年
3	预计生产量(件)					
4	单位产品材料用量(千克/件)	10.00	10.00	10.00	10.00	10.00
5	生产需用量(千克)					
6	加:预计期末存量(千克)				400.00	
7	减:预计期初存量(千克)	300.00				
8	预计材料采购量(千克)					
9	单价(元/千克)	5.00	5.00	5.00	5.00	5.00
10	预计采购金额					
11	预计现金支出					
12	上年应付账款	2350.00				
13	第一季度					
14	第二季度					
15	第三季度					
16	第四季度					
17	合 计				演示数据	
18	按下季度生产量的20%计算期末存量,采购货款的50%在本季度付清,另外50%在下季度付清。					

图5-16 录入数据一

3. 自定义【预计生产量】。

根据生产预算表中数值填列,如图5-17所示。

	A	B	C	D	E	F
1			直接材料预算			
2	季 度	一	二	三	四	全年
3	预计生产量(件)	105.00	155.00	198.00	182.00	640.00
4	单位产品材料用量(千克/件)	10.00	10.00	10.00	10.00	10.00
5	生产需用量(千克)					
6	加:预计期末存量(千克)				400.00	
7	减:预计期初存量(千克)	300.00				
8	预计材料采购量(千克)					
9	单价(元/千克)	5.00	5.00	5.00	5.00	5.00
10	预计采购金额					
11	预计现金支出				演示数据	
12	上年应付账款	2350.00				
13	第一季度					
14	第二季度					
15	第三季度					
16	第四季度					
17	合 计					
18	按下季度生产量的20%计算期末存量,采购货款的50%在本季度付清,另外50%在下季度付清。					

图5-17 录入数据二

4. 自定义【生产需用量】。

先选中【B5】单元,然后单击【fx】图标,在弹出的【定义公式】对话框中输入【B3*B4】,单击 确认 按钮。其他单元格以此方法自定义,不再重述。

5. 自定义【预计期末存量】。

先选中【B6】单元,然后单击【fx】图标,在弹出的【定义公式】对话框中输入【C5*0.2】,单击 确认 按钮。其他单元格以此方法自定义,不再重述。

◀温馨提示▶

● 全年预计期末存量为第四季度预计期末存量。

6. 自定义【预计期初存量】。

先选中【C7】单元,然后单击【fx】图标,在弹出的【定义公式】对话框中输入【B6】,单击 确认 按钮。其他单元格以此方法自定义,不再重述。

◀温馨提示▶
- 全年预计期初存量为第一季度预计期初存量。
- 预计采购量=生产需用量+期末存量-期初存量。

7. 自定义【预计材料采购量】。

先选中【B8】单元,然后单击【fx】图标,在弹出的【定义公式】对话框中输入【B5+B6-B7】,单击 确认 按钮。其他单元格以此方法自定义,不再重述。

8. 自定义【预计材料采购金额】。

先选中【B10】单元,然后单击【fx】图标,在弹出的【定义公式】对话框中输入【B8*B9】,单击 确认 按钮。其他单元格以此方法自定义,不再重述。

9. 自定义【预计现金支出】。

步骤一:自定义【一季度】。

选中【B13】单元,然后单击【fx】图标,在弹出的【定义公式】对话框中输入【B10*0.5】,单击 确认 按钮。选中【C13】单元,然后单击【fx】图标,在弹出的【定义公式】对话框中输入【B10*0.5】,单击 确认 按钮。

步骤二:自定义【二季度】。

选中【C14】单元,然后单击【fx】图标,在弹出的【定义公式】对话框中输入【C10*0.5】,单击 确认 按钮。选中【D14】单元,然后单击【fx】图标,在弹出的【定义公式】对话框中输入【C10*0.5】,单击 确认 按钮。

步骤三:自定义【三季度】。

选中【D15】单元,然后单击【fx】图标,在弹出的【定义公式】对话框中输入【D10*0.5】,单击 确认 按钮。选中【E15】单元,然后单击【fx】图标,在弹出的【定义公式】对话框中输入【D10*0.5】,单击 确认 按钮。

步骤四:自定义【四季度】。

选中【E16】单元,然后单击【fx】图标,在弹出的【定义公式】对话框中输入【E10*0.5】,单击 确认 按钮。

步骤五:自定义【现金收入合计】。

选中【B12】单元,下拉至【B17】单元,单击 Σ 按钮,自动计算合计数值,其他单元格以此方法自定义,不再重述。

10. 直接材料预算公式设置完成,如图5-18所示。

11. 切换【格式】到【数据】,系统自动弹出【是否确定全表重算】,单击【是】按钮,如图5-19和图5-20所示。

12. 单击 ■ 按钮,将文件命名为【直接材料预算】。

	A	B	C	D	E	F
1	表3-7		直接材料预算			
2	季　度	一	二	三	四	全年
3	预计生产量（件）	公式单元	公式单元	公式单元	公式单元	公式单元
4	单位产品材料用量（千克/件）	**公式单元**	**公式单元**	**公式单元**	**公式单元**	**公式单元**
5	生产需用量（千克）	公式单元	公式单元	公式单元	公式单元	公式单元
6	加：预计期末存量（千克）	公式单元	公式单元	公式单元	公式单元	公式单元
7	减：预计期初存量（千克）	**公式单元**	公式单元	公式单元	公式单元	公式单元
8	预计材料采购量（千克）	公式单元	公式单元	公式单元	公式单元	公式单元
9	单价（元/千克）	**公式单元**	**公式单元**	**公式单元**	**公式单元**	**公式单元**
10	预计采购金额	公式单元	公式单元	公式单元	公式单元	公式单元
11	预计现金支出					
12	上年应付账款	**公式单元**				公式单元
13	第一季度	公式单元	公式单元			公式单元
14	第二季度		公式单元	公式单元		公式单元
15	第三季度			公式单元	公式单元	公式单元
16	第四季度				公式单元	公式单元
17	合　计	公式单元	公式单元	公式单元	公式单元	公式单元
18	按下季度生产量的20%计算期末存量，采购货款的50%在本季度付清，另外50%在下季度付清。					

图 5-18　直接材料预算公式设置完成

图 5-19　【是否确定全表重算】对话框

	A	B	C	D	E	F
1	表3-7		直接材料预算			
2	季　度	一	二	三	四	全年
3	预计生产量（件）	105.00	155.00	198.00	182.00	640.00
4	单位产品材料用量（千克/件）	10.00	10.00	10.00	10.00	10.00
5	生产需用量（千克）	1050.00	1550.00	1980.00	1820.00	6400.00
6	加：预计期末存量（千克）	310.00	396.00	364.00	400.00	400.00
7	减：预计期初存量（千克）	300.00	310.00	396.00	364.00	300.00
8	预计材料采购量（千克）	1060.00	1636.00	1948.00	1856.00	6500.00
9	单价（元/千克）	5.00	5.00	5.00	5.00	5.00
10	预计采购金额	5300.00	8180.00	9740.00	9280.00	32500.00
11	预计现金支出					
12	上年应付账款	2350.00				2350.00
13	第一季度	2650.00	2650.00			5300.00
14	第二季度		4090.00	4090.00		8180.00
15	第三季度			4870.00	4870.00	9740.00
16	第四季度				4640.00	4640.00
17	合　计	演示数据.00	6740.00	8960.00	9510.00	30210.00
18	按下季度生产量的20%计算期末存量，采购货款的50%在本季度付清，另外50%在下季度付清。					

图 5-20　直接材料预算重算表

任务四 自定义直接人工预算表

一、成果达成

学生完成成果,如图 5-21 所示。

	A	B	C	D	E	F
1	表3-8		直接人工预算			
2	季 度	一	二	三	四	全年
3	预计产量(件)	105.00	155.00	198.00	182.00	640.00
4	单位产品工时(小时/件)	10.00	10.00	10.00	10.00	10.00
5	人工总工时(小时)	1050.00	1550.00	1980.00	1820.00	6400.00
6	每小时人工成本(元/小时)	2.00	2.00	2.00	2.00	2.00
7	人工总成本(元)	2100.00	3100.00	3960.00	3640.00	12800.00

图 5-21 直接人工预算完成成果

二、任务描述

以【A01】身份设计企业直接人工预算表样式并自定义公式计算出结果。

三、任务操作

任务资料见表 5-4 生产预算表。

表 5-4　　　　　　　　　　直接人工预算

季度	一	二	三	四	全年
预计产量(件)					
单位产品工时(小时/件)	10	10	10	10	10
人工总工时(小时)					
每小时人工成本(元/小时)	2	2	2	2	2
人工总成本(元)					

1. 新建一个空白表,在【格式】状态下,自定义一张直接人工预算表格,行数7,列数6,如图 5-22 所示。

	A	B	C	D	E	F
1			直接人工预算			
2	季 度	一	二	三	四	全年
3	预计产量(件)					
4	单位产品工时(小时/件)		演示数据			
5	人工总工时(小时)					
6	每小时人工成本(元/小时)					
7	人工总成本(元)					

图 5-22 新建直接人工预算

2. 根据资料录入单位产品工时和每小时人工成市,如图 5-23 所示。

图 5-23　录入数据一

3. 自定义【预计产量】。

根据生产预算表中数值填列,如图 5-24 所示。

图 5-24　录入数据二

4. 自定义【人工总工时】。

先选中【B5】单元,然后单击【fx】图标,在弹出的【定义公式】对话框中输入【B3＊B4】,单击 确认 按钮。其他单元格以此方法自定义,不再重述。

5. 自定义【人工总成市】。

先选中【B7】单元,然后单击【fx】图标,在弹出的【定义公式】对话框中输入【B5＊B6】,单击 确认 按钮。其他单元格以此方法自定义,不再重述。

6. 直接人工预算公式设置完成,如图 5-25 所示。

图 5-25　直接人工预算公式设置完成

7. 切换【格式】到【数据】,系统自动弹出【是否确定全表重算】,单击【是】按钮,如图 5-26 和图 5-27 所示。

8. 单击 按钮,将文件命名为【直接人工预算】。

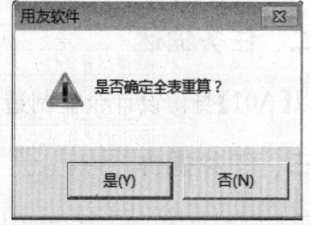

图 5-26　【是否确定全表重算】对话框

	A	B	C	D	E	F
1	表3-8		直接人工预算			
2	季　度	一	二	三	四	全年
3	预计产量（件）	105.00	155.00	198.00	182.00	640.00
4	单位产品工时（小时/件）	10.00	10.00	10.00	10.00	10.00
5	人工总工时（小时）	1050.00	1550.00	1980.00	1820.00	6400.00
6	每小时人工成本（元/小时）	2.00	2.00	2.00	2.00	2.00
7	人工总成本（元）	2100.00	3100.00	3960.00	3640.00	12800.00

图 5-27　直接人工预算重算表

任务五　自定义制造费用预算表

一、成果达成

学生完成成果，如图 5-28 所示。

	A	B	C	D	E	F
1	表3-9		制造费用预算			单位：元
2	季　度	一	二	三	四	全年
3	变动制造费用：					
4	间接人工（1元/件）	105.00	155.00	198.00	182.00	640.00
5	间接材料（1元/件）	105.00	155.00	198.00	182.00	640.00
6	修理费（2元/件）	210.00	310.00	396.00	364.00	1280.00
7	水电费（1元/件）	105.00	155.00	198.00	182.00	640.00
8	小计	525.00	775.00	990.00	910.00	3200.00
9	固定制造费用：					
10	修理费	1000.00	1140.00	900.00	900.00	3940.00
11	折旧	1000.00	1000.00	1000.00	1000.00	4000.00
12	管理人员工资	200.00	200.00	200.00	200.00	800.00
13	保险费	75.00	85.00	110.00	190.00	460.00
14	财产税	100.00	100.00	100.00	100.00	400.00
15	小计	2375.00	2525.00	2310.00	2390.00	9600.00
16	合　计	2900.00	3300.00	3300.00	3300.00	12800.00
17	减：折旧	1000.00	1000.00	1000.00	1000.00	4000.00
18	现金支出的费用	1900.00	2300.00	2300.00	2300.00	8800.00

图 5-28　制造费用预算完成成果

二、任务描述

以【A01】身份设计企业制造费用预算表样式并自定义公式计算出结果。

三、任务操作

任务资料见表 5-5 制造费用预算表。

表 5-5　　　　　　　　　　　制造费用预算

单位：元

季　度	一	二	三	四	全年
变动制造费用：					
间接人工(1元/件)					
间接材料(1元/件)					
修理费(2元/件)					
水电费(1元/件)					
小计					
固定制造费用：					
修理费	1 000	1 140	900	900	3 940
折旧	1 000	1 000	1 000	1 000	4 000
管理人员工资	200	200	200	200	800
保险费	75	85	110	190	460
财产税	100	100	100	100	400
小计	2 375	2 525	2 310	2 390	9 600
合　　计					
减：折旧					
现金支出的费用					

1. 新建一个空白表,在【格式】状态下,自定义一张制造费用预算表格,行数18,列数6,如图5-29所示。

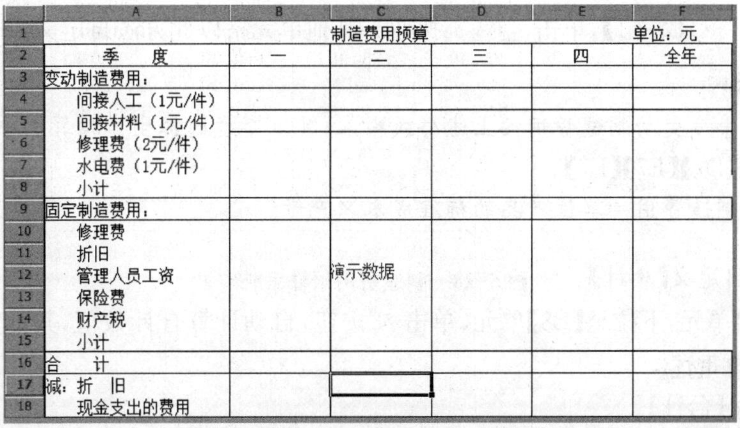

图 5-29　新建制造费用预算

2. 根据资料录入固定制造费用下修理费、折旧、管理人员工资、保险费、财产税和小计,如图5-30所示。

	A	B	C	D	E	F
1			制造费用预算			单位:元
2	季 度	一	二	三	四	全年
3	变动制造费用:					
4	间接人工(1元/件)					
5	间接材料(1元/件)	演示数据				
6	修理费(2元/件)					
7	水电费(1元/件)					
8	小计					
9	固定制造费用:					
10	修理费	1000.00	1140.00	900.00	900.00	3940.00
11	折旧	1000.00	1000.00	1000.00	1000.00	4000.00
12	管理人员工资	200.00	200.00	200.00	200.00	800.00
13	保险费	75.00	85.00	110.00	190.00	460.00
14	财产税	100.00	100.00	100.00	100.00	400.00
15	小计	2375.00	2525.00	2310.00	2390.00	9600.00
16	合 计					
17	减:折 旧					
18	现金支出的费用					

图 5-30 录入数据

3. 自定义【变动制造费用】。

步骤一:自定义【间接人工】。

选中【B4】单元,然后单击【fx】图标,在弹出的【定义公式】对话框中输入【"F:\管理会计\生产预算.rep"->B7*1】,单击 确认 按钮。其他单元格以此方法自定义,不再重述。

步骤二:自定义【间接材料】。

选中【B5】单元,然后单击【fx】图标,在弹出的【定义公式】对话框中输入【"F:\管理会计\生产预算.rep"->B7*1】,单击 确认 按钮。其他单元格以此方法自定义,不再重述。

步骤三:自定义【修理费】。

选中【B6】单元,然后单击【fx】图标,在弹出的【定义公式】对话框中输入【"F:\管理会计\生产预算.rep"->B7*2】,单击 确认 按钮。其他单元格以此方法自定义,不再重述。

步骤四:自定义【水电费】。

选中【B7】单元,然后单击【fx】图标,在弹出的【定义公式】对话框中输入【"F:\管理会计\生产预算.rep"->B7*1】,单击 确认 按钮。其他单元格以此方法自定义,不再重述。

◀温馨提示▶

● 第一季度变动制造费用按上述公式输入,其他季度选择生产预算表中对应的预计生产量【C7】【D7】【E7】【F7】。

● 变动制造费用=单位产品的标准成本×产量。

步骤五:自定义【小计】。

选中【B4】单元,下拉至【B8】单元,单击 ∑ 按钮,自动计算合计数值,其他单元格以此方法自定义,不再重述。

4. 自定义【合计】。

先选中【B16】单元,然后单击【fx】图标,在弹出的【定义公式】对话框中输入【B8+B15】,单击 确认 按钮。其他单元格以此方法自定义,不再重述。

5. 自定义【折旧】。

先选中【B17】单元,然后单击【fx】图标,在弹出的【定义公式】对话框中输入【B11】,单击按钮。其他单元格以此方法自定义，不再重述。

6. 自定义【现金支出的费用】。

先选中【B18】单元，然后单击【fx】图标，在弹出的【定义公式】对话框中输入【B16－B17】，单击 确认 按钮。其他单元格以此方法自定义，不再重述。

7. 制造费用预算公式设置完成，如图 5-31 所示。

表3-9		制造费用预算			单位：元
季　度	一	二	三	四	全年
变动制造费用：					
间接人工（1元/件）	公式单元	公式单元	公式单元	公式单元	公式单元
间接材料（1元/件）	公式单元	公式单元	公式单元	公式单元	公式单元
修理费（2元/件）	公式单元	公式单元	公式单元	公式单元	公式单元
水电费（1元/件）	公式单元	公式单元	公式单元	公式单元	公式单元
小计	公式单元	公式单元	公式单元	公式单元	公式单元
固定制造费用：					
修理费	公式单元	公式单元	公式单元	公式单元	公式单元
折旧	公式单元	公式单元	公式单元	公式单元	公式单元
管理人员工资	公式单元	公式单元	公式单元	公式单元	公式单元
保险费	公式单元	公式单元	公式单元	公式单元	公式单元
财产税	公式单元	公式单元	公式单元	公式单元	公式单元
小计	公式单元	公式单元	公式单元	公式单元	公式单元
合　计	公式单元	公式单元	公式单元	公式单元	公式单元
减：折　旧	公式单元	公式单元	公式单元	公式单元	公式单元
现金支出的费用	公式单元	公式单元	公式单元	公式单元	公式单元

图 5-31　制造费用公式设置完成

8. 切换【格式】到【数据】，系统自动弹出【是否确定全表重算】，单击【是】按钮，如图 5-32 和图 5-33 所示。

9. 单击 按钮，将文件命名为【制造费用预算】。

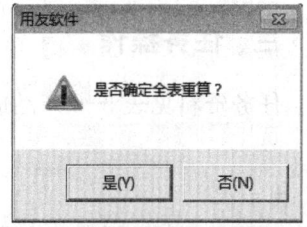

图 5-32　【是否确定全表重算】对话框

表3-9		制造费用预算			单位：元
季　度	一	二	三	四	全年
变动制造费用：					
间接人工（1元/件）	105.00	155.00	198.00	182.00	640.00
间接材料（1元/件）	105.00	155.00	198.00	182.00	640.00
修理费（2元/件）	210.00	310.00	396.00	364.00	1280.00
水电费（1元/件）	105.00	155.00	198.00	182.00	640.00
小计	525.00	775.00	990.00	910.00	3200.00
固定制造费用：					
修理费	1000.00	1140.00	900.00	900.00	3940.00
折旧	1000.00	1000.00	1000.00	1000.00	4000.00
管理人员工资	200.00	200.00	200.00	200.00	800.00
保险费	75.00	85.00	110.00	190.00	460.00
财产税	100.00	100.00	100.00	100.00	400.00
小计	2375.00	2525.00	2310.00	2390.00	9600.00
合　计	2900.00	3300.00	3300.00	3300.00	12800.00
减：折　旧	1000.00	1000.00	1000.00	1000.00	4000.00
现金支出的费用	1900.00	2300.00	2300.00	2300.00	8800.00

图 5-33　制造费用预算重算表

任务六　自定义产品成本预算表

一、成果达成

学生完成成果,如图 5-34 所示。

图 5-34　产品成本预算完成成果

二、任务描述

以【A01】身份设计企业产品成本预算表样式并自定义公式计算出结果。

三、任务操作

任务资料见表 5-6 产品成本预算表。

表 5-6　　　　　　　　　　产品成本预算

	单位成本		成本(元)	生产成本 (640 件)	期末存货 (20 件)	销货成本 (630 件)
	每千克或每小时	投入量				
直接材料	5	10 千克				
直接人工	2	10 小时				
变动制造费用	0.5	10 小时				
固定制造费用	1.5	10 小时				
合　计	—	—				

1. 新建一个空白表,在【格式】状态下,自定义一张产品成本预算表格,行数 8,列数 7,如图 5-35 所示。

图 5-35　新建产品成本预算

2. 根据资料录入单位标准和数量,如图 5-36 所示。

	A	B	C	D	E	F	G
1				产品成本预算			
2		单位成本		成本(元)	生产成本	期末存货	销货成本
3		每千克或每小时	投入量		(640件)	(20件)	(630件)
4	直接材料	5.00	10千克				
5	直接人工	2.00	10小时				
6	变动制造费用	0.50	10小时				
7	固定制造费用	1.50	10小时				
8	合　计						

图 5-36　录入数据

3. 自定义【单位成本－直接材料】。

选中【D4】单元,然后单击【fx】图标,在弹出的【定义公式】对话框中输入【B4 * C4】,单击【确认】按钮。其他单元格以此方法自定义,不再重述。

4. 自定义【生产成本－直接材料】。

选中【E4】单元,然后单击【fx】图标,在弹出的【定义公式】对话框中输入【D4 * 640】,单击【确认】按钮。其他单元格以此方法自定义,不再重述。

5. 自定义【期末存货－直接材料】。

选中【F4】单元,然后单击【fx】图标,在弹出的【定义公式】对话框中输入【D4 * 20】,单击【确认】按钮。其他单元格以此方法自定义,不再重述。

6. 自定义【销货成本－直接材料】。

选中【G4】单元,然后单击【fx】图标,在弹出的【定义公式】对话框中输入【D4 * 630】,单击【确认】按钮。其他单元格以此方法自定义,不再重述。

◀温馨提示▶

● 自定义直接人工,变动制造费用,固定制造费用时参照直接材料步骤。

7. 自定义【合计】。

选中【D4】单元,下拉至【B8】单元,单击 Σ 按钮,自动计算合计数值,其他单元格以此方法自定义,不再重述。

8. 产品成本预算公式设置完成,如图 5-37 所示。

	A	B	C	D	E	F	G
1				产品成本预算			
2		单位成本		成本(元)	生产成本	期末存货	销货成本
3		每千克或每小时	投入量		(640件)	(20件)	(630件)
4	直接材料	公式单元	10千克	公式单元	公式单元	公式单元	公式单元
5	直接人工	公式单元	10小时	公式单元	公式单元	公式单元	公式单元
6	变动制造费用	公式单元	10小时	公式单元	公式单元	公式单元	公式单元
7	固定制造费用	公式单元	10小时	公式单元	公式单元	公式单元	公式单元
8	合　计			公式单元	公式单元	公式单元	公式单元

图 5-37　产品成本预算公式设置完成

9. 切换【格式】到【数据】,系统自动弹出【是否确定全表重算】,单击【是】按钮,如图 5-38 和图 5-39 所示。

10. 单击 按钮,将文件命名为【产品成本预算】。

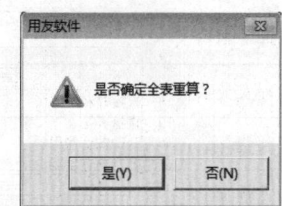

图 5-38　【是否确定全表重算】对话框

	A	B	C	D	E	F	G
1				产品成本预算			
2			单位成本		生产成本	期末存货	销货成本
3		每千克或每小时	投入量	成本（元）	（640件）	（20件）	（630件）
4	直接材料	5.00	10千克	50.00	32000.00	1000.00	31500.00
5	直接人工	2.00	10小时	20.00	12800.00	400.00	12600.00
6	变动制造费用	0.50	10小时	5.00	3200.00	100.00	3150.00
7	固定制造费用	1.50	10小时	15.00	9600.00	300.00	9450.00
8	合 计			90.00	57600.00	1800.00	56700.00

图 5-39　产品成本预算重算表

任务七　自定义销售及管理费用预算表

一、成果达成

学生完成成果，如图 5-40 所示。

二、任务描述

以【A01】身份设计企业销售及管理费用预算表样式并自定义公式计算出结果。

三、任务操作

任务资料见表 5-7 销售及管理费用预算表。

	A	B
1	销售及管理费用预算	
2	项　目	金　额
3	销售费用：	
4	销售人员工资	2000.00
5	广告费	5500.00
6	包装、运输费	3000.00
7	保管费	2700.00
8	折旧	1000.00
9	管理费用：	
10	管理人员薪金	4000.00
11	福利费	800.00
12	保险费	600.00
13	办公费	1400.00
14	折旧	1500.00
15	告示数据	22500.00
16	减：折旧	2500.00
17	每季度支付现金	5000.00

图 5-40　销售及管理费用预算完成成果

表 5-7　　　　　　　　　销售及管理费用预算

项　目	金　额
销售费用：	
销售人员工资	2 000
广告费	5 500
包装、运输费	3 000
保管费	2 700
折旧	1 000
管理费用：	
管理人员薪金	4 000
福利费	800
保险费	600

(续表)

项 目	金 额
办公费	1 400
折旧	1 500
合 计	
减:折旧	
每季度支付现金	

1. 新建一个空白表,在【格式】状态下,自定义一张制造费用预算表格,行数 17,列数 2,如图 5-41 所示。

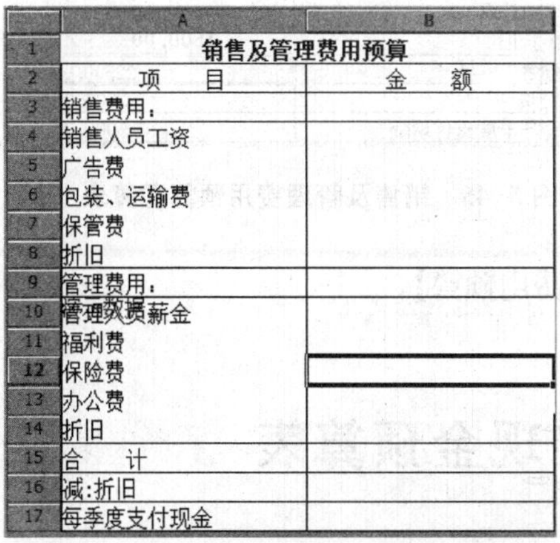

图 5-41 新建销售及管理费用预算

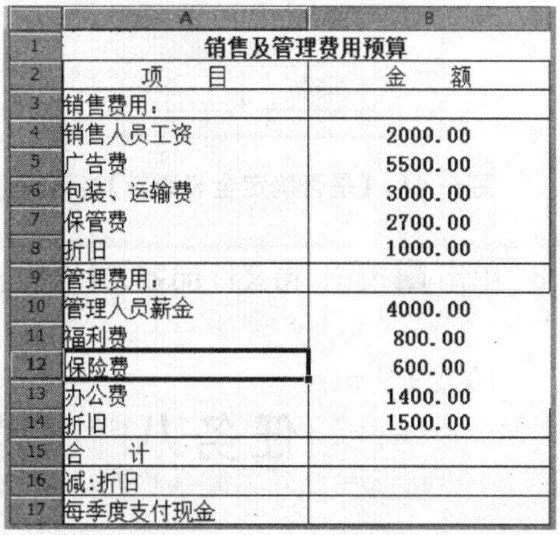

图 5-42 录入数据

2. 根据资料录入销售费用下销售人员工资、广告费、包装、运输费、保管费和折旧;管理费用下管理人员薪金、福利费、保险费、办公费和折旧,如图 5-42 所示。

3. 自定义【合计】。

选中【B4】单元,下拉至【B15】单元,单击 Σ 按钮,自动计算合计数值,其他单元格以此方法自定义,不再重述。

4. 自定义【折旧】。

选中【B16】单元,然后单击【fx】图标,在弹出的【定义公式】对话框中输入【B8+B14】,单击 确认 按钮。其他单元格以此方法自定义,不再重述。

5. 自定义【每季度支付现金】。

选中【B17】单元,然后单击【fx】图标,在弹出的【定义公式】对话框中输入【(B15-B16)/4】,单击 确认 按钮。其他单元格以此方法自定义,不再重述。

6. 销售及管理费用预算公式设置完成,如图 5-43 所示。

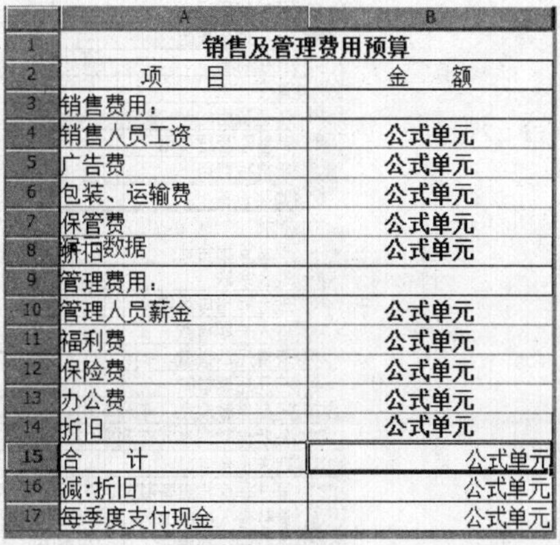

图 5-43 销售及管理费用预算公式设置完成

7. 切换【格式】到【数据】,系统自动弹出【是否确定全表重算】,单击【是】按钮,如图 5-44 和图 5-45 所示。

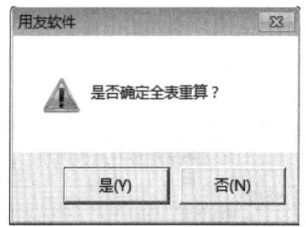

	A	B
1	销售及管理费用预算	
2	项 目	金 额
3	销售费用:	
4	销售人员工资	2000.00
5	广告费	5500.00
6	包装、运输费	3000.00
7	保管费	2700.00
8	折旧	1000.00
9	管理费用:	
10	管理人员薪金	4000.00
11	福利费	800.00
12	保险费	600.00
13	办公费	1400.00
14	折旧	1500.00
15	合计数据	22500.00
16	减:折旧	2500.00
17	每季度支付现金	5000.00

图 5-44 【是否确定全表重算】对话框　　图 5-45 销售及管理费用预算重算表

8. 单击 ![保存] 按钮,将文件命名为【销售及管理费用预算】。

任务八　自定义现金预算表

一、成果达成

学生完成成果,如图 5-46 所示。

	A	B	C	D	E	F
1	表3-13		现金预算		单位:元	
2	季　度	一	二	三	四	全年
3	期初现金余额	8000.00	3200.00	3060.00	3040.00	8000.00
4	加:现金收入	18200.00	26000.00	36000.00	37600.00	117800.00
5	可供使用现金	26200.00	29200.00	39060.00	40640.00	125800.00
6	减:现金支出					
7	直接材料	5000.00	6740.00	8960.00	9510.00	30210.00
8	直接人工	2100.00	3100.00	3960.00	3640.00	12800.00
9	制造费用	1900.00	2300.00	2300.00	2300.00	8800.00
10	销售及管理费用	5000.00	5000.00	5000.00	5000.00	20000.00
11	所得税费用	4000.00	4000.00	4000.00	4000.00	16000.00
12	购买设备	50000.00			80000.00	130000.00
13	股利				8000.00	8000.00
14	现金支出合计	68000.00	21140.00	24220.00	112450.00	225810.00
15	现金余缺	-41800.00	8060.00	14840.00	-71810.00	-100010.00
16	现金筹措与运用					
17	借入长期借款	30000.00			60000.00	90000.00
18	取得短期借款	20000.00			22000.00	42000.00
19	归还短期借款			6800.00		6800.00
20	短期借款利息(年利率10%)	500.00	500.00	500.00	880.00	2380.00
21	长期借款利息(年利率12%)	4500.00	4500.00	4500.00	6300.00	19800.00
22	期末现金余额	3200.00	3060.00	3040.00	3010.00	3010.00
23	第一季度投设备款50000,第四季度投设备款80000。第一季度借入长期借款30000,第四季度长期					
24	借款借入60000。资金不足时向银行申请短期借款(流动资金借款)借钱为1000的整数倍					
25	借款取得在季初,还款在季末,还款为100的整数倍。每季度末现金余额不低于3000。					
26	长期借款利息在季末支付。估计全年所得税16000。					

图 5-46 现金预算完成成果

二、任务描述

以【A01】身份设计企业现金预算表样式并自定义公式计算出结果。

三、任务操作

任务资料见表5-8现金预算表。

表5-8　　　　　　　　　　　现金预算

单位:元

季　　度	一	二	三	四	全年
期初现金余额					
加:现金收入					
可供使用现金					
减:现金支出					
直接材料					
直接人工					
制造费用					
销售及管理费用					
所得税费用	4 000	4 000	4 000	4 000	16 000
购买设备	50 000			80 000	130 000
股利				8 000	8 000
现金支出合计					
现金余缺					
现金筹措与运用:					
借入长期借款	30 000			60 000	90 000
取得短期借款					
归还短期借款					
短期借款利息(年利率10%)					
长期借款利息(年利率12%)					
期末现金余额					

注:第一季度投设备款50 000,第四季度投设备款80 000。第一季度借入长期借款30 000,第四季度长期借款借入60 000。资金不足时向银行申请短期借款(流动资金借款)借钱为1 000的整数倍借款取得在季初,还款在季末,还款为100的整数倍。每季度末现金余额不低于3 000。长期借款利息在季末支付。估计全年所得税16 000。

1. 新建一个空白表,在【格式】状态下,自定义一张制造费用预算表格,行数26,列数6,如图5-47所示。

	A	B	C	D	E	F
1			现金预算			单位：元
2	季　度	一	二	三	四	全年
3	期初现金余额					
4	加：现金收入					
5	可供使用现金					
6	减：现金支出					
7	直接材料					
8	直接人工					
9	制造费用					
10	销售及管理费用					
11	所得税费用					
12	购买设备			演示数据		
13	股利					
14	现金支出合计					
15	现金余缺					
16	现金筹措与运用：					
17	借入长期借款					
18	取得短期借款					
19	归还短期借款					
20	短期借款利息（年利率10%）					
21	长期借款利息（年利率12%）					
22	期末现金余额					
23	第一季度投设备款50000，第四季度投设备款80000。第一季度借入长期借款30000，第四季度长期					
24	借款借入60000。资金不足时向银行申请短期借款（流动资金借款）借钱为1000的整数倍					
25	借款取得在季初，还款在季末，还款为100的整数倍。每季度末现金余额不低于3000。					
26	长期借款利息在季末支付。估计全年所得税16000					

图 5-47　新建现金预算

2. 根据资料录入所得税费用，购买设备，股利，借入长期借款数据，如图 5-48 所示。

	A	B	C	D	E	F
1			现金预算		演示数据	单位：元
2	季　度	一	二	三	四	全年
3	期初现金余额					
4	加：现金收入					
5	可供使用现金					
6	减：现金支出					
7	直接材料					
8	直接人工					
9	制造费用					
10	销售及管理费用					
11	所得税费用	4000.00	4000.00	4000.00	4000.00	16000.00
12	购买设备	50000.00			80000.00	130000.00
13	股利				8000.00	8000.00
14	现金支出合计					
15	现金余缺					
16	现金筹措与运用：					
17	借入长期借款	30000.00			60000.00	90000.00
18	取得短期借款					
19	归还短期借款					
20	短期借款利息（年利率10%）					
21	长期借款利息（年利率12%）					
22	期末现金余额					
23	第一季度投设备款50000，第四季度投设备款80000。第一季度借入长期借款30000，第四季度长期					
24	借款借入60000。资金不足时向银行申请短期借款（流动资金借款）借钱为1000的整数倍					
25	借款取得在季初，还款在季末，还款为100的整数倍。每季度末现金余额不低于3000。					
26	长期借款利息在季末支付。估计全年所得税16000					

图 5-48　录入数据

3. 自定义【第一季度期初现金余额】。

步骤一：先选中【B3】单元，然后单击【fx】图标，在弹出的【定义公式】对话框中单击【关联条件】，系统会自动弹出【关联条件】的对话框，如图 5-49 所示。

步骤二：在关联条件对话框中选择【当前关键值】→年，【关联关键值】→年，单击【关联表

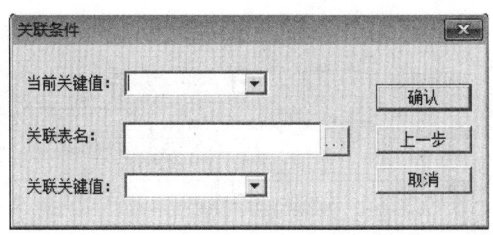

图 5-49 【第一季度期初现金余额】关联条件一

名】按钮,选择【资产负债表预算.rep】文件,如图 5-50 所示。

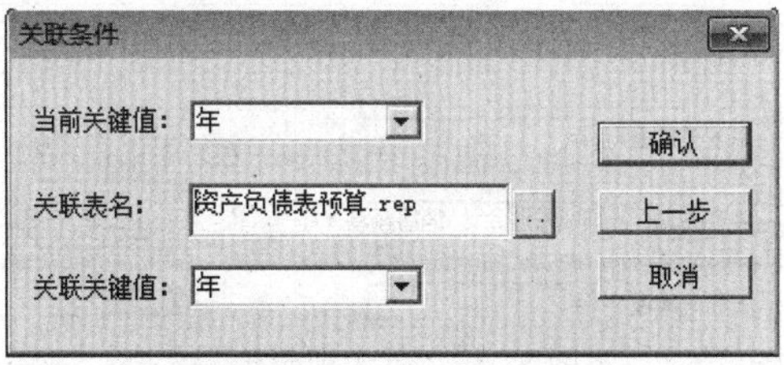

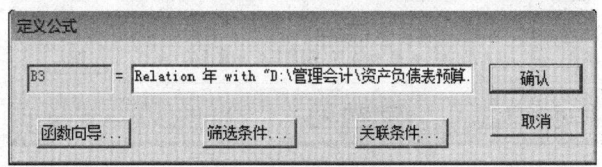

图 5-50 【第一季度期初现金余额】关联条件二

步骤三:然后单击【确认】按钮,系统自动将定义公式显示在【定义公式】对话框中,如图 5-51 所示。

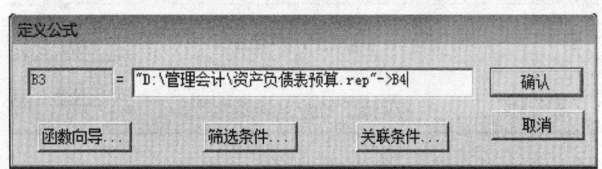

图 5-51 【第一季度期初现金余额】定义公式一

步骤四:将【Relation 年 with "D:\管理会计\资产负债表预算.rep"－>年】手动改为【"D:\管理会计\资产负债表预算.rep"－>B4】,如图 5-52 所示。

图 5-52 【第一季度期初现金余额】定义公式二

4. 自定义【第一季度现金收入】。

步骤一:先选中【B4】单元,然后单击【fx】图标,在弹出的【定义公式】对话框中单击【关联条件】,系统会自动弹出【关联条件】的对话框,如图 5-53 所示。

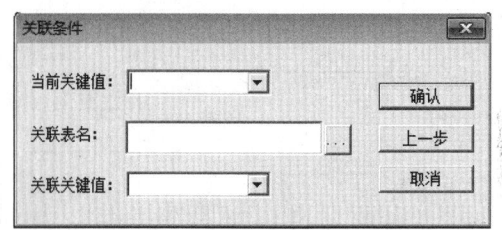

图 5-53 【第一季度现金收入】关联条件一

步骤二:在关联条件对话框中选择【当前关键值】→年,【关联关键值】→年,单击【关联表名】...按钮,选择【D:\管理会计\销售预算.rep】文件,如图 5-54 所示。

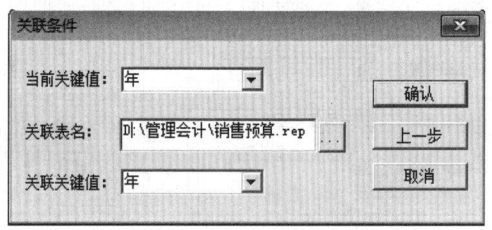

图 5-54 【第一季度现金收入】关联条件二

步骤三:然后单击【确认】按钮,系统自动将定义公式显示在【定义公式】对话框中,如图 5-55 所示。

图 5-55 【第一季度现金收入】定义公式一

步骤四:将【Relation 年 with "D:\管理会计\销售预算.rep"->年】手动改为【"D:\管理会计\销售预算.rep"->B12】,如图 5-56 所示。

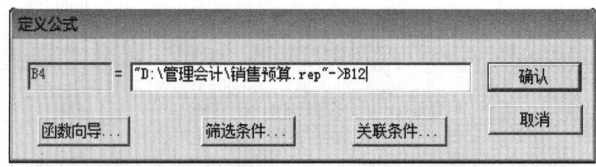

图 5-56 【第一季度现金收入】定义公式二

5. 自定义【第一季度可供使用现金】。

选中【B5】单元,然后单击【fx】图标,在弹出的【定义公式】对话框中输入【B3+B4】,单击【确认】按钮。

6. 自定义【第一季度直接材料】。

步骤一：先选中【B7】单元，然后单击【fx】图标，在弹出的【定义公式】对话框中单击【关联条件】，系统会自动弹出【关联条件】的对话框，如图5-57所示。

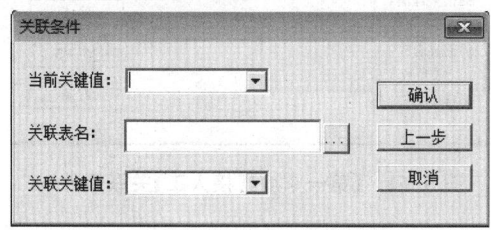

图5-57 【第一季度可供使用现金】关联条件一

步骤二：在关联条件对话框中选择【当前关键值】→年，【关联关键值】→年，单击【关联表名】 按钮，选择【表3-07直接材料预算.rep】文件，如图5-58所示。

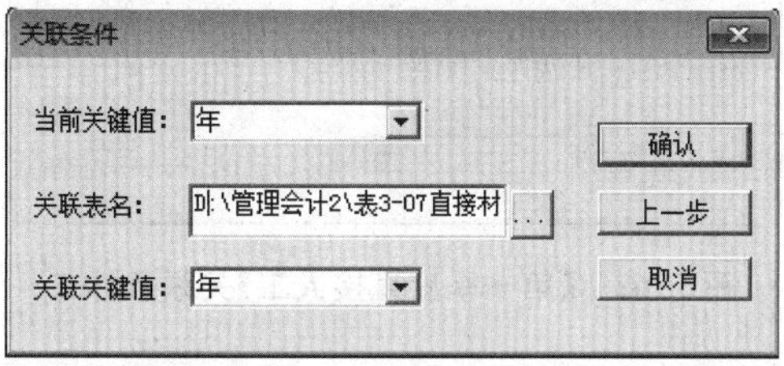

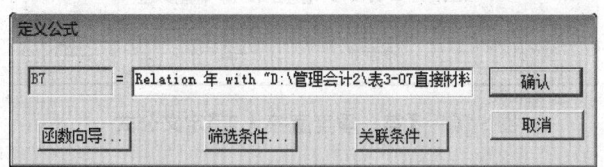

图5-58 【第一季度可供使用现金】关联条件二

步骤三：然后单击【确认】按钮，系统自动将定义公式显示在【定义公式】对话框中，如图5-59所示。

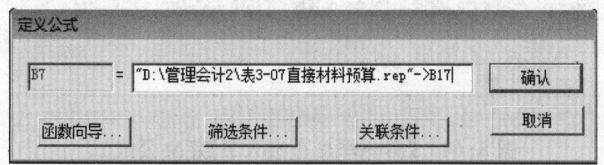

图5-59 【第一季度可供使用现金】定义公式一

步骤四：将【Relation 年 with "D:\管理会计2\表3-07直接材料预算.rep"－>年】手动改为【"D:\管理会计2\表3-07直接材料预算.rep"－>B17】，如图5-60所示。

图5-60 【第一季度可供使用现金】定义公式二

7. 自定义【第一季度直接人工】。

步骤一：先选中【B8】单元，然后单击【fx】图标，在弹出的【定义公式】对话框中单击【关联条件】,系统会自动弹出【关联条件】的对话框,图 5-61 所示。

图 5-61 【第一季度直接人工】关联条件一

步骤二:在关联条件对话框中选择【当前关键值】→年,【关联关键值】→年,单击【关联表名】…按钮,选择【表 3-08 直接人工预算.rep】文件,如图 5-62 所示。

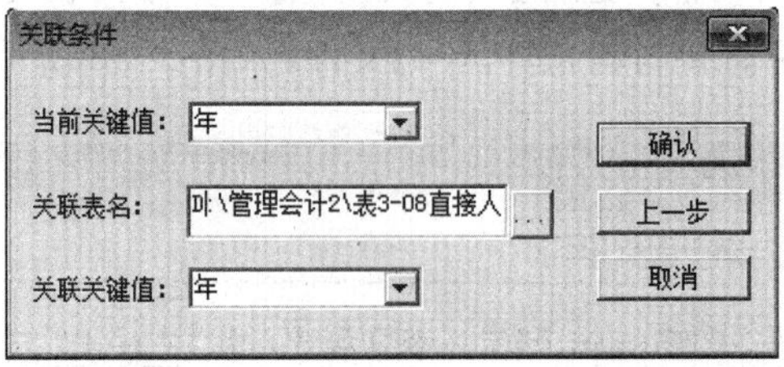

图 5-62 【第一季度直接人工】关联条件二

步骤三:然后单击【确认】按钮,系统自动将定义公式显示在【定义公式】对话框中,如图 5-63 所示。

图 5-63 【第一季度直接人工】定义公式一

步骤四:将【Relation 年 with "D:\管理会计 2\表 3-08 直接人工预算.rep"->年】手动改为【"D:\管理会计 2\表 3-08 直接人工预算.rep"->B7】,如图 5-64 所示。

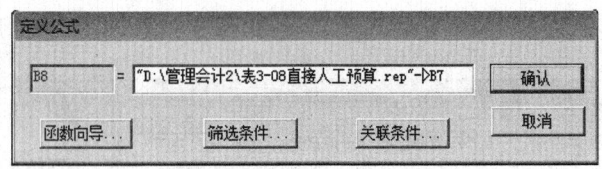

图 5-64 【第一季度直接人工】定义公式二

8. 自定义【第一季度制造费用】。

步骤一:先选中【B9】单元,然后单击【fx】图标,在弹出的【定义公式】对话框中单击【关联条件】,系统会自动弹出【关联条件】的对话框,如图 5-65 所示。

图 5-65 【第一季度制造费用】关联条件一

步骤二:在关联条件对话框中选择【当前关键值】→年,【关联关键值】→年,单击【关联表名】按钮,选择【表 3-09 制造费用预算.rep】文件,如图 5-66 所示。

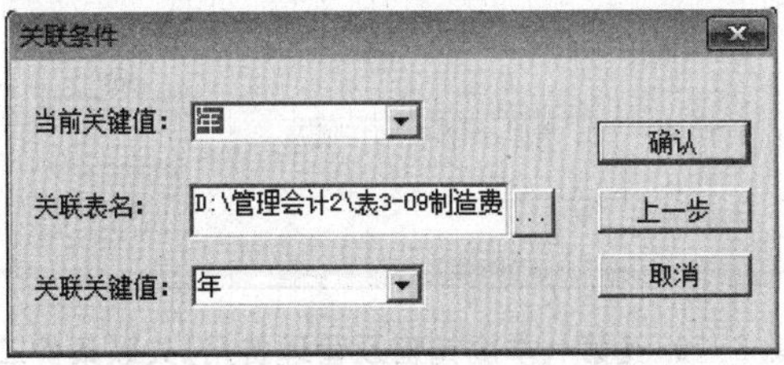

图 5-66 【第一季度制造费用】关联条件二

步骤三:然后单击【确认】按钮,系统自动将定义公式显示在【定义公式】对话框中,如图 5-67 所示。

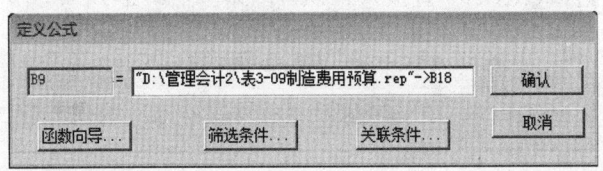

图 5-67 【第一季度制造费用】定义公式一

步骤四:将【Relation 年 with "D:\管理会计 2\表 3-09 制造费用预算.rep"—>年】手动改为【"D:\管理会计 2\表 3-09 制造费用预算.rep"—>B18】,如图 5-68 所示。

图 5-68 【第一季度制造费用】定义公式二

9. 自定义【第一季度销售及管理费用】。

步骤一:先选中【B10】单元,然后单击【fx】图标,在弹出的【定义公式】对话框中单击【关联条件】,系统会自动弹出【关联条件】的对话框,如图 5-69 所示。

步骤二:在关联条件对话框中选择【当前关键值】→年,【关联关键值】→年,单击【关联表

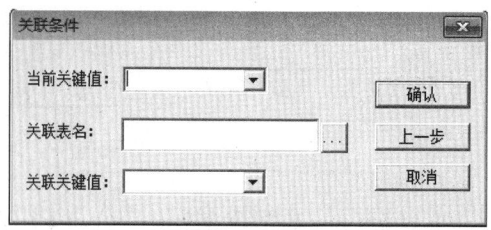

图 5-69 【第一季度销售及管理费用】关联条件一

名】…按钮,选择【表 3-11 销售及管理费用预算.rep】文件,如图 5-70 所示。

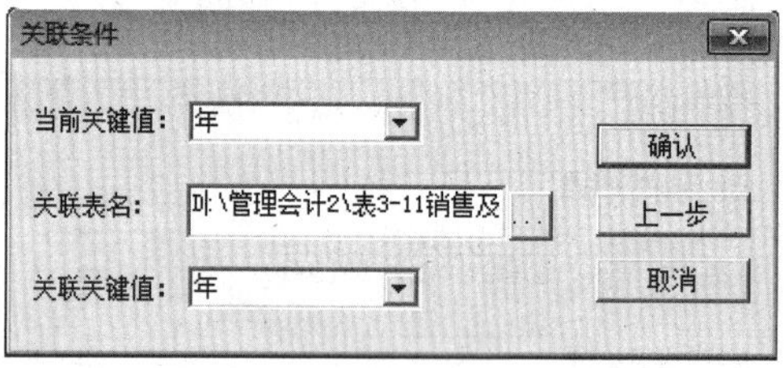

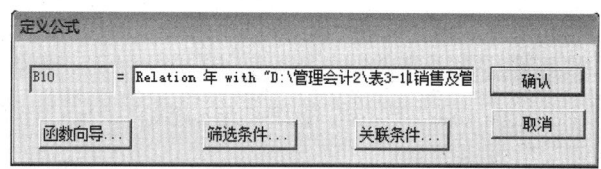

图 5-70 【第一季度销售及管理费用】关联条件二

步骤三:然后单击【确认】按钮,系统自动将定义公式显示在【定义公式】对话框中,如图 5-71 所示。

图 5-71 【第一季度销售及管理费用】定义公式一

步骤四:将【Relation 年 with "D:\管理会计2\表 3-11 销售及管理费用预算.rep"—>年】手动改为【"D:\管理会计2\表 3-11 销售及管理费用预算.rep"—>B17】,如图 5-72 所示。

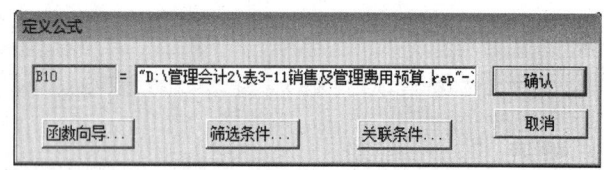

图 5-72 【第一季度销售及管理费用】定义公式二

10. 自定义【第一季度现金支出合计】。

选中【B7】单元,下拉至【B14】单元,单击 Σ 按钮,自动计算合计数值。

11. 自定义【第一季度现金余缺】。

选中【B15】单元,然后单击【fx】图标,在弹出的【定义公式】对话框中输入【B5−B14】,单

击 【确认】 按钮。

12. 自定义【第一季度短期借款利息】。

选中【B20】单元,然后单击【fx】图标,在弹出的【定义公式】对话框中输入【B18*0.1/4】,单击 【确认】 按钮。

13. 自定义【第一季度长期借款利息】。

选中【B21】单元,然后单击【fx】图标,在弹出的【定义公式】对话框中输入【(120000+b17)*0.12/4】,单击 【确认】 按钮。

14. 自定义【第一季度期末现金余额】。

选中【B22】单元,然后单击【fx】图标,在弹出的【定义公式】对话框中输入【B15+b17+B18−B19−B20−B21】,单击 【确认】 按钮。

◀温馨提示▶

- 可供使用现金＝期初现金余额＋现金收入。
- 可供使用现金−现金支出＝现金余缺。
- 现金余缺＋现金筹措−现金运用＝期末现金余额。
- 第二季度期初现金余额等于第一季度期末现金余额,以此类推,全年期初现金余额为第一季度期初现金余额。
- 第一季度、第二季度和第三季度短期借款利息相同,第四季度短期借款利息应按照第一季度短期借款减第三季度还款额加第四季度借款额计算。
- 第一季度、第二季度和第三季度长期借款利息相同,第四季度长期借款利息应按照上年长期借款余额加第一季度新增长期借款加第四季度新增长期借款额计算。
- 全年期末现金余额为第四季度期末现金余额。

15. 现金预算公式设置完成,如图 5-73 所示。

	A	B	C	D	E	F
1	表3-13		现金预算		单位:元	
2	季　度	一	二	三	四	全年
3	期初现金余额	公式单元	公式单元	公式单元	公式单元	公式单元
4	加:现金收入	公式单元	公式单元	公式单元	公式单元	公式单元
5	可供使用现金	公式单元	公式单元	公式单元	公式单元	公式单元
6	减:现金支出					
7	直接材料	公式单元	公式单元	公式单元	公式单元	公式单元
8	直接人工	公式单元	公式单元	公式单元	公式单元	公式单元
9	制造费用	公式单元	公式单元	公式单元	公式单元	公式单元
10	销售及管理费用	公式单元	公式单元	公式单元	公式单元	公式单元
11	所得税费用	公式单元	公式单元	公式单元	公式单元	**公式单元**
12	购买设备	公式单元			公式单元	公式单元
13	股利				**公式单元**	公式单元
14	现金支出合计	公式单元	公式单元	公式单元	公式单元	公式单元
15	现金余缺	公式单元	公式单元	公式单元	公式单元	公式单元
16	现金筹措与运用:					
17	借入长期借款	公式单元			公式单元	公式单元
18	取得短期借款	公式单元	公式单元		公式单元	公式单元
19	归还短期借款			公式单元		公式单元
20	短期借款利息(年利率10%)	公式单元	公式单元	公式单元	公式单元	公式单元
21	长期借款利息(年利率12%)	公式单元	公式单元	公式单元	公式单元	公式单元
22	期末现金余额	公式单元	公式单元	公式单元	公式单元	公式单元
23	第一季度投资设备款50000,第四季度投资设备款80000。第一季度借入长期借款30000,第四季度长期					
24	借款借入60000。资金不足时向银行申请短期借款(流动资金借款)借钱为1000的整数倍					
25	借款取得在季初,还款在季末。还款为100的整数倍。每季度末现金余额不低于3000。					
26	长期借款利息在季末支付。估计全年所得税16000					

图 5-73　现金预算公式设置完成

16. 切换【格式】到【数据】，系统自动弹出【是否确定全表重算】，单击【是】按钮，如图5-74和图5-75所示。

17. 单击 ■ 按钮，将文件命名为【现金预算】。

图5-74 【是否确定全表重算】对话框

	A	B	C	D	E	F
1	表3-13		现金预算			单位：元
2	季　度	一	二	三	四	全年
3	期初现金余额	8000.00	3200.00	3060.00	3040.00	8000.00
4	加：现金收入	18200.00	26000.00	36000.00	37600.00	117800.00
5	可供使用现金	26200.00	29200.00	39060.00	40640.00	125800.00
6	减：现金支出					
7	直接材料	5000.00	6740.00	8960.00	9510.00	30210.00
8	直接人工	2100.00	3100.00	3960.00	3640.00	12800.00
9	制造费用	1900.00	2300.00	2300.00	2300.00	8800.00
10	销售及管理费用	5000.00	5000.00	5000.00	5000.00	20000.00
11	所得税费用	4000.00	4000.00	4000.00	4000.00	16000.00
12	购买设备	50000.00			80000.00	130000.00
13	股利				8000.00	8000.00
14	现金支出合计	68000.00	21140.00	24220.00	112450.00	225810.00
15	现金余缺	-41800.00	8060.00	14840.00	-71810.00	-100010.00
16	现金筹措与运用：					
17	借入长期借款	30000.00			60000.00	90000.00
18	取得短期借款	20000.00			22000.00	42000.00
19	归还短期借款			6800.00		6800.00
20	短期借款利息（年利率10%）	500.00	500.00	500.00	880.00	2380.00
21	长期借款利息（年利率12%）	4500.00	4500.00	4500.00	6300.00	19800.00
22	期末现金余额	3200.00	3060.00	3040.00	3010.00	
23	第一季度投设备款50000，第四季度投设备款80000。第一季度借入长期借款30000，第四季度长期					
24	借款借入60000。资金不足时向银行申请短期借款（流动资金借款）借钱为1000的整数倍。					
25	借款取得在季初，还款在季末，还款为100的整数倍。每季度末现金余额不低于3000。					
26	长期借款利息在季末支付。估计全年所得税16000					

图5-75 现金预算重算表

任务九　自定义预计利润表

一、成果达成

学生完成成果，如图5-76所示。

二、任务描述

以【A01】身份设计企业预计利润表样式并自定义公式计算出结果。

三、任务操作

任务资料见表5-9预计利润表。

	A	B
1	预计利润表	
2		单位:元
3	项目	本期金额
4	营业收入	126000.00
5	营业成本	56700.00
6	毛利	69300.00
7	销售费用及管理费用	22500.00
8	利息	22180.00
9	利润总额	24620.00
10	所得税费用	16000.00
11	净利润	8620.00

图5-76 预计利润表完成成果

表 5-9　　　　　　　　　　预计利润表

单位:元

项　　目	本期金额
营业收入	
营业成本	
毛利	
销售费用及管理费用	
利息	
利润总额	
所得税费用	
净利润	

1. 新建一个空白表,在【格式】状态下,自定义一张预计利润表表格,行数 11,列数 2,如图 5-77 所示。

图 5-77　新建预计利润表　　　　　图 5-78　【营业收入】关联条件一

2. 自定义【营业收入】。

步骤一:先选中【B4】单元,然后单击【fx】图标,在弹出的【定义公式】对话框中单击【关联条件】,系统会自动弹出【关联条件】的对话框,如图 5-78 所示。

步骤二:在关联条件对话框中选择【当前关键值】→年,【关联关键值】→年,单击【关联表名】...按钮,选择【销售预算.rep】文件,如图 5-79 所示。

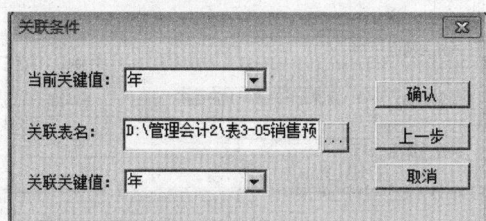

图 5-79　【营业收入】关联条件二

步骤三:然后单击【确认】按钮,系统自动将定义公式显示在【定义公式】对话框中,如图 5-80 所示。

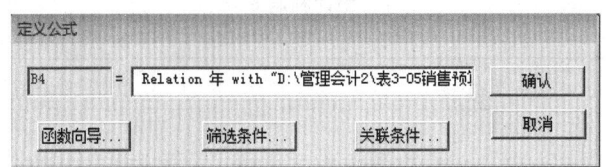

图 5-80 【营业收入】定义公式一

步骤四:将【Relation 年 with "D:\管理会计 2\表 3-05 销售预算表.rep"－>年】手动改为【"D:\管理会计 2\表 3-05 销售预算表.rep"－>F6】,如图 5-81 所示。

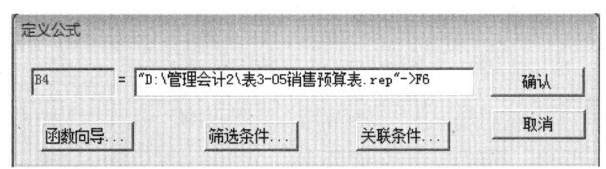

图 5-81 【营业收入】定义公式二

3. 自定义【营业成本】。

步骤一:先选中【B5】单元,然后单击【fx】图标,在弹出的【定义公式】对话框中单击【关联条件】,系统会自动弹出【关联条件】的对话框,如图 5-82 所示。

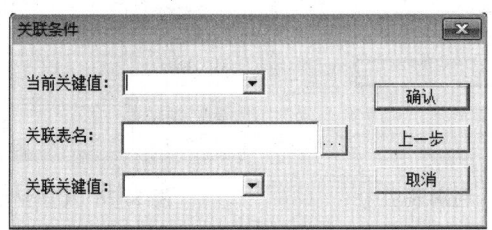

图 5-82 【营业成本】关联条件一

步骤二:在关联条件对话框中选择【当前关键值】→年,【关联关键值】→年,单击【关联表名】 按钮,选择【产品成本预算.rep】文件,如图 5-83 所示。

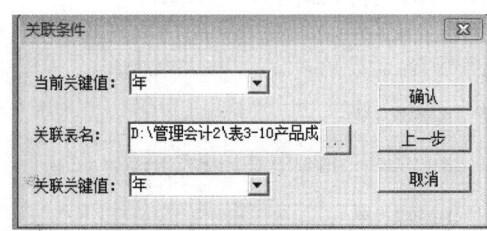

图 5-83 【营业成本】关联条件二

步骤三:然后单击【确认】按钮,系统自动将定义公式显示在【定义公式】对话框中,如图 5-84 所示。

图 5-84 【营业成本】定义公式一

步骤四:将【Relation 年 with "D:\管理会计 2\产品成本预算.rep"－>年】手动改为【"D:\管理会计 2\产品成本预算.rep"－>G8】,如图 5-85 所示。

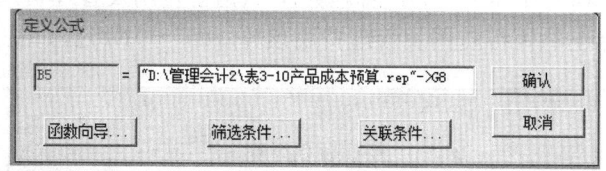

图 5-85 【营业成本】定义公式二

4. 自定义【毛利】。

选中【B6】单元,然后单击【fx】图标,在弹出的【定义公式】对话框中输入【B4－B5】,单击 确认 按钮。

5. 自定义【销售费用及管理费用】。

步骤一:先选中【B7】单元,然后单击【fx】图标,在弹出的【定义公式】对话框中单击【关联条件】,系统会自动弹出【关联条件】的对话框,如图 5-86 所示。

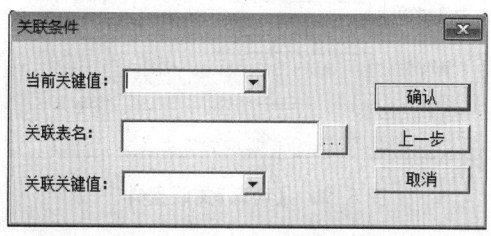

图 5-86 【销售费用及管理费用】关联条件一

步骤二:在关联条件对话框中选择【当前关键值】→年,【关联关键值】→年,单击【关联表名】按钮,选择【销售费用及管理费用预算.rep】文件,如图 5-87 所示。

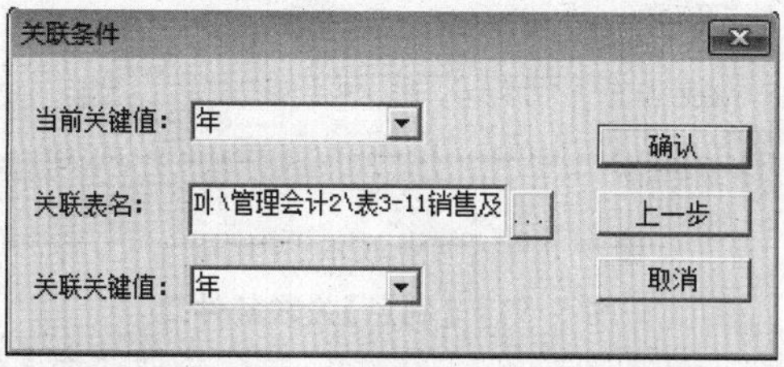

图 5-87 【销售费用及管理费用】关联条件二

步骤三:然后单击【确认】按钮,系统自动将定义公式显示在【定义公式】对话框中,如图 5-88 所示。

图 5-88 【销售费用及管理费用】定义公式一

步骤四:将【Relation 年 with "D:\管理会计 2\销售费用及管理费用预算.rep"－>年】手动改为【"D:\管理会计 2\销售费用及管理费用预算.rep"－>B15】,如图 5-89 所示。

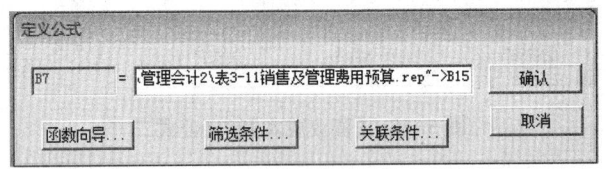

图 5-89 【销售费用及管理费用】定义公式二

6. 自定义【利息】。

步骤一:先选中【B8】单元,然后单击【fx】图标,在弹出的【定义公式】对话框中单击【关联条件】,系统会自动弹出【关联条件】的对话框,如图 5-90 所示。

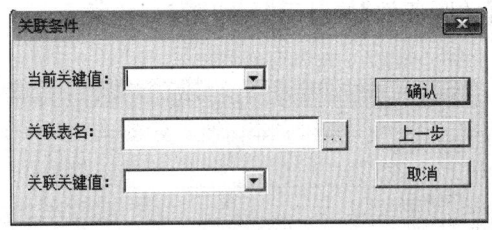

图 5-90 【利息】关联条件一

步骤二:在关联条件对话框中选择【当前关键值】→年,【关联关键值】→年,单击【关联表名】 按钮,选择【现金预算.rep】文件,如图 5-91 所示。

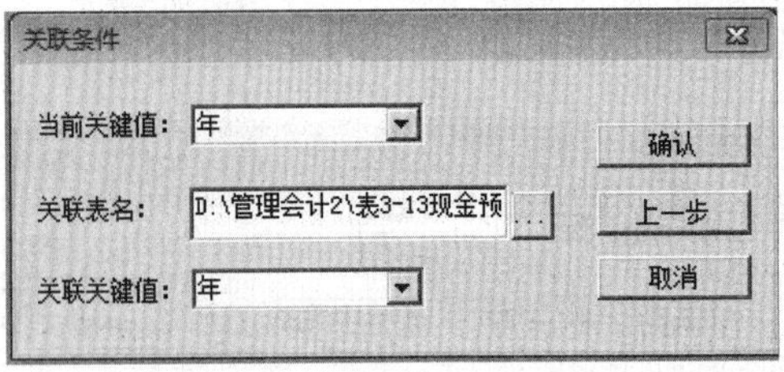

图 5-91 【利息】关联条件二

步骤三:然后单击【确认】按钮,系统自动将定义公式显示在【定义公式】对话框中,如图

5-92所示。

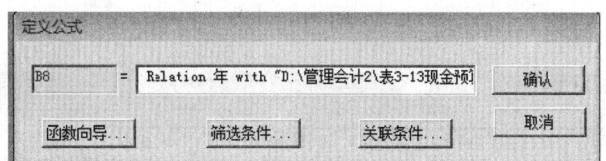

图 5-92 【利息】定义公式一

步骤四：将【Relation 年 with "D:\管理会计 2\现金预算.rep"－>年】手动改为【"D:\管理会计 2\现金预算.rep"－>F20＋ D:\管理会计 2\现金预算.rep"－>F21】，如图 5-93 所示。

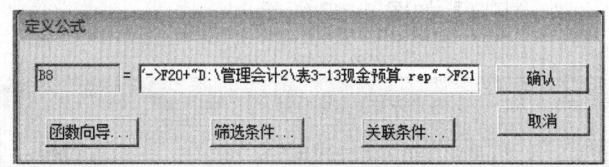

图 5-93 【利息】定义公式二

7. 自定义【利润总额】。

选中【B9】单元，然后单击【fx】图标，在弹出的【定义公式】对话框中输入【B6-B7-B8】，单击 确认 按钮。

8. 自定义【所得税费用】。

步骤一：先选中【B10】单元，然后单击【fx】图标，在弹出的【定义公式】对话框中单击【关联条件】，系统会自动弹出【关联条件】的对话框，如图 5-94 所示。

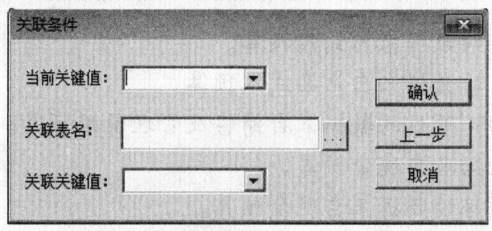

图 5-94 【所得税费用】关联条件一

步骤二：在关联条件对话框中选择【当前关键值】→年，【关联关键值】→年，单击【关联表名】 按钮，选择【现金预算.rep】文件，如图 5-95 所示。

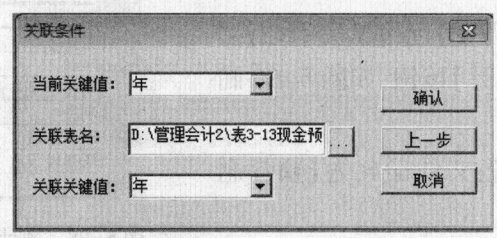

图 5-95 【所得税费用】关联条件二

步骤三：然后单击【确认】按钮，系统自动将定义公式显示在【定义公式】对话框中，如图5-96所示。

定义公式
B10
=
Relation 年 with "D:\管理会计2\表3-13现金预
确认
取消
函数向导...
筛选条件...
关联条件...

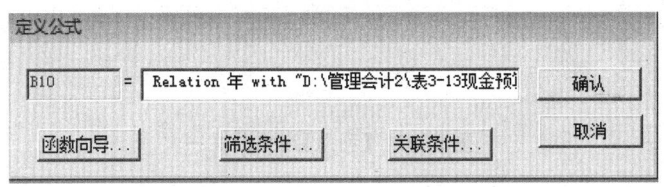

图 5-96 【所得税费用】定义公式一

步骤四：将【Relation 年 with "D:\管理会计 2\现金预算. rep"—>年】手动改为【"D:\管理会计 2\现金预算. rep"—>F11】，如图 5-97 所示。

定义公式
B10
=
"D:\管理会计2\表3-13现金预算.rep"->F11
确认
取消
函数向导...
筛选条件...
关联条件...

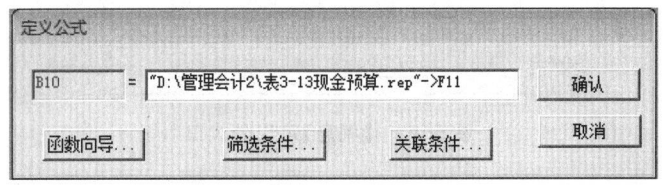

图 5-97 【所得税费用】定义公式二

9. 自定义【净利润】。

选中【B11】单元，然后单击【fx】图标，在弹出的【定义公式】对话框中输入【B9—B10】，单击 确认 按钮。

温馨提示

- “销售收入”项目的数据来自销售预算。
- “销售成本”项目的数据来自产品成本预算。
- “销售及管理费用”项目的数据来自销售及管理费用预算。
- “利息”项目的数据来自现金预算。
- “所得税费用”项目的数据来自现金预算。

10. 预计利润表公式设置完成，如图 5-98 所示。

11. 切换【格式】到【数据】，系统自动弹出【是否确定全表重算】，单击【是】按钮，如图 5-99 和图 5-100 所示。

12. 单击 按钮，将文件命名为【预计利润表】。

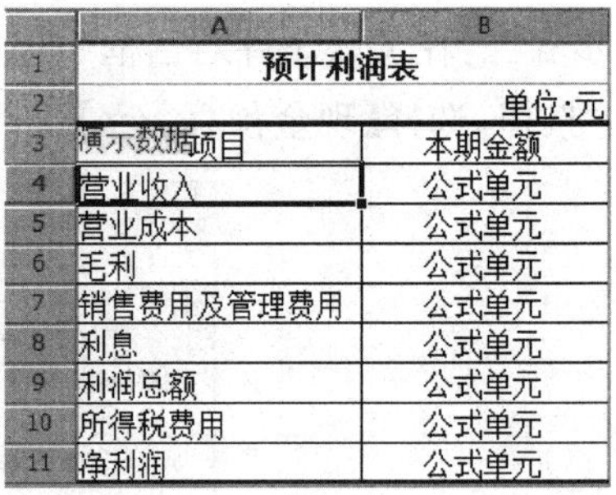

A
B
1 预计利润表
2 单位:元
3 演示数据项目 本期金额
4 营业收入 公式单元
5 营业成本 公式单元
6 毛利 公式单元
7 销售费用及管理费用 公式单元
8 利息 公式单元
9 利润总额 公式单元
10 所得税费用 公式单元
11 净利润 公式单元

图 5-98 预计利润表公式设置完成

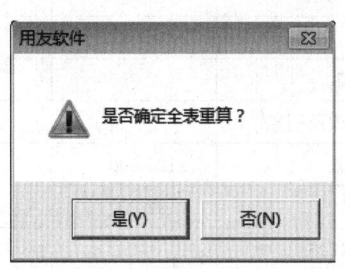

图 5-99 【是否确定全表重算】对话框

	A	B
1	预计利润表	
2		单位:元
3	项目	本期金额
4	营业收入	126000.00
5	营业成本	56700.00
6	毛利	69300.00
7	销售费用及管理费用	22500.00
8	利息	22180.00
9	利润总额	24620.00
10	所得税费用	16000.00
11	净利润	8620.00

图 5-100 预计利润表重算表

任务十 自定义预计资产负债表

一、成果达成

学生完成成果,如图 5-101 所示。

	A	B	C	D	E	F
1	预计资产负债表					
2						单位:元
3	项目	年初	年末	项目	年初	年末
4	流动资产:			负债:		
5	现金	8000.00	3010.00	应付账款	2350.00	4640.00
6	应收账款	6200.00	14400.00	短期借款及利息		35200.00
7	材料	1500.00	2000.00	长期借款	120000.00	210000.00
8	产成品	900.00	1800.00	负债合计	122350.00	249840.00
9	流动资产合计	16600.00	21210.00	所有者权益:		
10	固定资产	43750.00	37250.00	股本	20000.00	20000.00
11	在建工程	100000.00	230000.00	资本公积	5000.00	5000.00
12	非流动资产	143750.00	267250.00	盈余公积	10000.00	10000.00
13				未分配利润	3000.00	3620.00
14				所有者权益合计	38000.00	38620.00
15	资产合计	160350.00	288460.00	所有者权益和负债合计	160350.00	288460.00

图 5-101 预计资产负债表完成成果

二、任务描述

以【A01】身份设计企业资产负债表样式并自定义公式计算出结果。

三、任务操作

任务资料如表 5-10 所示。

表 5-10　　　　预计资产负债表

单位:元

项目	年初	年末	项目	年初	年末
流动资产:			负债:		
现金	8 000		应付账款	2 350	
应收账款	6 200		短期借款及利息	0	
材料	1 500		长期借款	120 000	
产成品	900		负债合计	122 350	
流动资产合计	16 600		所有者权益:		
固定资产	43 750		股本	20 000	
在建工程	100 000		资本公积	5 000	
非流动资产合计	143 750		盈余公积	10 000	
			未分配利润	3 000	
			所有者权益合计	38 000	
资产合计	160 350		所有者权益和负债合计	160 350	

1. 新建一个空白表,在【格式】状态下,自定义一张预计资产负债表表格,行数 15,列数 6,如图 5-102 所示。

	A	B	C	D	E	F
1	预计资产负债表					
2						单位:元
3	项目	年初	年末	演示数据 项目	年初	年末
4	流动资产:			负债:		
5	现金	8000.00		应付账款	2350.00	
6	应收账款	6200.00		短期借款及利息		
7	材料	1500.00		长期借款	120000.00	
8	产成品	900.00		负债合计	122350.00	
9	流动资产合计	16600.00		所有者权益:		
10	固定资产	43750.00		股本	20000.00	
11	在建工程	100000.00		资本公积	5000.00	
12	非流动资产	143750.00		盈余公积	10000.00	
13				未分配利润	3000.00	
14				所有者权益合计	38000.00	
15	资产合计	160350.00		所有者权益和负债合计	160350.00	

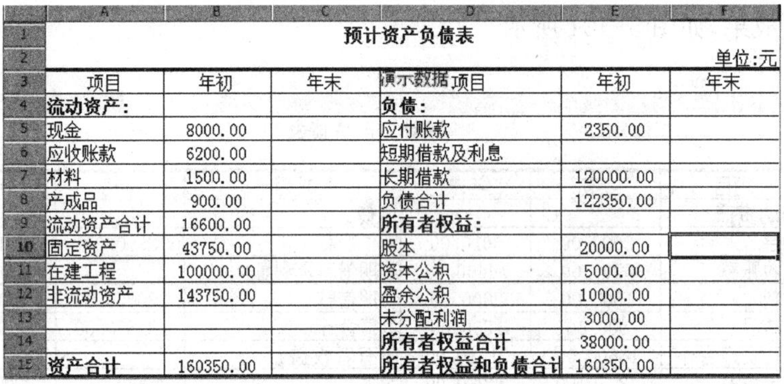

图 5-102　新建预计资产负债表

2. 自定义【现金】。

步骤一:先选中【C5】单元,然后单击【fx】图标,在弹出的【定义公式】对话框中单击【关联条件】,系统会自动弹出【关联条件】的对话框,如图 5-103 所示。

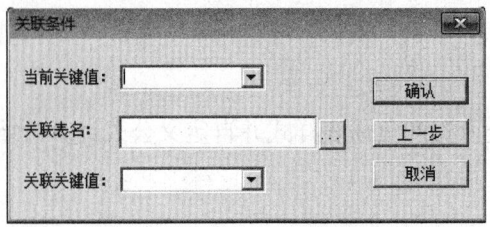

图 5-103　【现金】关联条件一

步骤二:在关联条件对话框中选择【当前关键值】→年,【关联关键值】→年,单击【关联表名】...按钮,选择【现金预算.rep】文件,如图5-104所示。

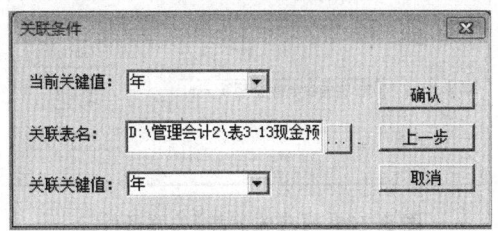

图 5-104 【现金】关联条件二

步骤三:然后单击【确认】按钮,系统自动将定义公式显示在【定义公式】对话框中,如图5-105所示。

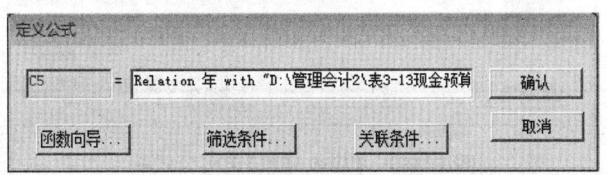

图 5-105 【现金】定义公式一

步骤四:将【Relation 年 with "D:\管理会计2\现金预算.rep"->年】手动改为【"D:\管理会计2\现金预算.rep"->E22】,如图5-106所示。

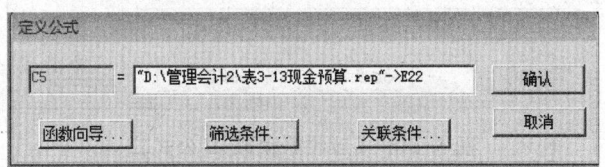

图 5-106 【现金】定义公式二

3. 自定义【应收账款】。

步骤一:先选中【C6】单元,然后单击【fx】图标,在弹出的【定义公式】对话框中单击【关联条件】,系统会自动弹出【关联条件】的对话框,如图5-107所示。

图 5-107 【应收账款】关联条件一

步骤二:在关联条件对话框中选择【当前关键值】→年,【关联关键值】→年,单击【关联表

名】按钮,选择【销售预算.rep】文件,如图 5-108 所示。

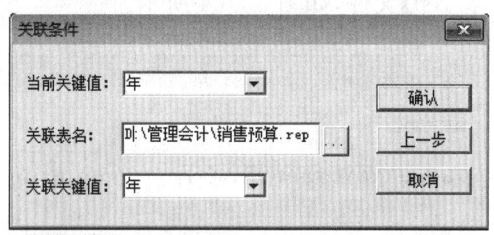

图 5-108　【应收账款】关联条件二

步骤三:然后单击【确认】按钮,系统自动将定义公式显示在【定义公式】对话框中,如图 5-109 所示。

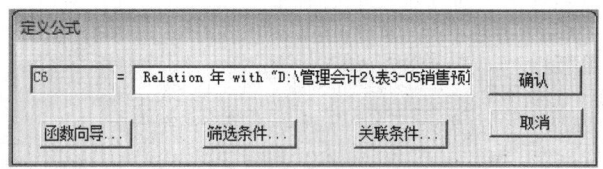

图 5-109　【应收账款】定义公式一

步骤四:将【Relation 年 with "D:\管理会计 2\销售预算.rep"－>年】手动改为【"D:\管理会计 2\销售预算.rep"－>E6＊0.4】,如图 5-110 所示。

图 5-110　【应收账款】定义公式二

4. 自定义【材料】。

步骤一:先选中【C7】单元,然后单击【fx】图标,在弹出的【定义公式】对话框中单击【关联条件】,系统会自动弹出【关联条件】的对话框,如图 5-111 所示。

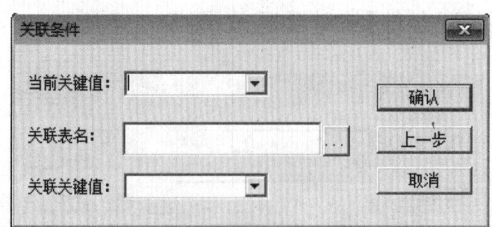

图 5-111　【材料】关联条件一

步骤二:在关联条件对话框中选择【当前关键值】→年,【关联关键值】→年,单击【关联表名】按钮,选择【材料预算.rep】文件,如图 5-112 所示。

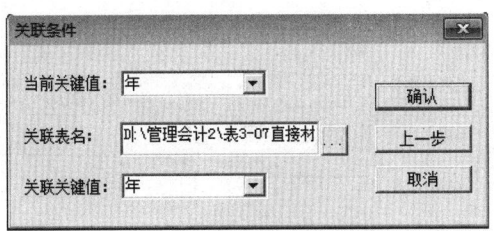

图 5-112 【材料】关联条件二

步骤三:然后单击【确认】按钮,系统自动将定义公式显示在【定义公式】对话框中,如图 5-113 所示。

图 5-113 【材料】定义公式一

步骤四:将【Relation 年 with "D:\管理会计 2\材料预算.rep"－>年】手动改为【"D:\管理会计 2\材料预算.rep"－>E6 * "D:\管理会计 2\材料预算.rep"－>E9】,如图 5-114 所示。

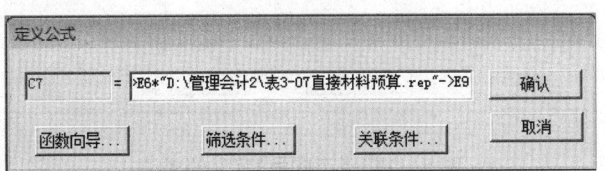

图 5-114 【材料】定义公式二

5. 自定义【产成品】。

步骤一:先选中【C8】单元,然后单击【fx】图标,在弹出的【定义公式】对话框中单击【关联条件】,系统会自动弹出【关联条件】的对话框,如图 5-115 所示。

图 5-115 【产成品】关联条件一

步骤二:在关联条件对话框中选择【当前关键值】→年,【关联关键值】→年,单击【关联表名】按钮,选择【产品成本预算.rep】文件,如图 5-116 所示。

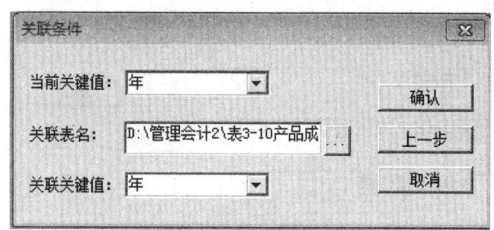

图 5-116 【产成品】关联条件二

步骤三:然后单击【确认】按钮,系统自动将定义公式显示在【定义公式】对话框中,如图 5-117 所示。

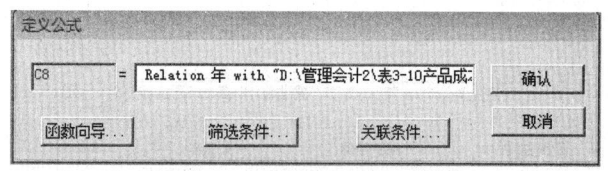

图 5-117 【产成品】定义公式一

步骤四:将【Relation 年 with "D:\管理会计 2\产品成本预算.rep"—〉年】手动改为【"D:\管理会计 2\产品成本预算.rep"—〉F8】,如图 5-118 所示。

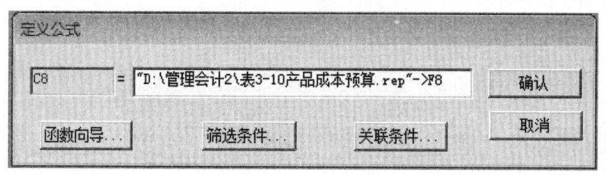

图 5-118 【产成品】定义公式二

6. 自定义【流动资产合计】。

选中【C9】单元,然后单击【fx】图标,在弹出的【定义公式】对话框中输入【C5+ C6+ C7+ C8】,单击 确认 按钮。

7. 自定义【固定资产】。

步骤一:先选中【C10】单元,然后单击【fx】图标,在弹出的【定义公式】对话框中单击【关联条件】,系统会自动弹出【关联条件】的对话框,如图 5-119 所示。

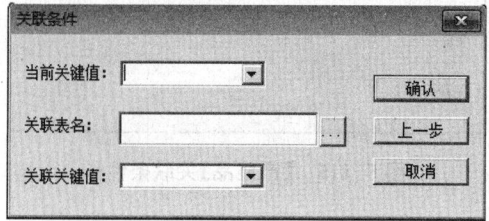

图 5-119 【固定资产】关联条件一

步骤二：在关联条件对话框中选择【当前关键值】→年,【关联关键值】→年,单击【关联表名】…按钮,选择【制造费用预算.rep】文件,如图 5-120 所示。

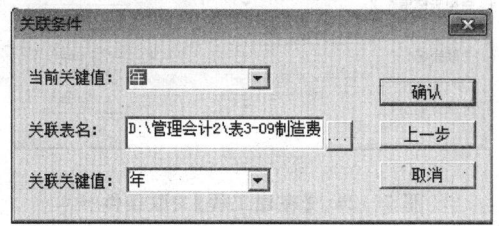

图 5-120 【固定资产】关联条件二

步骤三：然后单击【确认】按钮,系统自动将定义公式显示在【定义公式】对话框中,如图 5-121 所示。

图 5-121 【固定资产】定义公式一

步骤四：将【Relation 年 with "D:\管理会计 2\制造费用预算.rep"－>年】手动改为【"D:\管理会计 2\制造费用预算.rep"－>F11】,如图 5-122 所示。

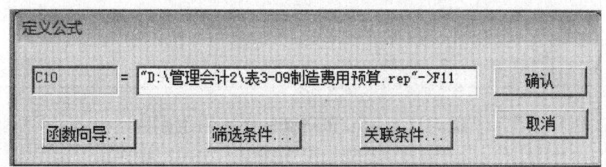

图 5-122 【固定资产】定义公式二

步骤五：重复上述步骤编辑公式将【Relation 年 with "D:\管理会计 2\销售及管理费用预算.rep"－>年】手动改为【B10－"D:\管理会计 2\制造费用预算.rep"－>F11－"D:\管理会计 2\销售及管理费用预算.rep"－>B16】,如图 5-123 所示。

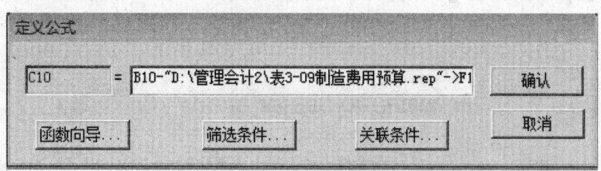

图 5-123 【固定资产】定义公式三

8. 自定义【在建工程】。

步骤一：先选中【C11】单元,然后单击【fx】图标,在弹出的【定义公式】对话框中单击【关联条件】,系统会自动弹出【关联条件】的对话框,如图 5-124 所示。

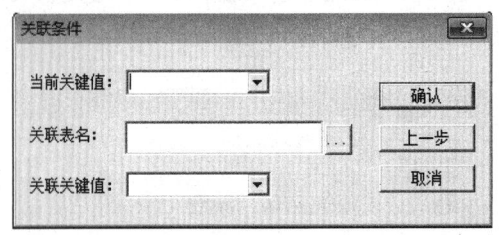

图 5-124 【在建工程】关联条件一

步骤二:在关联条件对话框中选择【当前关键值】→年,【关联关键值】→年,单击【关联表名】…按钮,选择【现金预算.rep】文件,如图 5-125 所示。

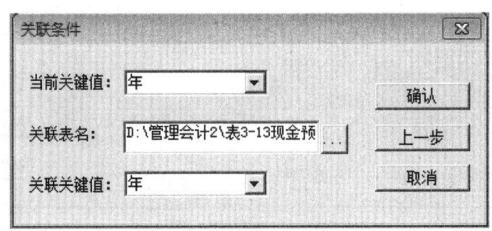

图 5-125 【在建工程】关联条件二

步骤三:然后单击【确认】按钮,系统自动将定义公式显示在【定义公式】对话框中,如图 5-126 所示。

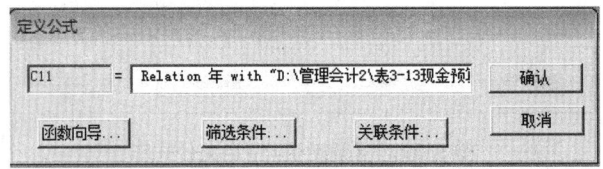

图 5-126 【在建工程】定义公式一

步骤四:将【Relation 年 with "D:\管理会计 2\现金预算.rep"－>年】手动改为【"D:\管理会计 2\现金预算.rep"－>F12】,如图 5-127 所示。

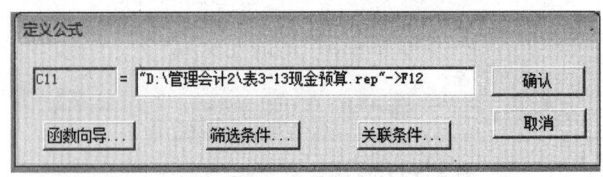

图 5-127 【在建工程】定义公式二

步骤五:编辑公式将【"D:\管理会计 2\现金预算.rep"－>F12】手动改为【B11＋"D:\管理会计 2\现金预算.rep"－>F12】,如图 5-128 所示。

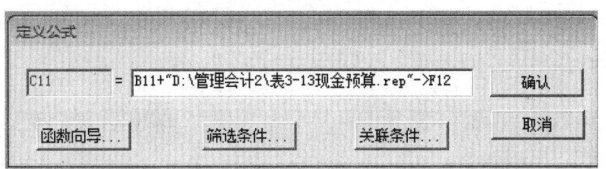

图 5-128 【在建工程】定义公式三

9. 自定义【非流动资产合计】。

选中【C12】单元,然后单击【fx】图标,在弹出的【定义公式】对话框中输入【C10＋C11】,单击 确认 按钮。

10. 自定义【资产合计】。

选中【C15】单元,然后单击【fx】图标,在弹出的【定义公式】对话框中输入【C9＋C12】,单击 确认 按钮。

11. 自定义【应付账款】。

步骤一:先选中【F5】单元,然后单击【fx】图标,在弹出的【定义公式】对话框中单击【关联条件】,系统会自动弹出【关联条件】的对话框,如图 5-129 所示。

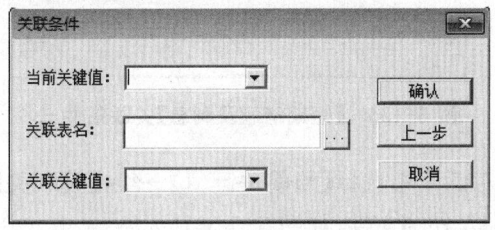

图 5-129 【应付账款】关联条件一

步骤二:在关联条件对话框中选择【当前关键值】→年,【关联关键值】→年,单击【关联表名】按钮,选择【材料预算.rep】文件,如图 5-130 所示。

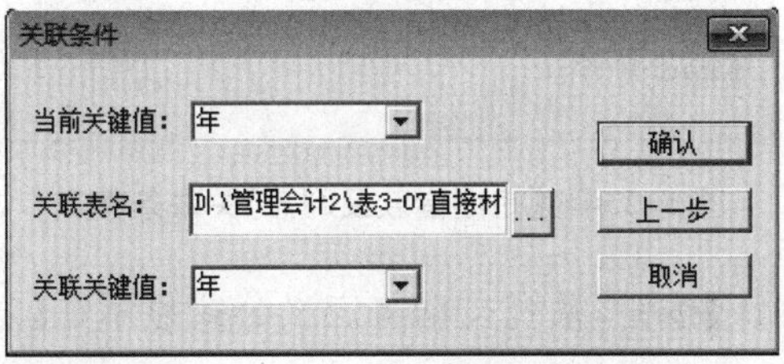

图 5-130 【应付账款】关联条件二

步骤三:然后单击【确认】按钮,系统自动将定义公式显示在【定义公式】对话框中,如图 5-131 所示。

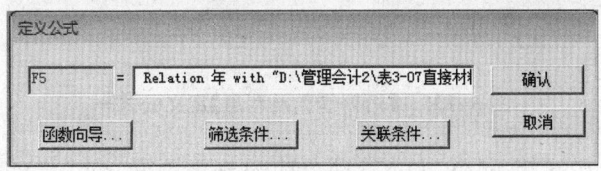

图 5-131 【应付账款】定义公式一

步骤四：将【Relation 年 with "D:\管理会计 2\材料预算.rep"－>年】手动改为【"D:\管理会计 2\材料预算.rep"－>E10＊0.5】，如图 5-132 所示。

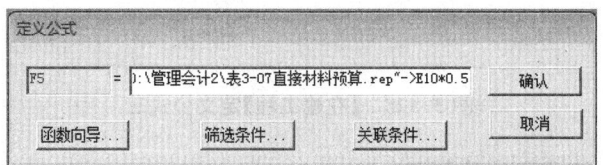

图 5-132 【应付账款】定义公式二

12. 自定义【短期借款及利息】。

步骤一：先选中【F6】单元，然后单击【fx】图标，在弹出的【定义公式】对话框中单击【关联条件】，系统会自动弹出【关联条件】的对话框，如图 5-133 所示。

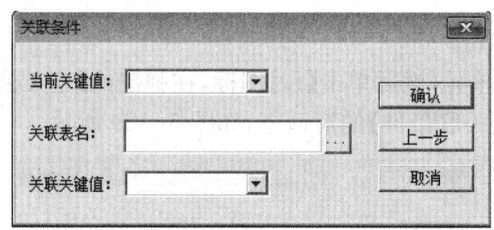

图 5-133 【短期借款及利息】关联条件一

步骤二：在关联条件对话框中选择【当前关键值】→年，【关联关键值】→年，单击【关联表名】…按钮，选择【现金预算.rep】文件，如图 5-134 所示。

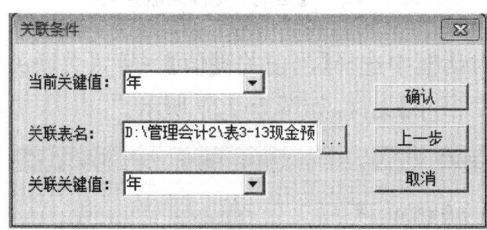

图 5-134 【短期借款及利息】关联条件二

步骤三：然后单击【确认】按钮，系统自动将定义公式显示在【定义公式】对话框中，如图 5-135 所示。

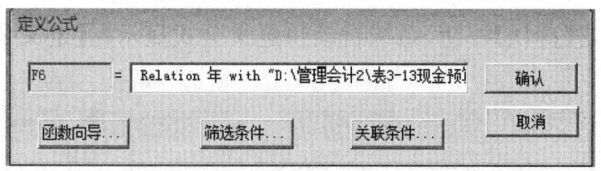

图 5-135 【短期借款及利息】定义公式一

步骤四：将【Relation 年 with "D:\管理会计 2\现金预算.rep"－>年】手动改为【"D:\管

理会计 2\现金预算.rep"->B18-"D:\管理会计 2\现金预算.rep"->D19+"D:\管理会计 2\现金预算.rep"->E18)】,如图 5-136 所示。

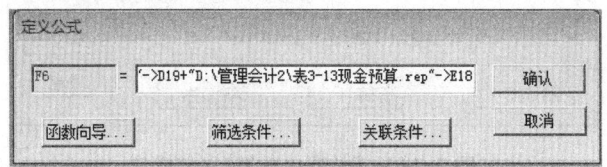

图 5-136 【短期借款及利息】定义公式二

13. 自定义【长期借款】。

步骤一:先选中【F7】单元,然后单击【fx】图标,在弹出的【定义公式】对话框中单击【关联条件】,系统会自动弹出【关联条件】的对话框,如图 5-137 所示。

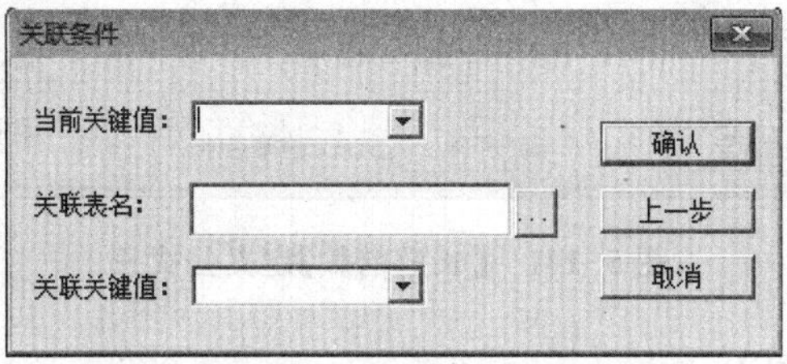

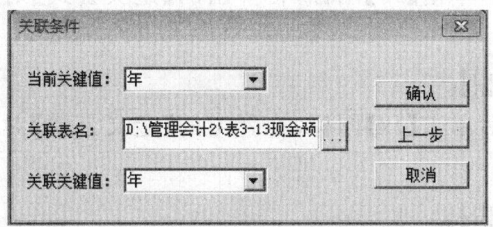

图 5-137 【长期借款】关联条件一

步骤二:在关联条件对话框中选择【当前关键值】→年,【关联关键值】→年,单击【关联表名】按钮,选择【现金预算.rep】文件,如图 5-138 所示。

图 5-138 【长期借款】关联条件二

步骤三:然后单击【确认】按钮,系统自动将定义公式显示在【定义公式】对话框中,如图 5-139 所示。

图 5-139 【长期借款】定义公式一

步骤四:将【Relation 年 with "D:\管理会计 2\现金预算.rep"->年】手动改为【"D:\管

理会计 2\现金预算.rep"－>B17],如图 5-140 所示。

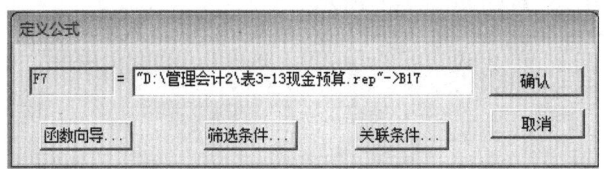

图 5-140 【长期借款】定义公式二

步骤五:编辑公式将【"D:\管理会计 2\现金预算.rep"－>B17】手动改为【E7+"D:\管理会计 2\现金预算.rep"－>B17+"D:\管理会计 2\现金预算.rep"－>E17】,如图 5-141 所示。

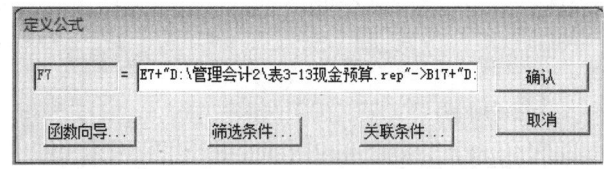

图 5-141 【长期借款】定义公式三

14. 自定义【负债合计】。

选中【F8】单元,然后单击【fx】图标,在弹出的【定义公式】对话框中输入【F5+ F6+ F7】,单击 确认 按钮。

15. 自定义【股市】。

选中【F10】单元,然后单击【fx】图标,在弹出的【定义公式】对话框中输入【E10】,单击 确认 按钮。

16. 自定义【资市公积】。

选中【F11】单元,然后单击【fx】图标,在弹出的【定义公式】对话框中输入【E11】,单击 确认 按钮。

17. 自定义【盈余公积】。

选中【F12】单元,然后单击【fx】图标,在弹出的【定义公式】对话框中输入【E12】,单击 确认 按钮。

18. 自定义【未分配利润】。

步骤一:先选中【F13】单元,然后单击【fx】图标,在弹出的【定义公式】对话框中单击【关联条件】,系统会自动弹出【关联条件】的对话框,如图 5-142 所示。

图 5-142 【未分配利润】关联条件一

步骤二:在关联条件对话框中选择【当前关键值】→年,【关联关键值】→年,单击【关联表名】……按钮,选择【预计利润表.rep】文件,如图5-143所示。

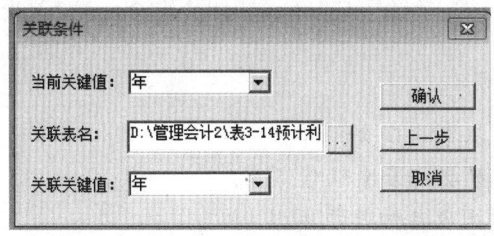

图 5-143 【未分配利润】关联条件二

步骤三:然后单击【确认】按钮,系统自动将定义公式显示在【定义公式】对话框中,如图5-144所示。

图 5-144 【未分配利润】定义公式一

步骤四:将【Relation 年 with "D:\管理会计2\预计利润表.rep"－>年】手动改为【"D:\管理会计2\预计利润表.rep"－>B11】,如图5-145所示。

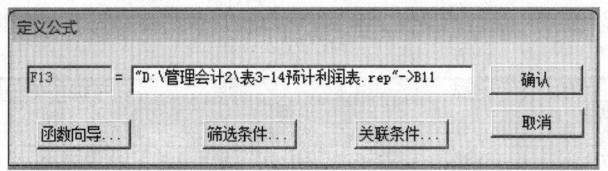

图 5-145 【未分配利润】定义公式二

步骤五:编辑公式将【"D:\管理会计2\预计利润表.rep"－>B11】手动改为【E13＋"D:\管理会计2\预计利润表.rep"－>B11－"D:\管理会计2\现金预算.rep"－>E13】,如图5-146所示。

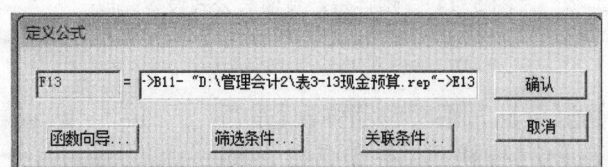

图 5-146 【未分配利润】定义公式三

19. 自定义【所有者权益合计】。

选中【F14】单元,然后单击【fx】图标,在弹出的【定义公式】对话框中输入【F10＋F11＋

F12+F13】,单击 确认 按钮。

20. 自定义【负债及所有者权益合计】。

选中【F15】单元,然后单击【fx】图标,在弹出的【定义公式】对话框中输入【F8+F14】,单击 确认 按钮。

> ◀温馨提示▶
> - "现金"项目的数据来自现金预算。
> - "应收账款"项目的数据来自销售预算。
> - "材料"项目的数据来自材料预算。
> - "产成品"项目的数据来自产品成本预算。
> - "固定资产"项目的数据来自预计资产负债表年初、制造费用预算和销售及管理费用预算。
> - "在建工程"项目的数据来自预计资产负债表年初和现金预算。
> - "应付账款"项目的数据来自材料预算。
> - "短期借款及利息"项目的数据来自预计资产负债表年初和现金预算。
> - "长期借款"项目的数据来自预计资产负债表年初和现金预算。
> - "股本"项目的数据来自预计资产负债表年初。
> - "资本公积"项目的数据来自预计资产负债表年初。
> - "盈余公积"项目的数据来自预计资产负债表年初。
> - "未分配利润"项目的数据来自预计资产负债表年初、预计利润表和现金预算。

21. 预计资产负债表公式设置完成,如图 5-147 所示。

	A	B	C	D	E	F
1			预计资产负债表			
2						单位:元
3	项目	年初	年末	项目	年初	年末
4	流动资产:			负债		
5	现金	公式单元	公式单元	应付账款	公式单元	公式单元
6	应收账款	公式单元	公式单元	短期借款及利息	公式单元	公式单元
7	材料	公式单元	公式单元	长期借款	公式单元	公式单元
8	产成品	公式单元	公式单元	负债合计	公式单元	公式单元
9	流动资产合计	公式单元	公式单元	所有者权益:		
10	固定资产	公式单元	公式单元	股本	公式单元	公式单元
11	在建工程	公式单元	公式单元	资本公积	公式单元	公式单元
12	非流动资产	公式单元	公式单元	盈余公积	公式单元	公式单元
13				未分配利润	公式单元	公式单元
14				所有者权益合计	公式单元	公式单元
15	资产合计	公式单元	公式单元	所有者权益和负债合计	公式单元	公式单元

图 5-147 预计资产负债表公式设置完成

22. 切换【格式】到【数据】,系统自动弹出【是否确定全表重算】,单击【是】按钮,如图 5-148 和图 5-149 所示。

23. 单击 按钮,将文件命名为【预计资产负债表】。

图 5-148 【是否确定全表重算】对话框

		预计资产负债表			
					单位:元
项目	年初	年末	项目	年初	年末
流动资产:			**负债:**		
现金	8000.00	3010.00	应付账款	2350.00	4640.00
应收账款	6200.00	14400.00	短期借款及利息		35200.00
材料	1500.00	2000.00	长期借款	120000.00	210000.00
产成品	900.00	1800.00	负债合计	122350.00	249840.00
流动资产合计	16600.00	21210.00	**所有者权益:**		
固定资产	43750.00	37250.00	股本	20000.00	20000.00
在建工程	100000.00	230000.00	资本公积	5000.00	5000.00
非流动资产	143750.00	267250.00	盈余公积	10000.00	10000.00
			未分配利润	3000.00	3620.00
			所有者权益合计	38000.00	38620.00
资产合计	160350.00	288460.00	**所有者权益和负债合计**	160350.00	288460.00

图 5-149 预计资产负债表重算表

专项能力训练

（一）训练目的

根据所给资料完成 UFO 报表系统中财务预算表的格式和自定义公式。

（二）训练资料

1. 天成公司生产并销售一种产品 A 产品，该产品售价为 300 元/件，根据销货合同和市场预测的 20×8 年产品销量为 18 000 件，其中：第一季度 3 000 件、第二季度 4 000 件、第三季度 5 000 件、第四季度 6 000 件。该公司销售采用赊销与现销两种方式，每季度现销 70%，赊销 30%，赊销款于下一季度全部收回。20×7 年应收账款余额 150 000 元将于预算年度第一季度收回现金，增值税税率为 13%。相关资料如表 5-11 所示。

表 5-11　天成公司 20×8 年度销售预算

项目	第一季度	第二季度	第三季度	第四季度	全年合计
预计销售量/件	3 000	4 000	5 000	6 000	18 000
销售单价/(元/件)	300	300	300	300	300
预计销售收入/元					
增值税销项税额/元					
含税销项收入/元					
年初应收账款余额/元	150 000.00				150 000.00
第一季度销售现金收入/元					
第二季度销售现金收入/元					
第三季度销售现金收入/元					
第四季度销售现金收入/元					
销售现金收入合计/元					

2. 天成公司 20×8 年年初有 A 产品存货 300 件,预计年末留存 650 件,其他各期期末存货按下期预计销售量的 10% 确定。相关资料如表 5-12 所示。

表 5-12　　　　　　　　　　　天成公司 20×8 年度生产预算

项目	第一季度	第二季度	第三季度	第四季度	全年合计
预计销售量					
加:预计期末存货量				650	
减:预计期初存货量	300				
预计生产量					

3. 天成公司生产的 A 产品只耗用一种甲材料,20×8 年年初、年末预计材料存量分别为 890 千克和 1 660 千克,其中各期期末存量为下期生产需要量的 10%。单位产品消耗甲材料定额 14 千克,材料计划单价为 8 元。预计各期采购材料的货款当期支付 60%,其余 40% 在下季付清;20×7 年应付账款余额 200 000 元于预算年度第一季度支付,增值税税率为 13%。相关资料如表 5-13 所示。

表 5-13　　　　　　　　　　天成公司 20×8 年度直接材料采购预算

项目	第一季度	第二季度	第三季度	第四季度	全年合计
预计生产量/件					
单位产品材料耗用量/(千克/件)	14	14	14	14	14
生产需要量/千克					
加:预计期末材料存量/千克				1 660	
减:预计期初材料存量/千克	890				
预计采购量/千克					
单价/(元/千克)	8	8	8	8	8
预计材料采购成本					
增值税进项税额/元					
预计采购金额/元					
年初应付账款余额/元	200 000.00				200 000.00
第一季度采购现金支出					
第二季度采购现金支出					
第三季度采购现金支出					
第四季度采购现金支出					
现金支出合计/元					

4. 天成公司直接人工的工种只有一种,20×8 年生产的 A 产品单件工时为 4 小时,每小时人工为 9 元。相关资料如表 5-14 所示。

表 5-14　　　　　　　　　　天成公司 20×8 年度直接人工预算

项目	第一季度	第二季度	第三季度	第四季度	全年合计
预计生产量/件					
单位产品工时/(时/件)	4	4	4	4	4
人工总工时/时					
每小时人工成本/元	9	9	9	9	9
人工总成本/元					

5. 天成公司 20×8 年编制制造费用预算是，分别就变动性制造费用和固定性制造费用两部分内容编制。变动性制造费用预算数按计算人工工时和预计变动费用分配率计算。变动制造费用标准分配率为：材料费 1.5 元/小时、人工费 1.5 元/小时、修理费 1 元/小时、水电费 1.5 元/小时、其他费用 0.5 元/小时。固定型制造费用与产量无关，含管理人员工资 147 000 元，折旧费 91 000 元，修理费 40 000 元，水电费 42 000 元，保险费 25 000 元，设备租金 140 000 元，按季平均支付。以现金支付的各项制造费用均于当季付款。相关资料如表 5-15 所示。

表 5-15　　　　　　　　　　天成公司 20×8 年度制造费用预算

项目	第一季度	第二季度	第三季度	第四季度	全年合计
变动性制造费用：					
间接材料					
间接人工					
水电费					
修理费					
其他					
小计					
固定性制造费用：					
管理人员工资					147 000.00
折旧					91 000.00
修理费					40 000.00
水电费					42 000.00
保险费					25 000.00
设备租金					140 000.00
小计					
制造费用合计					
减：折旧					
现金支出费用					

6. 假设 A 产品年初单位成本为 169.20 元，产成品发出的计价方法是先进先出法。相关资料如表 5-16 所示。

表 5-16　　　　　　　　　天成公司 20×8 年度产品生产成本预算

成本项目	A 产品全年生产量 18 350 件			
	单价	单耗	单位成本	总成本
直接材料	8 元/千克	14 千克/件		
直接人工	9 元/小时	4 时/件		
变动性制造费用	6 元/小时	4 时/件		
合计	—	—		
产成品存货	数量	单位成本	总成本	
年初存货	300	169.2		
年末存货	650			
本年销售	18 000	—		

7. 天成公司 2018 年编制销售费用预算时,分别就变动销售费用和固定销售费用两部分内容编制。变动销售费用率为 3.7%,其中:销售佣金 1.5%、销售运杂费 1.2%、其他 1%。固定销售费用,其中:管理人员工资 100 000 元,折旧 30 000 元,专项销售机构办公费 15 000 元,广告宣传费 210 000 元,其他 25 000 元。除折旧以外的其他销售费用均与现金支付,按季平均支付。相关资料如表 5-17 所示。

表 5-17　　　　　　　　　天成公司 20×8 年度产品销售费用预算

项目	变动销售费用率/%	第一季度	第二季度	第三季度	第四季度	全年合计
预计销售收入						
变动销售费用:						
销售佣金	1.5					
销售运杂费	1.2					
其他	1					
小计	3.7					
固定销售费用:						
管理人员工资						100 000.00
折旧						30 000.00
专项销售机构办公费						15 000.00
广告宣传费						210 000.00
其他						25 000.00
小计						
销售费用合计						
减:折旧						
现金支出费用						

8. 天成公司 20×8 年预计管理费用中,除折旧和无形资产摊销以外的各种管理费用均已现金支付,并于当季度平均支付。含管理人员工资 200 000 元,差旅费 51 000 元,折旧 65 000 元,办公费 41 000 元,无形资产摊销 10 000 元,其他 63 000 元,假设管理费用均为固

定费用。相关资料如表 5-18 所示。

表 5-18 天成公司 20×8 年度管理费用预算

项目	第一季度	第二季度	第三季度	第四季度	全年合计
管理人员工资					200 000.00
差旅费					51 000.00
折旧					65 000.00
办公费					41 000.00
无形资产摊销					10 000.00
其他					63 000.00
管理费用合计					
减:折旧					
无形资产摊销					
现金支出费用					

9. 天成公司预算年初现金余额为 70 000 元。该公司政策规定,企业每季度末现金余额不得低于 60 000 元,若资金不足,可以以万元为单位向银行取整借款。短期借款年利率为 4.3%,年初借入,年末偿还,借款利息于偿还本金时一起支付。另外,公司在 20×8 年年初准备投资 350 000 元购买机器设备,第一季的支付 10%,第二季的支付 10%,第三季的支付 30%,第四季的支付 50%。每季度预缴所得税依次为:第一季度 22 500 元,第二季度 30 000 元,第三季度 37 500 元,第四季度 45 000 元。每季度预缴增值税依次为:第一季度 87 380 元,第二季度 124 032 元,第三季度 156 087.20 元,第四季度 200 069.60 元。预算在第三季度发放现金股利 64 000 元。相关资料如表 5-19 所示。

表 5-19 天成公司 20×8 年度现金预算

项目	第一季度	第二季度	第三季度	第四季度	全年合计
期初现金余额	70 000.00				
加:销货现金收入					
可供使用现金					
减:各项现金支出					
直接材料					
直接人工					
制造费用					
销售费用					
管理费用					
缴纳增值税	87 380.00	124 032.00	156 087.20	200 069.60	567 568.80
预交所得税	22 500.00	30 000.00	37 500.00	45 000.00	135 000.00
现金股利			64 000.00		64 000.00
机器设备					
支出合计					
现金多余(不足)					
短期借款					
偿还短期借款					
支付短期借款利息(年利率4.3%)					
期末现金余额					

10. 根据前述的各项预算,编制预计利润表,如表5-20所示。

表5-20　　　　　　　　　　天成公司20×8年度预计利润表

项目	第一季度	第二季度	第三季度	第四季度	全年合计
销售收入					
减:变动成本					
变动生产成本					
变动管理及销售费用					
变动成本总额					
边际贡献					
减:固定成本					
固定制造费用					
固定管理及销售费用					
利息支出					
固定成本总额					
税前利润					
减:所得税					
税后利润					

11. 根据前述的各项预算,编制预计资产负债表,如表5-21所示。

表5-21　　　　　　　　　　天成公司20×8年度预计资产负债表

资产	年初数	期末数	负债及所有者权益	年初数	期末数
流动资产			流动负债		
现金	70 000.00		应付账款	200 000.00	
应收账款	150 000.00		应交所得税	33 960.00	
原材料	7 120.00		短期借款	—	
产成品	50 760.00		流动负债合计	233 960.00	
流动资产合计	277 880.00		长期负债		
固定资产原值	2 300 000.00		长期借款	68 000.00	
减:累计折旧	514 280.00		所有者权益		
固定资产净值	1 785 720.00		股本	1 800 000.00	
无形资产	80 000.00		留存收益	41 640.00	
合计	2 143 600.00		负债及权益合计	2 143 600.00	

附录

附录一 企业会计科目代码表

企业会计科目代码表

编号	会计科目名称	编号	会计科目名称
	一、资产类	2211	应付职工薪酬
1001	库存现金	2221	应交税费
1002	银行存款	2231	应付利息
1012	其他货币资金	2232	应付利润(应付股利)
1101	交易性金融资产	2241	其他应付款
1121	应收票据	2501	长期借款
1122	应收账款	2502	应付债券
1123	预付账款	2701	长期应付款
1131	应收股利	2801	预计负债
1132	应收利息	2901	递延所得税负债
1221	其他应收款		三、共同类
1231	坏账准备	3101	衍生工具
1402	在途物资	3201	套期工具
1403	原材料		四、所有者权益类
1404	材料成本差异	4001	实收资本(股本)
1405	库存商品	4002	资本公积
1511	长期股权投资	4101	盈余公积
1512	长期股权投资减值准备	4103	本年利润
1531	长期应收款	4104	利润分配
1601	固定资产		五、成本类
1602	累计折旧	5001	生产成本
1603	固定资产减值准备	5101	制造费用
1604	在建工程		六、损益类
1605	工程物资	6001	主营业务收入
1606	固定资产清理	6051	其他业务收入
1701	无形资产	6101	公允价值变动损益
1702	累计摊销	6111	投资收益
1703	无形资产减值准备	6301	营业外收入
1711	商誉	6401	主营业务成本
1801	长期待摊费用	6402	其他业务成本
1811	递延所得税资产	6403	税金及附加
1901	待处理财产损溢	6601	销售费用
	二、负债类	6602	管理费用
2001	短期借款	6603	财务费用
2101	交易性金融负债	6701	资产减值损失
2201	应付票据	6711	营业外支出
2202	应付账款	6801	所得税费用
2203	预收账款	6901	以前年度损益调整

附录二 资产负债表自定义公式

资产负债表期末余额项目自定义公式

1. 货币资金【QM("1001",月,,,年,,)+QM("1002",月,,,年,,)+QM("1012",月,,,年,,)】
2. 交易性金融资产【QM("1101",月,,,年,,)】
3. 应收票据【QM("1121",月,,,年,,)】
4. 应收账款【QM("1122",月,"借",,,"",,,,,)+QM("2203",月,"借",,,,,,,,)－QM("1231",月,,,,,,,,)】
5. 预付账款【QM("1123",月,"借",,,年,,)+QM("2202",月,"借",,,年,,)】
6. 应收利息【QM("1132",月,,,年,,)】
7. 应收股利【QM("1131",月,,,年,,)】
8. 其他应收款【QM("1221",月,,,年,,)】
9. 存货【QM("1401",月,,,年,,)+QM("1402",月,,,年,,)+QM("1403",月,,,年,,)+QM("1404",月,,,年,,)+QM("1405",月,,,年,,)+QM("1406",月,,,年,,)－QM("1407",月,,,年,,)+QM("1408",月,,,年,,)+QM("1411",月,,,年,,)+QM("1421",月,,,年,,)+QM("5001",月,,,年,,)+QM("5201",月,,,年,,)－QM("1471",月,,,年,,)】
10. 流动资产合计【PTOTAL(C7:C17)】
11. 可供出售金融资产【QM("1503",月,,,年,,)】
12. 持有至到期投资【QM("1501",月,,,年,,)－QM("1502",月,,,年,,)】
13. 长期股权投资【QM("1511",月,,,年,,)－QM("1512",月,,,年,,)】
14. 投资性房地产【QM("1521",月,,,年,,)】
15. 固定资产【QM("1601",月,,,年,,)－QM("1602",月,,,年,,)－QM("1603",月,,,年,,)】
16. 在建工程【QM("1604",月,,,年,,)】
17. 工程物资【QM("1605",月,,,年,,)】
18. 固定资产清理【QM("1606",月,,,年,,)】
19. 无形资产【QM("1701",月,,,年,,)－QM("1702",月,,,年,,)－QM("1703",月,,,年,,)】
20. 非流动资产合计【PTOTAL(C20:C36)】
21. 资产总计【C18＋C37】
22. 短期借款【QM("2001",月,,,年,,)】
23. 应付票据【QM("2201",月,,,年,,)】
24. 应付账款【QM("2202",月,"贷",,,年,)+QM("1123",月,"贷",,,年,,)】
25. 预收账款【QM("2203",月,"贷",,,年,)+QM("1122",月,"贷",,,年,,)】

26. 应付职工薪酬【QM("2211",月,,,年,,)】
27. 应交税费【QM("2221",月,,,年,,)】
28. 应付利息【QM("2231",月,,,年,,)】
29. 应付股利【QM("2232",月,,,年,,)】
30. 其他应付款【QM("2241",月,,,年,,)】
31. 流动负债合计【PTOTAL(G7:G18)】
32. 长期借款【QM("2501",月,,,年,,)】
33. 应付债券【QM("2502",月,,,年,,)】
34. 长期应付款【QM("2701",月,,,年,,)－QM("2702",月,,,年,,)】
35. 非流动负债合计【PTOTAL(G21:G27)】
36. 负债合计【G19＋G28】
37. 实收资本【QM("4001",月,,,年,,)】
38. 资本公积【QM("4002",月,,,年,,)】
39. 盈余公积【QM("4101",月,,,年,,)】
40. 未分配利润【QM("4103",月,,,年,,)＋QM("4104",月,,,年,,)】
41. 所有者权益(或股东权益)合计【G31＋G32－G33＋G34＋G35】
42. 负债和所有者权益(或股东权益)【G29＋G36】

资产负债表期初余额项目自定义公式

1. 货币资金【QC("1001",全年,,,年,,)＋QC("1002",全年,,,年,,)＋QC("1012",全年,,,年,,)】
2. 交易性金融资产【QC("1101",全年,,,年,,)】
3. 应收票据【QC("1121",全年,,,年,,)】
4. 应收账款【QC("1122",全年,"借",,,"",,,,,,)＋QC("2203",全年,"借",,,,,,,,)－QC("1231",全年,,,,,,,,)】
5. 预付账款【QC("1123",全年,"借",,,年,,)＋QC("2202",全年,"借",,,年,,)】
6. 应收利息【QC("1132",全年,,,年,,)】
7. 应收股利【QC("1131",全年,,,年,,)】
8. 其他应收款【QC("1221",全年,,,年,,)】
9. 存货【QC("1401",全年,,,年,,)＋QC("1402",全年,,,年,,)＋QC("1403",全年,,,年,,)＋QC("1404",全年,,,年,,)＋QC("1405",全年,,,年,,)＋QC("1406",全年,,,年,,)－QC("1407",全年,,,年,,)＋QC("1408",全年,,,年,,)＋QC("1411",全年,,,年,,)＋QC("1421",全年,,,年,,)＋QC("5001",全年,,,年,,)＋QC("5201",全年,,,年,,)－QC("1471",全年,,,年,,)】
10. 流动资产合计【PTOTAL(D7:D17)】
11. 可供出售金融资产【QC("1503",全年,,,年,,)】
12. 持有至到期投资【QC("1501",全年,,,年,,)－QC("1502",全年,,,年,,)】
13. 长期股权投资【QC("1511",全年,,,年,,)－QC("1512",全年,,,年,,)】
14. 投资性房地产【QC("1521",全年,,,年,,)】
15. 固定资产【QC("1601",全年,,,年,,)－QC("1602",全年,,,年,,)－QC("1603",

全年,,,年,,)】

16. 在建工程【QC("1604",全年,,,年,,)】
17. 工程物资【QC("1605",全年,,,年,,)】
18. 固定资产清理【QC("1606",全年,,,年,,)】
19. 无形资产【QC("1701",全年,,,年,,)－QC("1702",全年,,,年,,)－QC("1703",全年,,,年,,)】
20. 非流动资产合计【PTOTAL(D20:D36)】
21. 资产总计【D18＋D37】
22. 短期借款【QC("2001",全年,,,年,,)】
23. 应付票据【QC("2201",全年,,,年,,)】
24. 应付账款【QC("2202",全年,"贷",,,年,,)＋QC("1123",全年,"贷",,,年,,)】
25. 预收账款【QC("2203",全年,"贷",,,年,,)＋QC("1122",全年,"贷",,,年,,)】
26. 应付职工薪酬【QC("2211",全年,,,年,,)】
27. 应交税费【QC("2221",全年,,,年,,)】
28. 应付利息【QC("2231",全年,,,年,,)】
29. 应付股利【QC("2232",全年,,,年,,)】
30. 其他应付款【QC("2241",全年,,,年,,)】
31. 流动负债合计【PTOTAL(H7:H18)】
32. 长期借款【QC("2501",全年,,,年,,)】
33. 应付债券【QC("2502",全年,,,年,,)】
34. 长期应付款【QC("2701",全年,,,年,,)－QC("2702",全年,,,年,,)】
35. 非流动负债合计【PTOTAL(H21:H27)】
36. 负债合计【H19＋H28】
37. 实收资本【QC("4001",全年,,,年,,)】
38. 资本公积【QC("4002",全年,,,年,,)】
39. 盈余公积【QC("4101",全年,,,年,,)】
40. 未分配利润【QC("4103",全年,,,年,,)＋QC("4104",全年,,,年,,)】
41. 所有者权益(或股东权益)合计【H31＋H32－H33＋H34＋H35】
42. 负债和所有者权益(或股东权益)【H29＋H36】

附录三　常用财务指标公式

一、偿债能力财务指标

1. 营运资金＝流动资产－流动负债
2. 流动比率＝流动资产÷流动负债
3. 速动比率＝速动资产÷流动负债（速动资产＝流动资产－存货－预付账款）
4. 现金比率＝（货币资金＋交易性金融资产）÷流动负债
5. 资产负债率＝负债总额÷资产总额×100%
6. 产权比率＝负债总额÷所有者权益
7. 权益乘数＝总资产÷所有者权益
8. 利息保障倍数＝息税前利润÷应付利息（息税前利润＝净利润＋利润表中的利息费用＋所得税）

二、营运能力财务指标

1. 应收账款周转次数＝销售收入÷应收账款平均余额[应收账款平均余额＝（应收账款期初余额＋应收账款期末余额）÷2]
2. 存货周转次数＝销售成本÷存货平均余额[存货平均余额＝（存货期初余额＋存货期末余额）÷2]
3. 流动资产周转次数＝销售收入÷流动资产平均余额[流动资产平均余额＝（流动资产期初余额＋流动资产期末余额）÷2]
4. 固定资产周转次数＝销售收入÷固定资产平均余额[固定资产平均余额＝（固定资产期初余额＋固定资产期末余额）÷2]
5. 总资产周转次数＝销售收入÷总资产平均余额[总资产平均余额＝（总资产期初余额＋总资产期末余额）÷2]

三、盈利能力财务指标

1. 销售毛利率＝毛利÷销售收入×100%（毛利＝销售收入－销售成本）
2. 销售净利率＝净利润÷销售收入×100%
3. 总资产净利率＝净利润÷平均总资产[平均总资产＝（总资产期初余额＋总资产期末余额）÷2]
4. 净资产收益率＝净利润÷平均净资产[平均净资产＝（净资产期初余额＋净资产期末余额）÷2]

四、发展能力财务指标

1. 销售收入增长率＝本年销售收入增长额÷上年销售收入×100%（本年销售收入增长额＝本年销售收入－上年销售收入）

2. 总资产增长率＝本年总资产增长额÷期初总资产×100％（本年总资产增长额＝期末总资产－期初总资产）

3. 营业利润增长率＝本年营业利润增长额÷上年营业利润×100％（本年营业利润增长额＝本年营业利润－上年营业利润）

4. 资本积累率＝本年所有者权益增长额÷期初所有者权益×100％（本年所有者权益增长额＝期末所有者权益－期初所有者权益）

5. 资本保值增值率＝扣除客观因素影响后的期末所有者权益÷期初所有者权益×100％

附录四 会计专业培养目标及能力指标

专业培养目标	核心能力	能力指标
1. 成为具有参加沟通合作和独立思考能力的终身学习者	A 沟通整合（协作力）	AKa1 具备团队合作及与会计服务对象沟通交流的能力 AKa2 具备会计、统计、企业管理等相关领域知识整合和尊重多元观点的能力
	B 学习创新（学习力）	BKa1 具备关心时事、持续学习和处理会计信息的能力 BKa2 具备会计工作理念、工作方法创新的能力
2. 成为具有必备会计专业知识和较强会计信息处理能力的技术技能人才	C 专业技能（专业力）	CKa1 具备熟用会计专业知识的能力 CKa2 具备较强执行会计准则和税收制度、应用会计实务的能力
	D 问题解决（执行力）	DKa1 具备发现、分析会计问题的能力 DKa2 具备运用会计、统计理论和方法解决会计问题的能力
3. 成为具有敬业精神和德智体美全面发展的负责任公民	E 责任关怀（责任力）	EKa1 具备遵守理论、担当社会责任的能力 EKa2 具备知礼、遵规等人文涵养的能力
	F 职业素养（发展力）	FKa1 具备坚守财经准则、严谨细致的职业素养 FKa2 具备规划职业生涯、适应会计相关岗位变迁的能力

附录五 电子报表数据处理课程大纲

课程名称	电子报表数据处理					课程代号		
课程类型	☐通识必修课程 ☐通识选修课程 ☐专业平台课程 ☐专业核心课程 ☑专业拓展课程					授课教师		
修读方式	☐必修 ☐必选 ☑选修					学时/学分	51/3	
是否配备 教学助理	☐是 ☑否					实践学时	24	
上课地点	☑校内 ☐校外					周学时	3	
教学场所	☐教室 ☑实训(验)室 ☐一体化教室 ☐生产性实训基地 ☐其他(　　)							
办公地点						联系方式		
课外答疑时间						分段教学	☐是	☑否
A 课程描述	本课程旨在引领学生熟悉 UFO 报表系统的功能，掌握自定义报表公式和财务分析指标公式（目的）。通过熟悉 UFO 报表系统，进行算术表达式、财务函数的编辑（历程）。针对不同的企业数据，自定义财务报表项目和财务分析指标，自动导出企业报表信息。（预期成果）							
B 课程教学目标（标注能力指标）	1. 能善用 UFO 报表系统进行定义资产负债表的格式　　（CKa2） 2. 能善用 UFO 报表系统进行定义利润表的格式　　　　（CKa2） 3. 能熟练编辑财务报表公式　　　　　　　　　　　　（CKa2） 4. 能熟练编辑财务分析指标公式　　　　　　　　　　（CKa2） 5. 能发现新的计算数据的方法　　　　　　　　　　　（Bka1） 6. 能熟知报表取数公式　　　　　　　　　　　　　　（CKa2）							
C 核心能力权重	沟通整合 （A）	学习创新 （B）	专业技能 （C）	问题解决 （D）	责任关怀 （E）	职业素养 （F）	合计	
	5%	10%	75%		5%	5%	100%	
D 课程权重	A1	A2	B1	B2	C1	C2	D1	D2	E1	E2	F1	F2	合计
		5%	10%		15%	60%				5%	5%		100%

D 课程权重	A1	A2	B1	B2	C1	C2	D1	D2	E1	E2	F1	F2	合计
		5%	10%		15%	60%				5%	5%		100%

E 学分数分配权重	数学及基础科学	专业与实务课程——专业/实务	专业与实务课程——实验/实训	通识	其他	合计
						100%

F 教材内容大纲	章节教材内容	学时分配		
		理论	实践	合计
	设计会计报表格式			
	自定义资产负债表公式	3	3	6
	自定义利润表公式	8	8	16
	自定义财务分析指标公式	4	4	8
		12	9	21
	合计	27	24	51

(续表)

G 教学方式	☑讲授 ☑讨论或座谈 ☐问题导向学习 ☑分组合作学习 ☐专题学习 ☑实做学习 ☐发表学习 ☐实习 ☐参观访问 ☐其他（　　　）					
H 学习评价	成绩项目	配分	评价方式（呼应能力指标）	细项配分	说明	
	平时成绩	50	实作评量 Cka1；FKa1 作业评量 BKa1；CKa2	10	1. 出勤率10分，基本分7分 迟到、病事假每次扣0.5分，旷课每次扣1分，无故旷课5次课者将不能获得本课成绩	
				36	各项目评量：项目一、二、三、四（每个项目100分，分别按照9%、9%、9%、9%进行折算，汇总后按照36%折算）	
				4	3. 每单元作业满分100分，占总成绩的4%，共4个单元，共计4分	
	期中成绩	20	实作评量 CKa1；CKa2；	20	以"ERP-U8v10.1软件操作后软件截图"作为期中成绩衡量 注明：在限定的操作时间内集中完成业务操作	
	期末成绩	30	实作评量 Aka2 EKa2 DKa2 ；FKa1	30	以"ERP-U8v10.1软件操作后软件截图"作为最终成绩衡量 注明：在限定的操作时间内集中完成业务操作	
I 评量方式	纸笔测验：☐小考　☐期中纸笔测验　☐期末纸笔测验 实做评量：☑作业　☑实做成品　☑日常表现 ☐表演　☐观察　☐轶事记录 档案评量：☐书面报告　☐专题档案 口语评量：☐口头报告　☐口试 其他评量：☐请说明：_____					
J 进度表	周别	单元名称与内容		能力指标代码	教学目标代码	备注
	1	单元一　设计会计报表格式 任务一　设计资产负债表格式		Cka2	M1	
	1	单元一　设计会计报表格式 任务二　设计利润表格式		Cka2	M2	
	2	单元一　设计会计报表格式 任务三　设计财务分析指标表		Fka1	M1、M2	
	2	单元二　自定义资产负债表公式 任务一　自定义资产负债表期末余额项目		Aka2	M3	
	3	单元二　自定义资产负债表公式 任务一　自定义资产负债表期末余额公式		CKa1	M3	
	3	单元二　自定义资产负债表公式 任务一　自定义资产负债表期末余额项目		CKa1	M3	

(续表)

周别	单元名称与内容	能力指标代码	教学目标代码	备注
4	单元二　自定义资产负债表公式 任务一　自定义资产负债表期末余额公式	CKa1	M3	
4	单元二　自定义资产负债表公式 任务二　自定义资产负债表期初余额项目	CKa2	M3	
5	单元二　自定义资产负债表公式 任务二　自定义资产负债表期初余额公式	CKa2	M3	
5	单元二　自定义资产负债表公式 任务二　自定义资产负债表期初余额项目	CKa2	M3	
6	单元二　自定义资产负债表公式 任务二　自定义资产负债表期初余额公式	CKa2	M3	
6	单元三　自定义利润表公式 任务一　自定义利润表本期金额公式	CKa2	M3	
7	单元三　自定义利润表公式 任务一　自定义利润表本期金额公式	CKa2	M3	
7	单元三　自定义利润表公式 任务二　自定义利润表上期金额公式	CKa2	M3	
8	单元三　自定义利润表公式 任务二　自定义利润表上期金额公式	CKa2	M3	
8	单元四　自定义财务分析指标公式 任务一　自定义偿债能力指标公式	Dka1	M4、M5、M6	
9	单元四　自定义财务分析指标公式 任务一　自定义偿债能力指标公式	DKa2	M4、M5、M6	
9	单元四　自定义财务分析指标公式 任务一　自定义偿债能力指标公式	DKa2；BKa1	M4、M5、M6	
10	单元四　自定义财务分析指标公式 任务二　自定义营运能力指标公式	Dka1	M4、M5、M6	
11	单元四　自定义财务分析指标公式 任务二　自定义营运能力指标公式	DKa2	M4、M5、M6	
12	单元四　自定义财务分析指标公式 任务二　自定义营运能力指标公式	DKa2；BKa1	M4、M5、M6	
13	单元四　自定义财务分析指标公式 任务三　自定义盈利能力指标公式	Dka1	M4、M5、M6	
14	单元四　自定义财务分析指标公式 任务三　自定义盈利能力指标公式	DKa2	M4、M5、M6	
15	单元四　自定义财务分析指标公式 任务三　自定义盈利能力指标公式	DKa2	M4、M5、M6	
16	单元四　自定义财务分析指标公式 任务四　自定义发展能力指标公式	DKa2	M4、M5、M6	
17	单元四　自定义财务分析指标公式 任务四　自定义发展能力指标公式	EKa2	M4、M5、M6	

注：J进度表

(续表)

K 指定教材	
L 参考书籍	1.《会计综合实训》(王巧云,清华大学出版社,2016) 2.《会计信息化实务》(曾玲芳,东北财经大学出版社,2017)
M 先修课程	会计基础、出纳实务、税收基础、初级会计实务、会计信息化、ERP 供应链系统、成本核算实务、信息管理应用与实务、财务管理、管理会计、会计综合实务
N 教学资源	1. 红蜘蛛软件 2. 企业一个会计期间的财务数据 3. 用友 ERP-U10.1 软件 4. 大赛试题
O 注意事项	

P 课程分析与评估		平均成绩		及格率		修课人数	
	1. 学习成效分析	1. 对每项教学目标、成绩表现分析(多数达成？少数达成？改善作为？) 2. 三好一坏(体现自己的优越性)。					
	2. 核心能力检讨	1. 针对教学设计的核心能力检讨(多数达成？少数达成？改善作为？) 2. 顶点课程需要填写,其他可以不填写。但涉及其内容的要填写到学习成效分析中					
	3. 其他						

附录六　单元设计评量表

"单元一　设计会计报表格式"实做评量表

| 姓名： | 班级： | 学号： |

各位同学：
　　请针对下列评量项目并参酌"评量标准",于自评字段打"A、B、C、D"其中一项后,再请老师复评

评量项目	自评与老师复评(A至D)	
	自评	老师
1. 设计资产负债表(40%)		
2. 设计利润表(30%)		
3. 设计财务分析指标表(30%)		
合计(100×9%＝　　分)		

说明:本单元评量满分100分,占总成绩9%

评量标准

等级及分值 项目	A (90~100)	B (80~89)	C (70~79)	D (60~69)
1. 报表项目(50%)	要求全部正确	要求有一项不符合	要求有两项不符合	要求有三项以上不符合
2. 报表格式(50%)	要求全部正确	要求有一项不符合	要求有两项不符合	要求有三项以上不符合

单元一　作业评量

| 姓名： | 班级： | 学号： | 日期： |

　　同学们:根据下列评量项目,结合评量标准进行自评,在"A、B、C、D"中选择一项填在自评栏里,教师根据每人实作情况在教师栏里给出相应成绩。本作业成绩100分,占总成绩1%

评量项目	自评与老师复评(A至D)	
	自评	老师
1. 合理性(60分)		
2. 独立完成(20分)		
3. 上交及时(20分)		

总评:
评价教师:

项目	A 100分	B 90分	C 80分	D 70分
1. 合理性(60分)	报表适用性非常强	报表适用性超过85%	报表适用性超过60%	报表基本不适用
2. 独立完成(20分)	独立完成作业	与个别同学请教完成	与多人商讨完成	抄袭
3. 上交及时(20分)	按时上交作业	下课后上交	隔一周上交	隔两周以上

"单元二 自定义资产负债表公式"实做评量表

姓名:	班级:	学号:

各位同学: 　　请针对下列评量项目并参酌"评量标准",于自评字段打"A、B、C、D"其中一项后,再请老师复评		
评量项目	自评与老师复评(A至D)	
	自评	老师
1. 资产负债表期末金额(50%)		
2. 资产负债表期初金额(50%)		
合计(100×9%＝　分)		

说明:本单元评量满分100分,占总成绩9%

评量标准

等级及分值 项目	A (90～100)	B (80～89)	C (70～79)	D (60～69)
1. 报表公式(50%)	公式自定义全部正确	公式自定义有一项不正确	公式自定义有两项不正确	公式自定义有三项以上不正确
2. 报表取数(50%)	金额全部正确	金额有一项不正确	金额有两项不正确	金额有三项以上不正确

单元二 作业评量

姓名:	班级:	学号:	日期:

同学们:根据下列评量项目,结合评量标准进行自评,在"A、B、C、D"中选择一项填在自评栏里,教师根据每人实作情况在教师栏里给出相应成绩。本作业成绩100分,占总成绩1%		
评量项目	自评与老师复评(A至D)	
	自评	老师
1. 准确性(60分)		
2. 独立完成(20分)		
3. 上交及时(20分)		

总评:
评价教师:

项目	A 100分	B 90分	C 80分	D 70分
1. 准确性(60分)	报表取数全部正确	报表取数正确率超过85%	报表取数正确率超过50%	报表取数正确率低于50%
2. 独立完成(20分)	独立完成作业	与个别同学请教完成	与多人商讨完成	抄袭
3. 上交及时(20分)	按时上交作业	下课后上交	隔一周上交	隔两周以上

"单元三　自定义利润表公式"实做评量表

姓名：	班级：	学号：

各位同学：
　　请针对下列评量项目并参酌"评量标准"，于自评字段打"A、B、C、D"其中一项后，再请老师复评

评量项目	自评与老师复评（A 至 D）	
	自评	老师
1. 利润表本期金额（50%）		
2. 利润表上期金额（50%）		
合计（100×9%＝　　分）		

说明：本单元评量满分 100 分，占总成绩 9%

评量标准

等级及分值 项目	A （90～100）	B （80～89）	C （70～79）	D （60～69）
1. 报表公式（50%）	公式自定义全部正确	公式自定义有一项不正确	公式自定义有两项不正确	公式自定义有三项以上不正确
2. 报表取数（50%）	金额全部正确	金额有一项不正确	金额有两项不正确	金额有三项以上不正确

单元三　作业评量

姓名：	班级：	学号：	日期：

　　同学们：根据下列评量项目，结合评量标准进行自评，在"A、B、C、D"中选择一项填在自评栏里，教师根据每人实做情况在教师栏里给出相应成绩。本作业成绩 100 分，占总成绩 1%

评量项目	自评与老师复评（A 至 D）	
	自评	老师
1. 准确性（60 分）		
2. 独立完成（20 分）		
3. 上交及时（20 分）		

总评：
评价教师：

项目	A 100 分	B 90 分	C 80 分	D 70 分
1. 准确性（60 分）	报表取数全部正确	报表取数正确率超过 85%	报表取数正确率超过 50%	报表取数正确率低于 50%
2. 独立完成（20 分）	独立完成作业	与个别同学请教完成	与多人商讨完成	抄袭
3. 上交及时（20 分）	按时上交作业	下课后上交	隔一周上交	隔两周以上

"单元四 自定义财务分析指标公式"实做评量表

姓名：	班级：	学号：

各位同学：
　　请针对下列评量项目并参酌"评量标准",于自评字段打"A、B、C、D"其中一项后,再请老师复评

评量项目	自评与老师复评(A 至 D)	
	自评	老师
1. 偿债能力指标(25%)		
2. 营运能力指标(25%)		
3. 盈利能力指标(25%)		
4. 发展能力指标(25%)		
合计(100＊9%＝　分)		

说明:本单元评量满分 100 分,占总成绩 9%

评量标准

等级及分值 项目	A (90～100)	B (80～89)	C (70～79)	D (60～69)
1. 报表公式(50%)	公式自定义全部正确	公式自定义有一项不正确	公式自定义有两项不正确	公式自定义有三项以上不正确
2. 报表取数(50%)	金额全部正确	金额有一项不正确	金额有两项不正确	金额有三项以上不正确

单元四　作业评量

姓名：	班级：	学号：	日期：

　　同学们:根据下列评量项目,结合评量标准进行自评,在"A、B、C、D"中选择一项填在自评栏里,教师根据每人实作情况在教师栏里给出相应成绩。本作业成绩 100 分,占总成绩 1%

评量项目	自评与老师复评(A 至 D)	
	自评	老师
1. 准确性(60 分)		
2. 独立完成(20 分)		
3. 上交及时(20 分)		

总评:
评价教师:

项目	A 100 分	B 90 分	C 80 分	D 70 分
1. 准确性(60 分)	报表取数全部正确	报表取数正确率超过 85%	报表取数正确率超过 50%	报表取数正确率低于 50%
2. 独立完成(20 分)	独立完成作业	与个别同学请教完成	与多人商讨完成	抄袭
3. 上交及时(20 分)	按时上交作业	下课后上交	隔一周上交	隔两周以上

"期中考试"实做评量表

姓名：	班级：	学号：

各位同学：
　　请针对下列评量项目并参酌"评量标准",于自评字段打"A、B、C、D"其中一项后,再请老师复评

评量项目	自评与老师复评(A至D)	
	自评	老师
1. 企业偿债能力指标自定义(50%)		
2. 企业偿债能力指标取数(50%)		
合计(100×20%＝　　分)		

说明:本单元评量满分100分,占总成绩20%

评量标准

等级及分值 项目	A (90～100)	B (80～89)	C (70～79)	D (60～69)
1. 偿债能力指标自定义公式(50%)	公式自定义全部正确	公式自定义有一项不正确	公式自定义有两项不正确	公式自定义有三项以上不正确
2. 偿债能力指标取数(50%)	金额全部正确	金额有一项不正确	金额有两项不正确	金额有三项以上不正确

"期末考试"实做评量表

姓名：	班级：	学号：

各位同学：
　　请针对下列评量项目并参酌"评量标准",于自评字段打"A、B、C、D"其中一项后,再请老师复评

评量项目	自评与老师复评(A至D)	
	自评	老师
1. 自定义利润表(50%)		
2. 自定义财务分析指标表(50%)		
合计(100×30%＝　　分)		

说明:本单元评量满分100分,占总成绩30%

评量标准

等级及分值 项目	A (90～100)	B (80～89)	C (70～79)	D (60～69)
1. 报表自定义公式(50%)	公式自定义全部正确	公式自定义有一项不正确	公式自定义有两项不正确	公式自定义有三项以上不正确
2. 报表取数(50%)	金额全部正确	金额有一项不正确	金额有两项不正确	金额有三项以上不正确

主要参考文献

［1］张丽静,孙海涛.ERP 供应链系统[M].上海:立信会计出版社,2018.
［2］高翠莲.管理会计基础[M].北京:高等教育出版社,2018.
［3］牛永芹,刘大斌,杨琴.ERP 财务管理系统实训教程[M].北京:高等教育出版社,2017.
［4］梁毅炜,李玉琪,宋建琦.会计信息系统实训——财务篇[M].北京:电子工业出版社,2017.
［5］梁文涛,王敏.会计信息化[M].北京:电子工业出版社,2017.11.
［6］徐丽君,杜珊.财务管理系统原则与应用[M].北京:电子工业出版社,2015.08.